Martin Pfeiffer (Hg.)
Auftrag Grundgesetz

Martin Pfeiffer (Hg.)

Auftrag Grundgesetz

Wirklichkeit und Perspektiven

Quell Verlag

ISBN 3-7918-2387-6

© Quell Verlag, Stuttgart 1989
Printed in Germany. Alle Rechte vorbehalten
1. Auflage 1989
Umschlaggestaltung: Klaus Dempel, Stuttgart
Gesamtherstellung: Ebner Ulm

Inhalt

Vorwort 8
Martin Pfeiffer

I **Einführung** 13
Kurt Rudolph

II **Aufbruch zur Demokratie – und die Justiz?**

   1. Politik in der Rechtspflege 17
      Hans Wrobel

   2. Das Verhältnis von Recht und Politik 44
      Thomas Dieterich

   3. Der demokratische Rechtsstaat des
     Grundgesetzes 54
      Hans H. Klein

III **Demokratie – Rechtsstaat – Sozialstaat**

Die Diskrepanz zwischen Verfassungsauftrag
und Verfassungswirklichkeit 64
Helmut Simon

IV **Vom Umgang der Rechtspflege mit dem Grundgesetz**

1. Gleichberechtigung der Frauen? 97
1.1 Einführung 97
Marion Eckertz-Höfer

1.2 Entwicklungen – Hintergründe – Thesen . 103
Heide M. Pfarr

1.3 Ergebnisbericht 120
Brigitte Zypries

2. Sozialbindung des Eigentums? 126
2.1 Einführung 126
Alexander von Brünneck

2.2 Ergebnisbericht 135
Rainer Eckertz

3. Freiheit der Meinung? 142
3.1 Einführung 142
Erhard Denninger

3.2 Ergebnisbericht 148
Berndt Netzer

4. Fairer Prozeß? 152
Eberhard Wahle, Herbert Schmid, Axel Boetticher

5. Gleichheit vor dem Gesetz? 169

5.1 Texte, Thesen, Herausforderungen 169
Christoph Strecker

5.2 Das verfassungsrechtliche
Fundament 181
Rüdiger Zuck

5.3 Ergebnisbericht 184
Armin Nack

V Die Menschenrechte und das Grundgesetz

Theologische Überlegungen 190
Wolfgang Huber

VI Lebendiges Grundgesetz: Erwartungen – Forderungen

Schlußforum 214

Abkürzungen 266

Die Autoren 268

Vorwort

Dieses Buch enthält – in behutsam bearbeiteter Form – die wesentlichen Beiträge einer Bad Boller Akademietagung (2.–4. Dezember 1988), die – im Einvernehmen mit den Kooperationspartnern[1] – aus guten Gründen *vor* dem Beginn der allgemeinen Jubiläumsfeiern aus Anlaß des Inkrafttretens des Grundgesetzes (23. Mai 1949) stattgefunden hat.

40 Jahre Grundgesetz: Dieses »Jubiläum« fordert dazu heraus, sich auf das unter Geltung unserer Verfassung Erreichte zu besinnen. Eine unkritisch-selbstgefällige Betrachtungsweise wäre dabei freilich ganz unangebracht; vielmehr gilt es – in Rückblick und Ausblick – bewußt Fragezeichen zu setzen: An welchen Zielvorstellungen haben sich die Mütter und Väter des Grundgesetzes (der »Parlamentarische Rat«) orientiert, und was ist seither daraus geworden? Wo bleibt aus heutiger Sicht die Verfassungswirklichkeit hinter dem Anspruch des Grundgesetzes zurück? Was ist zu tun, um diesem Anspruch aktuell gerecht zu werden?

Beabsichtigt war, unter derartigen Fragestellungen insbesondere die Rolle der Justiz seit Ende des Zweiten Weltkrieges zu beleuchten: Wie ist der Versuch eines Neubeginns rechtsstaatlich-demokratischer Justiz nach zwölf Jahren des totalitären NS-Unrechtsstaates zu bewerten?

Im Anschluß an die Nachzeichnung wesentlicher Entwicklungslinien seit 1949 wird mit Blick auf einige exemplarische Bereiche[2] erörtert, ob und inwieweit es in

Gesetzgebung und Rechtsprechung gelungen ist, dem »Geist der Verfassung« zu entsprechen. Darüber hinaus gilt es zu bedenken, wie ihren Grundintentionen in einer sich verändernden Welt Geltung verschafft werden kann.

Helmut Simon[3] sieht den besonderen Lebenswert des Grundgesetzes gerade darin, daß es »das Demokratieprinzip mit dem Rechtsstaatsgedanken und dem Sozialstaatsgebot in einem historischen Kompromiß zu einem unauflöslichen Dreiklang verschmolzen hat«.

Ein »historischer Kompromiß«: das gilt wohl für jede demokratische Verfassung, sofern sie wirklich demokratisch ist. Zu wägen bleibt, in welchem Sinne ein solcher Kompromiß »historisch« ist: als Kompromiß von Geschichte prägender Bedeutung oder als einer, der zunehmend nur noch von historischem Interesse, weil allzu zeitbedingt ist, so daß er von der Rechtsgemeinschaft der Gegenwart nur noch mit Abstrichen als situationsgerecht und ausreichend tragfähig betrachtet wird?

Zugleich stellt sich die Frage, inwieweit die Art und Weise, wie die drei Gewalten (oder die vier, sofern man die Massenmedien als »vierte Gewalt« versteht) und wir Bürger insgesamt mit dem Grundgesetz in den bisher vier Jahrzehnten seiner Geltung umgegangen sind, tatsächlich dem Geist seiner Mütter und Väter entsprochen hat und noch entspricht. Haben wir, soweit es uns selbst oder Interessen, denen wir uns verpflichtet fühlen, betraf, das Grundprinzip bürgerlicher Freiheiten in ihrer Bindung an die Gemeinschaft und im übrigen so hochgehalten, daß ihre Wahrung jeweils auch »die Freiheit des Anderen«[4] hinreichend respektierte? Und haben wir uns dabei als Menschen erwiesen, die sich selbst als an Gesetz und Recht gebunden verstehen und doch zugleich darum wissen, »daß der Geist lebendig macht und der Buchstabe töten kann«[5]?

Immerhin ist »die Verfassungsnorm selbst geschichtlich bedingtes und verbesserungswürdiges Menschenwerk. Ihr überlieferter Gehalt darf gewiß nicht leichtfertig aufs Spiel gesetzt werden. Es genügt aber ebensowenig, wenn wir uns auf das Erbe unserer Vorfahren einen Erbschein in Gestalt des Grundgesetzes ausstellen lassen und uns zur Ruhe setzen. Vielmehr sind die Elemente der rechts- und sozialstaatlichen Demokratie so fortzuentwickeln, daß sie unter den veränderten Bedingungen des technischen Massenzeitalters funktionstüchtig bleiben und für uns und unsere Kinder weiterhin bewirken, was unsere Vorfahren unter den Bedingungen ihrer Zeit damit bezweckten... Die Notwendigkeit zur Fortentwicklung unserer verfassungsmäßigen Ordnung überschneidet und ergänzt sich teilweise mit der Forderung, die Kluft zwischen Verfassungsnorm und Verfassungswirklichkeit zu überbrücken.«[6] Woran dabei zu denken ist, verdeutlicht exemplarisch der Beitrag von Helmut Simon in diesem Buch. Doch auch die Ergebnisberichte der Arbeitskreise und zahlreiche Diskussionsbeiträge geben dafür ebenso bedenkenswerte Hinweise wie Wolfgang Hubers theologische Überlegungen zum Thema »Menschenrechte und Grundgesetz«.

Angesichts von Massenarbeitslosigkeit und neuer Armut wie von wachsenden Gefahren für die natürlichen Lebensgrundlagen – bis hin zu globalen Klimaveränderungen und aktuellen Entwicklungen im Bereich der

Bio- und Gentechnik – steht unsere Gesellschaft, ja die Menschheit insgesamt vor schwerwiegenden Herausforderungen. Allein mit den Mitteln des Rechts wird ein ausreichender Schutz von Lebensinteressen und Menschenwürde gegen derartige Bedrohungen freilich nicht zu gewährleisten sein. Notwendig ist – nicht nur hier, aber hier ganz besonders – eine Rückbesinnung darauf, was der Mensch nach dem Willen Gottes ist und sein soll und welche Qualität von mitmenschlicher, mitkreatürlicher Solidarität dem entspricht.
Auch dafür möchte dieses Buch einige Denkanstöße vermitteln.

Allen Referent(inn)en und Gesprächspartner(inne)n, Moderator(inn)en und Berichterstatter(inne)n gebührt herzlicher Dank für ihre Mitwirkung bei der Bad Boller Akademietagung sowie für die freundliche Zustimmung zu dieser Veröffentlichung ihrer Beiträge.

Bad Boll, Februar 1989 *Martin Pfeiffer*

Anmerkungen:

1 Verein der Richter und Staatsanwälte in Baden-Württemberg;
  Rechtsanwaltskammern in Baden-Württemberg;
  Neue Richtervereinigung, Landesverband Baden-Württemberg.
  Als Repräsentanten dieser Kooperationspartner gebührt den

Herren Dr. Kurt Rudolph, Dr. Heinz Schrag und Christoph Strecker für die Mithilfe bei Vorbereitung und Durchführung dieser Tagung ebenso herzlicher Dank wie Frau Marion Eckertz-Höfer.

2 In fünf Arbeitskreisen zum Generalthema »Vom Umgang der Rechtspflege mit dem Grundgesetz«:
   1. Gleichberechtigung der Frauen?
   2. Sozialbindung des Eigentums?
   3. Freiheit der Meinung?
   4. Fairer Prozeß?
   5. Gleichheit vor dem Gesetz?

3 In seinem Beitrag »Demokratie – Rechtsstaat – Sozialstaat. Die Diskrepanz zwischen Verfassungsauftrag und Verfassungswirklichkeit« (S. 64–96).

4 Titel der von Hans Jochen Vogel, Helmut Simon und Adalbert Podlech herausgegebenen Festschrift für Martin Hirsch, der selbst als Ehrengast der Akademie an dieser Tagung teilgenommen hat.

5 Heinrich Albertz in seinem Beitrag »Ein Richter, ein Bürger, ein Christ« in der Festschrift (gleichen Titels) für Helmut Simon, S. 21.

6 Helmut Simon in seinem Beitrag (S. 90).

I Einführung

Kurt Rudolph

40 Jahre Grundgesetz – das Jubiläum unserer einst als Provisorium gegründeten Bundesrepublik kann – nicht nur der unerfüllten Präambel unseres Grundgesetzes wegen – gewiß nicht mit den glanzvollen Jubiläen konkurrieren, mit welchen die US-Bürger im Jahr 1987 ihre 200jährige Verfassung ehrten und die französischen Bürger im Jahr 1989 des zweihundertsten Jahrestags ihrer großen Revolution gedenken. Dennoch ist es *unser* Jubiläum und – mag es abgegriffen klingen und zuweilen sogar zur Rechtfertigung von Angriffen auf Freiheitsrechte mißbraucht werden –: unsere Republik *ist* das freieste Staatswesen, das es je auf deutschem Boden gab, und unser Grundgesetz *ist* die freieste Verfassung, die sich Deutsche je gegeben haben. Aus der »Übergangsverfassung« von 1949 ist eine neue, zukunftsträchtige Ordnung geworden.
Die Republik und ihre Verfassung sind aber ebenso gewiß kein Besitztum, das uns Freiheit und Rechtsstaatlichkeit ohne unser Zutun gleichsam als Zinsen abwirft. Sie sind eine notwendige Antwort auf den Unrechtsstaat, aber zum wenigsten unser – der Deutschen – eigenes Verdienst und schon gar nicht das Verdienst von uns deutschen Juristen. Ein paar Monate Regierungsgewalt hatten 1933 dem Demagogen Hitler genügt, die Verfassung des republikanischen Deutschland zu zerschlagen

und – unter dem Beifall deutscher Juristen – vom deutschen Volk die Ermächtigung zur Zerstörung der deutschen Rechtskultur zu erlangen. 40 Jahre Grundgesetz haben nicht genügt, das wieder aufzubauen, was wir damals der Zerstörung preisgaben. Vorfälle wie der mißglückte Versuch, im Deutschen Bundestag der Verbrechen des 9. November 1938 zu gedenken, machen deutlich, wie unsicher wir im Umgang mit unserer Vergangenheit sind.

Diese Vergangenheit läßt sich auch aus dem Rückblick auf 40 Jahre Grundgesetz nicht ausblenden. Aber selbst wenn sie sich ausblenden ließe: 40 Jahre Grundgesetz können für uns nicht Anlaß zu selbstgefälligem Jubilieren sein. Vielmehr gilt es – wie dies im Titel dieses Buches zum Ausdruck kommt –, den Auftrag zu bedenken, den uns das Grundgesetz gab, die von uns mitgestaltete und mit zu verantwortende Wirklichkeit an diesem Auftrag zu messen und hieraus Perspektiven für die Zukunft unseres Grundgesetzes – für unsere Zukunft – zu gewinnen.

Es war und ist nicht zuletzt Aufgabe der Justiz, das Leitbild des Grundgesetzes: den demokratischen und sozialen, der Würde des Menschen verpflichteten Rechtsstaat zu verwirklichen. Denn das Grundgesetz hat sich nicht damit begnügt, die Abkehr vom totalitären Unrechtsstaat und die Rechtsbindung aller Staatsgewalt durch eine formale Trennung und Abgrenzung der rechtsprechenden Gewalt von den anderen Staatsgewalten abzusichern. Es hat den Richtern nicht nur Unabhängigkeit gewährt, sondern ihnen die rechtsprechende Gewalt *anvertraut* (Artikel 92 GG). Es hat durch Artikel 20 GG

die Justiz ebenso wie die anderen Staatsgewalten nicht nur der Rechtsstaatlichkeit, sondern auch der Demokratie und der Sozialstaatlichkeit verpflichtet.
Als Juristen können wir über 40 Jahre Grundgesetz nicht sprechen, ohne uns die Frage zu stellen, ob die Justiz diesem Auftrag und dem damit verbundenen Vertrauensvorschuß gerecht geworden ist, ob sie – im Gegensatz zu Weimar – »zur Demokratie aufgebrochen« ist. Haben wir Juristen die Chance genutzt, die sich uns infolge der Zerschlagung der Tyrannis durch die alliierten Siegermächte im Jahre 1945 bot? Diese Frage stellte sich uns schon im Rahmen unserer vier Bad Boller Tagungen über den Nationalsozialismus und die Justiz in den Jahren 1980 bis 1983; wir haben sie bei der Konzeption unserer Tagung bewußt an den Anfang gestellt. Nicht weil wir bereits von den Eingangsreferaten gültige Antworten erwarteten und schon gar nicht, um vorschnelle Festlegungen zu provozieren. Wohl aber, weil diese Frage auch hinter der Helmut Simon gestellten Frage nach den Diskrepanzen zwischen Verfassungsauftrag und Verfassungswirklichkeit und hinter den in den fünf Arbeitskreisen zu diskutierenden Sachfragen vom Umgang der Rechtspflege mit dem Grundgesetz steht. Sie ist die eigentliche Kernfrage unserer Tagung; ihr wird sich – mit dem Blick auf die Zukunft – auch das die Tagung abschließende Podium zu stellen haben.
Die Themen der einzelnen Arbeitskreise – Gleichberechtigung der Frauen, Sozialbindung des Eigentums, Freiheit der Meinung, fairer Prozeß, Gleichheit vor dem Gesetz – bedürfen keiner Erläuterung: Sie konfrontieren uns gleichsam exemplarisch mit Problemen, die uns

nicht erst seit heute auf den Nägeln brennen oder jedenfalls – wenn wir den Auftrag des Grundgesetzes richtig verstehen – auf den Nägeln brennen sollten. Wir haben diese Themen bewußt als Anfragen formuliert. Sie fordern nicht nur unser richterliches, staatsanwaltliches und rechtsanwaltliches Selbstverständnis, sondern auch unser staatsbürgerliches Bewußtsein heraus. Daß unsere Rechtsstandpunkte dabei unvermeidbar von politischen Vorverständnissen abhängen, sollte uns nicht schrecken. Wir Veranstalter haben versucht, dem bei der Auswahl der Referenten, Gesprächspartner und Moderatoren Rechnung zu tragen. Wir alle sind aufgerufen, unsere Standpunkte im offenen, von gegenseitiger Achtung getragenen Dialog zur Geltung zu bringen.

II Aufbruch zur Demokratie – und die Justiz?

1. Politik in der Rechtspflege

Hans Wrobel

Ein knappes Fazit – die persönliche Einschätzung – vorweg: Der Aufbruch der Justiz zur Demokratie war ein Fehlstart. Ich sage nicht, daß der Aufbruch nicht stattgefunden hätte. Aber die Leute von der Justiz schwenkten, bildlich gesprochen, nach wenigen Schritten seitwärts, überstiegen die Trümmer des Dritten Reiches und ließen sich dort nieder, wo sie gedanklich schon einmal gewesen waren: im Jahr 1918. Sie haben nach 1945 Denkweisen kultiviert, die nach 1918 schon einmal geholfen hatten, der Justiz die Demokratie und die Republik vom Halse zu halten.

Allerdings haben Richter und Staatsanwälte nach dem 8. Mai 1945 das antidemokratische und parlamentarismusfeindliche Denken nicht in gleichem Maß und Haß gepflegt wie nach 1918. Das ging schon deswegen nicht, weil sie nach Ende des Krieges keine funktionierende Standesorganisation mehr hatten. Zudem wäre offene Demokratiefeindlichkeit unter der Herrschaft der Besatzungsmächte inopportun, ja gefährlich gewesen.

Dennoch bleibt die Beobachtung richtig: Die Justizjuristen sehnten die Demokratie im Jahr 1945 nicht herbei. Wenn der von den Briten eingesetzte Präsident des Oberlandesgerichts Celle, Freiherr Hodo von Hodenberg, erklärte, die Demokratie sei zu akzeptieren als die Staatsform, in der »unsere Kinder leben werden«[1], so war dies schon die obere Marke der richterlichen Bekenntnisse zur Demokratie.

Wenn Repräsentanten der Besatzungsmächte davon sprachen, daß der Hitlerismus in der Justiz überwunden werden müsse und daß es um den Aufbau einer demokratischen Justiz gehe, dann gaben westdeutsche Juristen zur Antwort, es solle die heiße Flamme der Gerechtigkeit wieder hell aufleuchten im deutschen Lebensraum; man wolle wieder aufschauen zum Standbild der Rechtsidee.

Aber sonst: Abkehr von der jüngst durchlebten Vergangenheit? Bekenntnis zur Demokratie? Reflexion über die Stellung des Richters in einem demokratischen Staat? Leider weithin Fehlanzeige!

Diese Haltung der Justiz hat Gründe. Das Jahr 1945 war ein schlechtes Jahr für Richter und Staatsanwälte in Deutschland. Die Umstände der Niederlage empfanden sie als eine schwere Kränkung: Wo immer die Sieger einmarschierten, schlossen sie die Schulen und die Gerichte und verkündeten, der jetzt zu bauende demokratische Staat verlange nach einer grundlegend erneuerten Justiz. Doch war die Stillegung der Rechtspflege nur der Anfang der Demütigungen.

Das Justizpersonal wurde en bloc vor die Tür gesetzt. Die sowjetische Militäradministration warf in ihrer Be-

satzungszone alle ehemaligen NSDAP-Mitglieder ohne Unterschied von Rang und Funktion aus der Justiz hinaus. Keiner kehrte wieder.
In den Westzonen wurde das Personal suspendiert. Wer in die Justiz zurückkehren wollte, mußte sich einer Überprüfung seiner »politischen Tragbarkeit« unterziehen. Nur zu viele haben diese »Tragbarkeit« nicht attestiert bekommen; ihre Mitgliedschaft in der NSDAP stand dem nur zu deutlich entgegen. Wer die Prüfung nicht überstand, wurde entlassen – ohne Gehalt oder Pension. Zwar kamen die meisten – wie wir wissen – irgendwann in die Justiz zurück. Aber das dauerte seine Zeit, und viele Richter und Staatsanwälte lernten die körperliche Arbeit kennen.
Zudem war der Wiederbeginn der Rechtspflege nicht die Stunde der Berufsrichter, sondern die Stunde der Rechtsanwälte: *Sie* wurden in Richterämter geholt und stellten eine ganze Reihe von Präsidenten und Generalstaatsanwälten. Die Berufsrichter, die von den Besatzungsmächten wieder zugelassen wurden, mußten in dem Bewußtsein leben, daß sie nicht unabhängig waren, sondern jederzeit entlassen werden konnten; die Besatzungsmächte konnten jedes ihrer Urteile kassieren oder ihnen die Verfahren entziehen und durch ihre eigenen Militärgerichte entscheiden lassen.
Das war alles schlimm, aber anderes war für die Justiz noch viel schlimmer. Überall erhob sich schwere Kritik an ihr. Nie mehr hat es die Justizkritik in unserem Land so gut gehabt wie von 1945 bis etwa 1947. Vom bürgerlichen Lager bis zur äußersten Linken war es damals Allgemeingut: Die Justiz hatte die Weimarer Republik mit

auf dem Gewissen, und sie war eine tragende Säule der nationalsozialistischen Gewaltherrschaft gewesen. Der Christdemokrat Heinrich von Brentano – der spätere Bundesaußenminister – redete in der Verfassungsberatenden Versammlung von Hessen 1946 von der unglückseligen Rolle der Justiz nach 1918 und von den Justizmorden nach 1933 so unverblümt wie die Vertreterinnen und Vertreter der Sozialdemokratie oder der Kommunisten.

Ein Höhepunkt der Justizkritik wurde am 9. Mai 1947 in Bremen erreicht: Dort ruhte der Straßenverkehr, und 50 000 Menschen legten die Arbeit nieder, um gegen ein Urteil des Landgerichts Bremen zu protestieren: Das Gericht hatte gemeint, zwei SA-Männer, die beim Novemberpogrom 1938 einen Juden erschossen hatten, seien keineswegs als Mörder, sondern allenfalls als Totschläger zu bestrafen; weil sie in einem Zustand der geistigen Erstarrung und überdies auf Befehl und in dem Bestreben, gute SA-Leute sein zu wollen, getötet hätten, seien sie mit sechs und acht Jahren Zuchthaus genug bestraft.

Die hier beschriebene Kritik – in jenen Jahren Allgemeingut – erreichte schnell eine politische Dimension. Die Landesverfassungen, die vor Verkündigung des Grundgesetzes in den Ländern der amerikanischen und französischen Zone erarbeitet worden waren, erhoben allesamt den Anspruch, gerade mit Blick auf die Justiz Konsequenzen aus der Vergangenheit zu ziehen.

Mit Ausnahme der bayerischen Verfassung, die weitgehend Vorbildern der Weimarer Reichsverfassung folgte, suchten diese Landesverfassungen durch institutionelle Sicherungen zu verhindern, daß jemals wieder Richter

wie nach 1918 im Schutz ihrer Unabhängigkeit Front gegen die Demokratie machten. Deshalb wurde der Gedanke der Unabhängigkeit, der nie bestritten war, verbunden mit der ausdrücklichen Verpflichtung der Justiz auf die demokratische Ordnung.
Die bremische Verfassung vom Oktober 1947, die sich hauptsächlich dem großen Liberalen Theodor Spitta verdankt, verpflichtet die Justiz, die Rechtsprechung im Geist der Menschenrechte und der sozialen Gerechtigkeit auszuüben. Die Verfassung von Rheinland-Pfalz unterwirft die Richter der Verfassung, dem Gesetz und ihrem Gewissen. Die hessische Verfassung vom Oktober 1946 läßt die Berufung von Richtern auf Lebenszeit erst dann zu, wenn diese nach vorläufiger Anstellung bewiesen haben, daß sie ihr Amt im Geist der Demokratie und des sozialen Verständnisses ausüben werden. In Bremen kann niemand Richter auf Lebenszeit werden, der nicht vor seiner Berufung bewiesen hat, daß er – oder sie – das Amt im Geist der Menschenrechte und der sozialen Gerechtigkeit ausüben werde.
Um sicherzustellen, daß nur ausgewiesene Demokratinnen und Demokraten auf einen Richterstuhl kommen, wird in Hessen und Bremen die Richterwahl eingeführt; im Richterwahlausschuß soll die Volksvertretung maßgeblich repräsentiert sein. Neben der Richterwahl wird die Richteranklage etabliert: Wer, einmal gewählt, sein Richteramt nicht im Geist der Menschenrechte, im Geist der Demokratie oder des sozialen Verständnisses ausübt, der kann vor den Staatsgerichtshöfen angeklagt werden und muß mit seiner Entfernung aus dem Richteramt rechnen. In den Staatsgerichtshöfen haben nicht

Berufsrichter die Mehrheit, sondern Laienrichter: Damit ist berufsrichterlicher Selbstkontrolle absichtsvoll ein Riegel vorgeschoben.

Es bezeichnet den Geist der frühen Landesverfassungen mehr als viele Worte, wenn man liest, daß die rheinland-pfälzische Verfassung die Richteranklage in dem Kapitel »Schutz der Verfassung« regelt.

Hinter diesen Bestrebungen stand bei den meisten Schöpfern dieser Verfassungen ein neues Bild vom Richter: Der Richter sollte sich als »Demokrat auf dem Richterstuhl« verstehen. Er sollte das Grundprinzip der Demokratie, die Volkssouveränität, anerkennen. Auf dem Boden der Verfassung stehend, sollte er zusammen mit Legislative und Exekutive seinen Teil zum Gelingen der Demokratie beitragen. Er sollte geistig in der Lage sein, Demokratie und Rechtsstaat in eins denken zu können. Mit Gustav Radbruch zu sprechen, sollte der neue Richter begreifen, daß seine Rechtsprechung getragen sein mußte vom Geist des demokratischen Staates. In diesem Sinne – und nur in diesem – sollte er ein »politischer Richter« sein. Auch dieser Begriff spielt in der Debatte jener Zeit eine Rolle.

All dies ging der großen Mehrheit der Juristen jener Jahre ganz entschieden gegen den Strich. Sie hatten in allen Punkten eine andere Weltanschauung. Ihnen paßte – salopp formuliert – die ganze Richtung nicht. Schon die Stillegung der Gerichte durch die Sieger (1945) verstanden sie überhaupt nicht; noch weniger begriffen sie den Plan der Alliierten, an den Anfang einer demokratischen Ordnung in Deutschland eine neue Justiz zu stellen. Die Juristen meinten, wie Gerhard Erdsiek[2] das ausdrückte, ihre Pflicht (in der Zeit vor 1945) sauber getan zu haben. Am liebsten hätten sie 1945 mit dem Einzug der Sieger das praktiziert, was sie nach dem Auszug des Kaisers 1918 schon einmal getan hatten: Sie hätten morgen früh dort weitergemacht, wo sie heute abend aufgehört hatten. Die hamburgischen Richter und Staatsanwälte zum Beispiel konnten nach der Kapitulation der Stadt nur deswegen nicht weiter Recht sprechen wie gewohnt, weil die Briten die Gerichte geschlossen hatten.

Die Kapitulation ist im Denken deutscher Juristen zunächst einmal nichts anderes als der im Gesetz vorgesehene und dort bestens geregelte Fall des Stillstandes der Rechtspflege. Dieser Stillstand war manchem ganz willkommen – er empfand ihn weder als Zäsur noch als Endstation eines Irrgangs, sondern als eine »Pause«, in der Gelegenheit zu geistiger Sammlung war; andere wollten den geistigen Besitzstand ordnen oder darauf warten, welche Aufgaben die Zukunft nun bringen werde.

Nur einer – wirklich fast nur einer – sprach damals von einer »Justizkatastrophe der Jahre 1933 bis 1945«: Adolf Arndt. Was er ausdrückte, war die ganz und gar nicht herrschende Meinung der Justizleute über sich und ihr Tun und Unterlassen vor dem 8. Mai 1945.

Die allseits verbreitete Justizkritik prallte an der Mehrheitsmeinung völlig ab. Sie fing an, mutig zu werden und den Kritikern zu drohen: Eine Demokratie – so liest man aus den Federn höchster Gerichtspräsidenten jener Jahre –, die nicht die Kritik am Richter unterbinde, werde niemals die Zuneigung der Richterschaft gewinnen können. Lange Zeit spielte in der Debatte die Forderung eine Rolle, die Regierungen sollten doch, bitteschön, durch

Gesetzgebung dafür sorgen, daß die unziemliche Kritik von Gerichtsurteilen verboten werde. Entsprechend schwierig gestaltete sich das Verhältnis zur Presse. Der Feststellung der Kritiker, die Justiz sei dem NS-Staat von Anfang bis Ende eine feste Stütze gewesen, setzten die Apologeten der Justiz die Behauptung entgegen, unter den Opfern des Nationalsozialismus befinde sich auch und ganz besonders die Justiz. Ernsthaft wurde behauptet, keine andere Institution sei – von den Kirchen vielleicht abgesehen – von den Nationalsozialisten so mit Haß verfolgt worden wie die Justiz.

Das glaubte den Juristen – außer ihnen selbst – natürlich niemand; deswegen verlegten sie sich aufs Eigenlob. Dafür nur ein Beispiel: Eduard Kern schrieb 1946: »Daß in der ganzen Zeit von 1933 bis 1945 die Justiz von Hitler, von Himmler und von der Partei, namentlich auch von der SS sehr mißtrauisch behandelt, geschmäht, lahmgelegt und auch sonst schlecht behandelt worden ist, das gereicht ihr in der Geschichte zum Ruhm.«[3]

Diese Worte belegen, was sich bildlich so umschreiben läßt: Die Justizjuristen hatten sich in eine Wagenburg zurückgezogen, die Realität blieb draußen; drinnen arbeiteten die Apologeten. Kern der Apologie war die Berufung auf den Positivismus. Die Masse trug vor, sie habe wegen ihrer Erziehung im Positivismus nicht erkennen können und vor allem nicht zu erkennen brauchen, daß sie im Gesetzblatt verkündetes Unrecht anwandte. Hitler habe, so war zu hören, die traditionelle Gesetzestreue des deutschen Richters schändlich mißbraucht. Und der hat das nicht gemerkt!

Andere Apologeten bemühten das Naturrecht. Helmut

Coing zum Beispiel leitet daraus ab, daß der naturrechtswidrige Gesetze anwendende Richter des Dritten Reiches keineswegs bestraft werden könne.[4] Daß Coing diese Lehre zu einer Zeit entwickelt hat, als Ministerialbürokraten, Staatsanwälte und Richter des Dritten Reiches im Nürnberger Juristenprozeß auf der Anklagebank saßen, gehört wohl zum Untergrund solcher Theorien.
Eberhard Schmidt, der berühmte Lehrer des Strafprozeßrechts (bekannt als ebenso großer Lehrer des Wehrstrafrechts vor 1945), hat als Fürsprecher der damals noch desorganisierten Justizjuristen das Fazit der Apologie so zusammengefaßt: »Nicht die Justiz, sondern ganz allein der Gesetzgeber hatte die Fahne des Rechts verlassen. Und mit der Verantwortung für die Folgen dürfen heute weder Rechtswissenschaften noch Justiz beladen werden, da diese ganz allein den um jeden rechtlichen Halt gekommenen Gesetzgeber trifft.«[5]
In diesem Klima intellektueller Selbstbeschränkung verpuffte auch die aufklärerische Wirkung des Nürnberger Juristenprozesses: Dieses Gerichtsverfahren vor einem amerikanischen Militärgericht gehört zu den folgenlosesten Ereignissen der deutschen Rechtsgeschichte der Neuzeit. Obwohl sich das Urteil fundiert mit dem auseinandersetzte, was im Dritten Reich unter »Rechtspflege« verstanden worden war, interessierte sich die Fachwelt nicht dafür – es sei denn, sie hätte die eine oder andere Aussage des Urteils für ihre Apologie nutzbar gemacht. Rezipiert wurden die Nürnberger Lehren so gut wie nicht. Der Juristenprozeß ist vergessen und kein Bestandteil des juristischen Wissens unserer Zeit. Daß

nicht *einer* der verurteilten deutschen Juristen seine Strafe voll verbüßt hat, sei nur am Rande erwähnt.
Wer so, wie die Juristen der Jahre nach 1945, mit sich und seiner Vergangenheit im reinen zu sein glaubt, der hat wahrlich keinen Grund zu Erneuerung und Selbstkritik. Konsequenterweise lehnte die herrschende Juristenmeinung die Vorschriften über die künftige Rechtspflege in den Landesverfassungen ganz und gar ab. Ihre Vertreter scheuen auch vor Denunziationen nicht zurück. Eberhard Schmidt erklärte die bremische und hessische Verfassung kurz und bösartig zum Ausdruck bolschewistischer und totalitärer Bestrebungen; und wer kritisch das Denken deutscher Juristen durchmustert, weiß, daß es kaum einen größeren Vorwurf als diesen gibt.
Ganz und gar verwarfen die Apologeten die Konzeption vom Richter als Demokraten auf dem Richterstuhl. Vom »politischen« Richter wollten sie nichts wissen. Sie hatten in ihren Köpfen längst das Richterbild aus Weimarer Tagen restauriert: So wie damals sollte die Rechtspflege wieder ganz und gar unpolitisch sein. Den Gedanken der Verfassungen, daß Demokratie und Rechtsstaat zusammengehören, verstanden sie nicht. Sie glaubten, der Platz der Justiz sei über den politischen Parteien; nur dort oben, im politikfreien Raum, sei wahre richterliche Unabhängigkeit möglich. Demokratie war ihnen *eine* Sache, die unabhängige Rechtspflege eine ganz andere.
Konsequent verdammten die westzonalen Juristen alle, die es wagten, auf den politischen Charakter aller Rechtsprechung hinzuweisen. Da half auch Gustav Radbruchs Hinweis nichts, man habe doch schon in Weimarer Tagen bemerkt, daß Recht und Politik sich nicht *so*

scharf trennen ließen, wie es den Mitgliedern des Deutschen Richterbundes damals vorgeschwebt hatte und wie es ihren Nachfahren jetzt schon wieder vorschwebte. Noch weniger verfing Radbruchs weiterer Hinweis, daß es nicht um die Einführung von Parteipolitik in die Judikatur gehe, sondern darum, zu begreifen, daß kein Richter anders Recht sprechen könne als aus dem Geist eines bestimmten Staates heraus.[6]
Die Justizjuristen beharrten darauf: Recht und Politik stünden in demselben Verhältnis wie Feuer und Wasser. Für sie war die Kritik am Verhalten der Justiz im Dritten Reich bloß deswegen möglich geworden, weil eine gewisse Anzahl von Richtern – keineswegs viele – damals hier und da, und meistens aus Charakterschwäche, im Geist der nationalsozialistischen Weltanschauung judiziert habe.
Nach fast ganz herrschender Meinung war das gesamte Dritte Reich nichts anderes gewesen als der in Teilen leider gelungene Versuch der Regierung, die Politik in die Justiz hineinzutragen. In den Bestrebungen, die Justiz auf die Demokratie zu verpflichten, erkannten die Juristen nichts anderes als den nächsten Versuch dieser Art. Demokratie, so hieß es, gefährde die unabhängige Rechtspflege. Ich zitiere Hans Rotberg: »Die Gefährdung des besonderen richterlichen Berufsethos ist um so größer, je mehr die politische Arbeit infolge der angestrebten Dezentralisierung der demokratischen Willensbildung bis herunter in die Städte und Dörfer reicht.«[7]
Solchen Gefahren traten die Justizjuristen mannhaft entgegen. Ihre Parole lautete: Entpolitisierung der Rechtspflege!

Äußeres Anzeichen der Entpolitisierung sollte die Abschaffung des dem Parlament verantwortlichen Justizministers sein. Richter sollten nicht gewählt, sondern von dem niemandem verantwortlichen Chef der Justiz ernannt werden. Bei der Auswahl sollte die Richterschaft das entscheidende Wort haben – Kooptation von Richtern durch Richter war das Ziel. Aktives und passives Wahlrecht sollten die Richter ausdrücklich nicht haben. Sie sollten, folgt man an dieser Stelle den Vorstellungen von Hans Rotberg, im »politischen Zölibat« leben. Der Rückgriff auf Bilder aus der Welt des Priesterstandes ist kein Zufall, sondern umreißt präzise die Absicht: Hier soll eine niemandem verantwortliche Richterkaste etabliert werden, die den Anspruch erhebt, der höheren Einsicht teilhaftig zu sein und von dieser Warte aus die Beschlüsse der Volksvertretung zu korrigieren.

Hans Rotberg will den Richtern in einer zweiten Gesetzgebungskammer einen Sonderplatz einräumen. Begründung: »Der Staatsrat oder Senat ist ja wohl allgemein als der Filter gedacht, durch den der manchmal noch nicht ganz saubere Wein erstkammerlicher Beschlüsse politisch ausgerichteter Parteien hindurchgeleitet werden muß, um klar und lauter zu werden ... Was läge näher, als gerade auch den Richterstand mit Rücksicht auf seine lebensnotwendigen Aufgaben und Erfahrungen hier einzusetzen?«[8]

Daß Rotberg auf Supervision der Volksvertretung hinauswill, wird noch deutlicher in seiner Forderung, auch im Rechtsausschuß der ersten Kammer – nach unserem Verständnis also des Bundestages – müßten die Richter obligatorisch angehört werden, denn »die Richter würden damit eine erwünschte Ergänzung der im Rechtsausschuß auf Verlangen gleichfalls anzuhörenden Regierungsvertreter darstellen, die ihrerseits Sachwalter politisch geführter Ministerien sind«. Rotberg hat seine Bestrebungen auf eine griffige Formel gebracht. Richter, so meint er, seien Angehörige eines »dem Dienst am Recht geweihten und deshalb unter besonderes politisches Statut gestellten Standes«.

Das sind keine an abseitiger Stelle ausgesprochenen und mit Buh-Rufen bedachten Äußerungen irgendeines Juristen. Rotbergs Darlegungen sind in der Deutschen Rechts-Zeitschrift (später in der Juristen-Zeitung aufgegangen) des Jahrgangs 1947 nachzulesen. Sie waren Mehrheitsmeinung. Rotberg selbst sollte bald einer der führenden Richter des Bundesgerichtshofs werden.

Gegen diese Meinung der westdeutschen Richter über sich selbst hatten die Verfechter der These vom Richter, der sich als Demokrat auf dem Richterstuhl verstand, bald keine Chance mehr. Die Beratungen des Parlamentarischen Rates 1948/1949 sind schon der Spiegel der Niederlage der Verfechter einer Rechtspflege aus einem neuen Geist. Die Justizkritik, die noch die Verfassungsberatungen etwa in Hessen 1946 und in Bremen 1947 geprägt hatte, war im Parlamentarischen Rat, ja schon beim Verfassungskonvent auf Herrenchiemsee (10. bis 23. August 1948), nicht mehr Allgemeingut; sie war – wenn man es politisch verortet – nur noch unter Sozialdemokraten und Kommunisten zu Hause. Die Mehrheit der Bürgerlichen und Liberalen hatte längst die Auffassungen der Richterschaft adaptiert. Diese Auffassungen gingen dahin, daß die Richterschaft im Dritten Reich anständig geblieben sei und Mißtrauen heute nicht mehr verdiene. Der Beitrag der Rechtspflege zur Untergrabung der Weimarer Republik wurde geleugnet oder doch relativiert. Thomas Dehler, der nachmalige Bundesjustizminister, und Walter Strauß, sein künftiger Staatssekretär, haben diese Meinung besonders gepflegt. Für sie war es keine Frage, daß die neue Justiz unabhängig und unpolitisch zu sein habe. Mit Nachdruck haben die Vertreter dieser Richtung für eine klare Trennung zwischen der Rechtspflege hier und der Politik da gestritten. Sie taten auch das unter Rückgriff auf Ideen aus der Weimarer Zeit. Hier griffen sie auf das bekannte schlichte Schwarz-Weiß-Weltbild der Richter zurück: Das Recht, so meinten sie damals und jetzt wieder, ist gut; die Politik ist schlecht. Einflüsse aus der schmutzigen Sphäre der Politik in die reine Sphäre des Rechts gefährden das Recht und führen letztlich die Herrschaft des Unrechts herauf. Beweis: die Geschichte der Justiz im Dritten Reich. Konsequenz: Die Rechtsprechung muß um jeden Preis freigehalten werden von Einflüssen aus der Politik.

Diese These spiegelt sich in der Gerichtsorganisation wider, wie sie die Väter und Mütter des Grundgesetzes diskutiert haben. Lange Zeit ist eine Mehrheit dafür, ein Oberstes Bundesgericht zu errichten. Dieses sollte über allen anderen oberen Bundesgerichten stehen; es sollte zugleich Verfassungsgericht sein. Aber das setzte sich dann doch nicht durch. Letztlich kommt die Mehrheit zum Schluß, das Oberste Bundesgericht werde, wenn es als Verfassungsgericht entscheide, politische Entscheidungen zu treffen haben; diese politischen Entscheidun-

gen würden aber seine Aufgaben als oberstes Gericht der eigentlichen Rechtspflege mit einem gefährlichen Odium belasten. Es ist davon die Rede, daß eine politische Infiltration aus der Tätigkeit des Bundesverfassungsgerichts auf das Oberste Bundesgericht nicht ausbleiben werde.
Das Oberste Bundesgericht soll aber gerade von jenem politischen »Odium« freigehalten werden; es soll die Sphäre des reinen Rechts repräsentieren. Oder, um es in Worten auszudrücken, die Herbert Ruscheweyh, damals Präsident des Deutschen Obergerichts für das Vereinigte Wirtschaftsgebiet, bei seiner Anhörung im Rechtsausschuß des Parlamentarischen Rates vorgetragen hat: Die Bevölkerung und jede Behörde sollten im Obersten Bundesgericht »die Macht erkennen, die alles endgültig nach dem Recht beurteilt«[9]. Konsequenz: Im Grundgesetz bildet das Oberste Bundesgericht die Spitze der Juristenorganisation, daneben steht das Bundesverfassungsgericht als eigenständiges Gericht. So verdankt das Bundesverfassungsgericht seine Stellung dem Degout der Mehrheit der Verfassungsväter vor dem Politischen. Die Zuweisung der politischen Sachen an das Bundesverfassungsgericht ist ausdrücklich als Schutz der Reinheit des Obersten Bundesgerichts vor der »Politik« deklariert. Aber es steckt doch noch mehr dahinter. Das Oberste Bundesgericht entscheidet nach dieser Konzeption alles nach dem unpolitisch verstandenen Recht; das Verfassungsgericht mag nach der politischen Verfassung judizieren. Das Recht ist eine Sache, die Verfassung eine andere. Daß die Verfassung das Recht durchdringt, ist nicht ausgemacht; in der Konzeption der

Mehrheit des Parlamentarischen Rates jedenfalls sind Recht und Verfassung zwei Welten.

Gegen diese Art des Lernens aus der Geschichte hat sich die einzige Frau im Ausschuß für Verfassungsgerichtshof und Rechtspflege gewandt: Elisabeth Selbert, aus Kassel stammende Rechtsanwältin, Mitglied der SPD-Fraktion. Schon in der Verfassungsberatenden Versammlung von Hessen hatte sie für die Verknüpfung der richterlichen Unabhängigkeit mit der Bindung an die Verfassung gestritten. Sie erhob die Gegenrede gegen die Konzeption von der Entpolitisierung:

»Vergessen Sie doch nicht«, rief Elisabeth Selbert aus, »daß in der Vergangenheit die starke Diskrepanz zwischen dem politischen Leben und der Rechtspflege auch dadurch entstanden ist, daß die Vertreter der Justiz in etwa das Politische immer in Parenthese setzten. Ich glaube auch, daß gerade aus dem Gedanken des rechtsstaatlichen Wesens der Demokratie heraus ... hier endlich einmal eine Brücke geschlagen werden und die Justiz aufhören sollte, das politische Leben als etwas Inferiores anzusehen, aus dem man sich herauslassen sollte.« An anderer Stelle sagte sie: »Ein Staatsleben ist ohne politisches Leben gar nicht zu denken, und die Träger der Staatsidee sind heute mehr denn je die politischen Parteien. Die Richter sollen Träger der Staatsidee sein. Sie sollen nicht über den Wolken schweben, sondern sie sollen im politischen Leben unserer Zeit stehen.«[10]

Dies hat sich – damals jedenfalls – nicht durchgesetzt. Der Elan der frühen Landesverfassungen erreichte das Grundgesetz nicht mehr. Es garantiert der Justiz zwar die Unabhängigkeit, legt sie aber nicht mehr mit der gleichen

Strenge und mit dem großen Impetus von einst auf Demokratie, Menschenrechte und soziale Gerechtigkeit fest. Die Richterwahl – ein Kerngedanke der Konzeption vom Richter als Demokraten auf dem Richterstuhl – ist für Landesrichter nicht obligatorisch, sondern fakultativ vorgesehen. Da, wo das Grundgesetz die Wahl von Bundesrichtern und Verfassungsrichtern vorsieht, gibt es keine Wahlkriterien vor. Die Richteranklage ist im Grundgesetz ganz entscheidend entschärft worden: Sie wurde den Verfassungsgerichten der Länder entzogen, dem Bundesverfassungsgericht zugewiesen und an so hohe Voraussetzungen geknüpft, daß die Richteranklage nicht nur in der Praxis nicht vorkommt, sondern so gut wie vergessen ist.

Das war nicht nur Ergebnis der Mehrheitsverhältnisse im Rat, sondern auch das Resultat einer beharrlichen Arbeit der Lobby. Zwar waren die Richtervereine erst in Ansätzen wieder vorhanden; aber auch so hatten die Richter genug Fürsprecher in dem Bestreben, nur ja nicht zuviel demokratisches Öl in das Getriebe der Justiz zu gießen: Neben einer ganzen Reihe von Professoren ist vor allem Wilhelm Kiesselbach zu nennen, der das von ihm geleitete Zentraljustizamt für die britische Zone und dessen Apparat der richterlichen Sache zur Verfügung gestellt hat. Kiesselbach, damals schon über 80 Jahre alt, galt als national denkender Mann.

Besonders mächtige Streithelfer hatten die Justizleute in Gestalt der damals höchsten deutschen Richter, Herbert Ruscheweyh und Ernst Wolff, die dem Ausschuß für Verfassungsgerichtshof und Rechtspflege des Parlamentarischen Rates ihre Meinungen vortragen durften.

Die Haltung der beiden Richter ist besonders bemerkenswert: Beide hatten zu den Rechtsanwälten gehört, die nach 1945 mangels brauner Vergangenheit in höchste Richterämter gekommen waren. Sie waren alles andere als Streiter für eine erneuerte Rechtspflege. Für die Linke muß das ein besonderer Schlag gewesen sein: Ruscheweyh galt als Verfolgter des 20. Juli 1944, war bis 1933 sozialdemokratischer Abgeordneter der hamburgischen Bürgerschaft und deren Präsident gewesen; Wolff war rassisch verfolgt. Gleichwohl haben beide die Forderungen der Richterschaft vertreten wie nahezu jeder andere Justizjurist auch.

Dennoch: Eine völlige Niederlage war das Ergebnis der Beratungen für die Linke doch nicht. Georg August Zinn hat immer wieder darauf hingewiesen, daß das Grundgesetz insofern ein neues Bild der Rechtspflege begründet habe, als es die unabhängige Justiz zu einer den übrigen Staatsgewalten völlig ebenbürtigen Staatsgewalt gemacht habe. Von Zinn stammt auch die Bemerkung, das Grundgesetz habe den kleinen richterlichen Beamten aus Weimarer Tagen verabschiedet und den wahrlich unabhängigen Richter an seine Stelle gesetzt.

Das traf im ersten Teil, der Heraufhebung der Rechtspflege, durchaus zu – selbst wenn man sieht, daß sich Zinn mit seinen weiterreichenden Vorstellungen nicht hatte durchsetzen können. Aber die Pensionierung und Entlassung der kleinen richterlichen Beamten aus Weimarer Tagen war mißglückt. Sie waren schon längst wieder im Dienst, und vor allem war die Masse der größeren und kleineren Baumeister des NS-Unrechtsstaats durch die Maschen der Entnazifizierung geschlüpft.

Sicher darf niemand behaupten, sie seien als Nazis suspendiert worden und als Nazis wieder hereingekommen: Nur: Als Demokraten waren sie nicht wiedergekommen. Sie ließen sich in der Demokratie nieder, revidierten ihre Meinungen und schrieben, wo erforderlich, ihre wissenschaftlichen Werke und Kommentare um; im übrigen holten sie die Ideologie von Weimar hervor. Daß das Grundgesetz ihnen die Unabhängigkeit garantierte, billigten sie; alle anderen Neuerungen wie Richterwahl und Richteranklage bekämpften sie.
Schon gleich nach dem Einzug in den neuen Justizpalast des Grundgesetzes haben die Bewohner kühn nach dem Umbau verlangt. Hans Rotberg hat verkündet, daß die nun zu erlassenden Gesetze über das Bundesverfassungsgericht und die Rechtsstellung der Richter dem »parteitaktischen Mißbrauch« zu wehren und die »politische Neutralisierung der Rechtspflege« zu fördern hätten. Ganz ungeniert erklärte er, man müsse sehen, »wie sich die bedenklichen Rechtsfolgen« der Richteranklage »auf ein erträgliches Maß zurückführen lassen«.[11]
Das gleiche Streben leitete seinen Vorschlag, wie künftige Richterwahlausschüsse zusammenzusetzen seien: Rotberg will »vorzugsweise Richter, ferner Vertreter der Anwaltschaft, auch der Staatsanwaltschaft, der juristischen Fakultäten, der Wirtschaft und sonstiger an der Rechtspflege sachlich interessierter Kreise«[12] vertreten sehen. Wer soll die Bundesrichter aber gerade nicht wählen dürfen und wer gilt demnach nicht als an der Justiz »sachlich« interessiert? Man ahnt es: die Vertreter des Parlaments!
Solches Anrennen gegen die Verfassungen blieb lange

virulent. Paulus van Husen, Präsident des OVG Münster, rief 1952 nach der »Entfesselung« der Justiz.[13] Gefesselt war sie nach seiner Meinung durch das Grundgesetz. Van Husen kritisierte die Gewaltenteilung, die zum Nachteil der Justiz ausfalle und der Exekutive das Übergewicht über die Judikative gebe; in diesem Zusammenhang spricht er davon, daß wir uns »im Grundgesetz ... zu dem törichten und verfälschten Abklatsch des Richterwahlausschusses aufgeschwungen haben unter Hinnahme des neuen Gifttropfens der Richteranklage«. Wesentliches Element der Entfesselung der Justiz war für van Husen die Ausschaltung des Justizministers; er wollte die Justiz *allenfalls* dem über den Ressorts stehenden Ministerpräsidenten unterstellen. Noch lieber wäre es ihm aber gewesen, wenn »über die Leiche des Justizministers« hinweg die Justiz überhaupt keinem Ressort mehr zugeordnet worden wäre. Es gehört übrigens zu den Feinheiten, daß van Husen sich für seinen symbolischen Mord am parlamentarisch verantwortlichen Justizminister unter anderem auf sowjetische Vorbilder berufen hat.
Eine Einzelerscheinung ist van Husens Attacke keineswegs. Eberhard Schmidt[14] und Theodor Eschenburg haben Anfang der fünfziger Jahre ähnliche Ideen propagiert. Sie wollten an der Spitze der Rechtspflege ein Justizdirektorium sehen, das aus dem Ministerpräsidenten des jeweiligen Landes und vier Persönlichkeiten bestehen sollte, die sich der Befähigung zum Richteramt rühmen konnten. Die vier Persönlichkeiten sollten von den hohen Richtern des Landes gewählt werden. Im Entwurf des Deutschen Richtergesetzes war noch das Ver-

bot enthalten, sich als Richter einer politischen Partei anzuschließen.
Wie fest sich das überkommene Bild vom unpolitischen Richter nach 1949 wieder verwurzelt hat, kann man leicht ermessen, wenn man sich die Heftigkeit der Argumente vor Augen führt, die Rudolf Wassermann und seinem Bild vom politischen Richter entgegengehalten worden sind.
Das Fazit ist also nicht ermutigend: Die Chance zum Neuanfang, die das Grundgesetz immerhin nicht ausschloß, wurde in der Justiz nicht genutzt. Mochte sich auch alle Welt mit der Frage beschäftigen, wie man in der neuen Verfassung die Fehler von Weimar vermeiden könne: In der Justiz suchte man ein Denken über die Katastrophe hinweg wieder zu beleben, das seine Bewährungsprobe auf die Demokratie schon einmal nicht bestanden hatte.
Das führt uns zu einer zentralen Frage: Was konnte diese reine, ordentliche, sich von aller Politik abkehrende Justiz überhaupt anfangen mit dem Grundgesetz?
Ich habe wenig Zweifel daran, daß unsere Justiz in den Anfangsjahren der Bundesrepublik nicht viel mit dem Grundgesetz anzufangen wußte.
Schon manche Verfassungsväter scheinen nicht zur Kenntnis genommen und nicht geahnt zu haben, welche Folgen das Grundgesetz für die Rechtsanwendung haben könnte: Wäre es zum Beispiel nach Walter Strauß gegangen, dann hätten wir heute keinen Bundesgerichtshof als Spitze der ordentlichen Gerichtsbarkeit; vielmehr wären die Oberlandesgerichte letzte Instanz. Seine Begründung: Im Straf- und Zivilrecht sei die Ent-

wicklung abgeschlossen; das Reichsgericht habe das Nötige gesagt; die ganz wenigen noch denkbaren Zweifelsfragen könne das Oberste Bundesgericht klären, man brauche also keinen Bundesgerichtshof. Offensichtlich ist Walter Strauß nicht der Meinung gewesen, das Grundgesetz könne Auswirkungen auf das überkommene und künftige Straf- und Zivilrecht haben und dadurch neue Rechtsfragen und Zweifel aufwerfen.
Ein eindrucksvolles Beispiel hat Richard Schmid dokumentiert, der einen Strafrichter zitierte, welcher meinte, ihm könne nur das Strafgesetzbuch helfen; das Grundgesetz mache ihn nicht klüger, sondern sei dem Delphischen Orakel vergleichbar.[15]
Das Bundesverfassungsgericht hat im Blick auf den Gesamtinhalt des Grundgesetzes von der verfassungspolitischen Antithese zum Nationalsozialismus gesprochen. Die Art und Weise der Verfolgung von NS-Verbrechen durch unsere Strafjustiz weckt ebenso wie der denkwürdige Konflikt zwischen Bundesgerichtshof und Bundesverfassungsgericht über die Kontinuität der Beamtenverhältnisse nach dem 8. Mai 1945 Zweifel daran, ob diese Antithetik in der reinen Rechtspflege erkannt und genügend beachtet worden ist.
Weiter: Die Durchsetzung elementarer Verfassungsgebote in der rechtlichen Wirklichkeit kommt mir als ein überaus schwieriger Prozeß vor, der nicht nur durch die Neuheit der Materie aufgehalten worden sein kann.
Da soll es in der Frühgeschichte der Bundesrepublik Rechtens gewesen sein, einstige Funktionäre der KPD zu bestrafen, die sich vor dem Verbot für ihre Partei betätigt hatten. Mir scheint, als habe damals der Wunsch, dem

altbösen Feind Bolschewismus zu wehren, der Strafjustiz den Blick auf das Rückwirkungsverbot verbaut. Das Renommee des Bundesverfassungsgerichts beruht nicht zuletzt darauf, daß es diese Judikatur der ordentlichen Strafgerichte 1961 im Namen der Verfassung unterbunden hat.
Nicht vergessen habe ich, daß die Durchsetzung der Meinungsfreiheit in weiten Teilen gegen die Judikatur der rein rechtlich denkenden ordentlichen Justiz gelingen mußte. Erinnern wir uns daran, daß – und warum – der Bundesgerichtshof den Boykott der kleinen Zeitschrift »Blinkfüer« durch den großen Axel-Springer-Verlag für Rechtens hielt, und vergessen wir auch nicht, daß Richard Schmid in seiner Kontroverse mit dem SPIEGEL erst vor dem Bundesverfassungsgericht zu seinem Recht kam.
Für mich ist es eine der weniger guten Erfahrungen meiner juristischen Ausbildung, die ich 1965 begonnen habe, daß man in Ansehung der Verfassung vornehmlich mit der Methode des Ja-Aber konfrontiert war: In der Verfassung steht es so, aber juristisch ist es vielleicht doch etwas anders.
Ich habe das übrigens am eigenen Leib rechtspraktisch erfahren. Artikel 59 der hessischen Verfassung sagt: Das Studium an hessischen Hochschulen ist unentgeltlich. Als ich an einer hessischen Universität studierte und in grenzenloser Naivität den Artikel 59 der hessischen Verfassung auch auf mich, den aus Baden-Württemberg stammenden Studenten, angewandt sehen wollte, da hielt mir das Verwaltungsgericht Darmstadt – unter Berufung auf den Verwaltungsgerichtshof in Kassel – ent-

gegen, dieser gelte selbstverständlich nur für hessische Landeskinder, es sei denn, Baden-Württemberg ließe hessische Landeskinder auch umsonst studieren oder, weiterer Ausnahmefall, mein Vater sei Hochschullehrer irgendeines Bundeslandes.

Ich habe erst später das böse, aber wohl zutreffende Wort von Richard Schmid gelesen, der von den »gelehrten Zweckbegriffen« sprach, mit denen gewisse Interpreten den Wortlaut der Verfassungen in ihr Gegenteil verdrehten oder ihren Gehalt verdorben haben. Aber mein naiver Rechtsstreit mit dem Land Hessen hat mich schon damals gelehrt, was gelehrte Zweckbegriffe sind und wie man sie anwendet.

Ich habe in jenen Jahren mit dem von Adolf Arndt geprägten Wort vom nicht erfüllten Grundgesetz aus der Perspektive des kleinen Studenten heraus einiges anfangen können.

Im übrigen erinnere ich mich mit einer gewissen Freude an die Zeit (1966), als Gustav Heinemann zum Bundesminister der Justiz wurde. Nach meiner Erinnerung war dies vor allem bei den Jüngeren gerade deswegen mit so vielen Hoffnungen und so großer Begeisterung verbunden, weil Heinemann Ernst zu machen versprach mit unserer Verfassung: Ich denke an seine Feststellung, die bis zu seinem Amtsantritt vorgelegten Entwürfe für ein neues Strafgesetzbuch – vornehmlich der E 62 – trügen den Leitbildern und Wertvorstellungen des Grundgesetzes nicht genügend Rechnung, und er werde sich jetzt an die Schaffung eines Strafrechts machen, das an den tragenden Prinzipien unserer Verfassung orientiert sei. Das sind die Beispiele, an denen ich meinen Zweifel festma-

chen möchte, ob die Justiz der Anfangsjahre der Bundesrepublik begriffen hat, was der Geist des Grundgesetzes ist.
Heute ziert Verfassungsignoranz sicherlich keinen mehr in unserer Zunft. Die Lehre von der Entpolitisierung der Rechtspflege im Stil von Hans Rotberg ist ganz gewiß abgetan. Die Stellung des Bundesverfassungsgerichts ist unangefochten, und keine pejorativ gemeinte Rede ist mehr davon, daß seine Judikatur mit dem Odium des Politischen behaftet sei. Sein bleibendes Verdienst ist es, den »reinen« Richtern vermittelt zu haben, daß und wie die Verfassung das Recht durchdringt. Wer davon spricht, er gehe »bis nach Karlsruhe«, der meint nicht den Gang zum Bundesgerichtshof, sondern den zum Bundesverfassungsgericht.
Das ist – denke ich – der schönste Sieg des Volkes über die Richtergeneration von 1949 und über die Lehren von der Entpolitisierung der Rechtspflege.
Aber die Frage bleibt: Welche Folgen hat der »Fehlstart« der Justiz in die Demokratie gehabt? Wirkt er in der Judikatur nach? Wirkt er in uns nach, vermittelt durch Professoren, die sich in vielen Fällen der Auseinandersetzung mit der Vergangenheit aus sehr persönlichen Gründen widersetzten, und vermittelt durch Ausbilder und Vorgesetzte, die oft geradezu Idealbilder des »unpolitischen« Juristen jener Anfangsjahre waren? Sie haben uns ihren Teil unserer geschichtlichen Traditionen vermittelt. Haben wir die im Grundgesetz auch angelegten und nicht verschütteten Gegentraditionen und Alternativen erkannt und genügend aufgegriffen?
Die Frage ist: In welcher Verfassung sind unsere Köpfe,

von welcher Beschaffenheit sind unsere Gesetze im Jahr 40 nach der Verkündung des Grundgesetzes für die Bundesrepublik Deutschland?

Anmerkungen:

1 H. von Hodenberg, Rückschau und Ausblick, Hannoversche Rechtspflege 1947, S. 84.
2 Gerhard Erdsiek, Vom Recht des Staatsbürgers, 1947, S. 4.
3 Eduard Kern, Geschichte des Gerichtsverfassungsrechts, S. 283.
4 Vgl. Helmut Coing, Zur Frage der strafrechtlichen Haftung der Richter für die Anwendung naturrechtswidriger Gesetze, Süddeutsche Juristenzeitung 1947, Sp. 61 ff.
5 Eberhard Schmidt, Unabhängigkeit der Rechtspflege – in: Tagung Deutscher Juristen, Bad Godesberg, 30. September/ 1. Oktober 1947, S. 233 ff.
6 Vgl. Gustav Radbruch, Das Reichsgericht und die Politik, Deutsche Rechts-Zeitschrift 1949, S. 433 f.
7 Hans Rotberg, Entpolitisierung der Rechtspflege, Deutsche Rechts-Zeitschrift 1947, S. 107 ff.
8 Hans Rotberg, a.a.O.
9 Herbert Ruscheweyh – in: Parlamentarischer Rat – Ausschuß für Verfassungsgerichtshof und Rechtspflege, Stenographischer Bericht, 5. Sitzung vom 11. November 1948, S. 39.
10 Elisabeth Selbert – in: a.a.O., S. 87 f.
11 Hans Rotberg, Zur Stellung der Justiz im Grundgesetz, Deutsche Rechts-Zeitschrift 1949, S. 387 ff.
12 Hans Rotberg, a.a.O.
13 Paulus van Husen, Die Entfesselung der Dritten Gewalt, Archiv des öffentlichen Rechts, 78. Band (N.F. 39) 1952/1953, S. 49.

14 Vgl. Eberhard Schmidt, Richtertum, Justiz und Staat, Juristenzeitung 1953, S. 321 ff. m. w. N.
15 Richard Schmid, Richter und Politik, Neue Rundschau 1969, S. 314 ff.

2. Das Verhältnis von Recht und Politik

Thomas Dieterich

1. Den Film mit dem Titel »Bundesrepublik« noch einmal zurückzuspulen, sich in die unruhige und unübersichtliche Szenerie der Jahre nach 1945 zurückzuversetzen und zu versuchen, aus dieser historischen Rückschau Lehren zu ziehen, ist methodisch äußerst problematisch und eignet sich vorzüglich zur Pflege von Vorurteilen und Klischees. Eine seriöse Diskussionsgrundlage können wir auf diesem Wege nur gewinnen, wenn wir uns auf klare, eng begrenzte Fragestellungen einigen und die Vorgänge, die wir würdigen wollen, sorgfältig in ihrem historischen Zusammenhang erfassen.
Die jüngere deutsche Geschichte ist bis heute traumatisch besetzt – und das nicht erst seit 40 Jahren. Es gibt in der Geschichte keine »Stunde Null«. So war die verfassungspolitische Diskussion am Beginn unserer Republik ganz selbstverständlich beherrscht von der Frage: Wie konnte das alles geschehen? Und spezieller: Warum ist die Republik von Weimar gescheitert? Noch heute werden ganz entgegengesetzte Positionen mit den unterschiedlichsten Deutungen begründet. Wer die entscheidende Ursache darin sehen will, daß sich die Weimarer Republik ihrer antidemokratischen Opposition nicht wirkungsvoll genug erwehrt habe, einer militanten außerparlamentarischen Opposition nicht entschieden genug entgegengetreten sei, wird vor allem eine wehr-

hafte Demokratie fordern. Zu fast entgegengesetzten Ergebnissen kommt zwangsläufig, wer die Passivität und Obrigkeitsgläubigkeit der Mehrheit im Lande, die Bereitschaft, an Führer zu glauben und sich gleichschalten zu lassen, für die entscheidende Ursache hält. Das Grundgesetz hat beide Diagnosen ernstgenommen und eine kombinierte Therapie versucht. Das wird uns sicher noch beschäftigen. Hier geht es mir zunächst nur darum, vor undifferenzierten Erklärungsmustern zu warnen.

2. Unser Thema ist speziell die Justiz.
Hans Wrobel sieht sie am Beginn der Bundesrepublik in einem gestörten Verhältnis zur Politik, zur Demokratie, ja sogar zu der neuen Verfassung, mit der sie nichts habe anfangen können. Ganz im Stil der Justiz von Weimar habe sie Politik und Recht für ebenso unvereinbar gehalten wie Teufel und Weihwasser. Von einem »reinen Recht« habe sie geträumt, das unpolitisch über den Niederungen wohnt, und entsprechend abgehoben habe sie ihre eigene Rolle definiert.
Die Belege, die Wrobel dafür vorträgt, sind schrecklich genug; die wörtlichen Zitate teils beängstigend, teils lächerlich; die justizpolitischen Vorschläge (zum Beispiel Kooptationsrecht der Richterschaft, hingegen kein aktives und passives Wahlrecht) verursachen »Bodenseereitergefühle«. Aber das alles ist »Schnee von gestern«: zwar vielleicht damals justiztypisch, aber jedenfalls nur generationsspezifisch. Grundgesetz und Deutsches Richtergesetz haben der Justiz eine völlig andere Aufgabe zugewiesen. Die Rechtsprechung – vor allem des Bundesverfassungsgerichts, aber auch aller anderen Ge-

richte – beweist, mit welcher Intensität die Justiz ihre neue Aufgabe wahrnimmt.

Ist also alles in Ordnung? Wrobel meint, es sei der schönste Sieg des Volkes über die Richtergeneration von 1949, daß der Bürger heute »bis nach Karlsruhe« gehe und damit nicht den Bundesgerichtshof, sondern das Bundesverfassungsgericht meine. Genau hier setzen meine Zweifel an.

Geht man von dem Begriffs-Dreieck »Justiz – Recht – Politik« aus, so darf man nicht nur die Justiz ins Auge fassen. Wichtig ist die theoretische Grundlage, gleichsam das »Valuta-Verhältnis« dieser Dreiecksbeziehung: das Verhältnis von Recht und Politik. Hier lohnt sich in der Tat ein Rückblick auf die Anfangsjahre nach 1945.

Diese sind gekennzeichnet durch die erschütternde Erfahrung, daß es gesetzliches Unrecht gibt. Ich erinnere an den berühmten Rundfunk-Vortrag Radbruchs aus dem Jahr 1945 »Fünf Minuten Rechtsphilosophie« oder an dessen Aufsatz in der Süddeutschen Juristenzeitung vom August 1946 »Gesetzliches Unrecht und übergesetzliches Recht«. Allen war klar: Juristisches Denken darf sich nicht mit dem Satz begnügen: »Gesetz ist Gesetz«; über dem positiven Recht muß es »materiale Rechtsgrundsätze« geben, die nicht oder nur unter erschwerten Voraussetzungen zur Disposition des Gesetzgebers stehen. Diese Erfahrung mit dem Unrechtsstaat verschaffte der Suche nach einer materialen Rechtsethik, dem uralten Problem des Naturrechts, große Popularität. Sie läßt sich aber nicht undifferenziert als Ausdruck eines konservativen Rechtsverständnisses deuten. Dafür zeugt allein schon die Autorität Gustav Radbruchs, da-

für steht aber auch der Name von Helmut Simon, der dieser Problematik 1952 seine Doktorarbeit widmete.
Das Grundgesetz hat den Gedanken des überpositiven Rechts und des gesetzlichen Unrechts aufgenommen. Es spricht schon im ersten Artikel von den unveräußerlichen Menschenrechten als Grundlage jeder menschlichen Gemeinschaft und bindet Gesetzgebung, vollziehende Gewalt und Rechtsprechung an die Grundrechte als unmittelbar geltendes Recht. Die Rechtsprechung des Bundesverfassungsgerichts, daß alle Grundrechte objektive Wertentscheidungen verkörpern, insgesamt ein Wertsystem bilden und nicht nur bei der Schaffung, sondern auch bei der Auslegung und Anwendung von Gesetzen beachtet werden müssen, hat diesen Ansatz in äußerster Konsequenz und mit weitreichenden Folgen zu Ende gedacht. Berücksichtigt man schließlich die Rechtsweggarantie des Art. 19 Abs. 4 GG und die Verfassungsbeschwerde als Rechtsbehelf für jedermann, so kann man wirklich von einer »kopernikanischen Wende« gegenüber der Zeit des Rechtspositivismus sprechen. Dem Recht und damit auch der Justiz ist in unserem demokratischen Gemeinwesen eine völlig neue, eine zentrale, ja integrative Rolle zugewiesen. Das hat keinerlei Ähnlichkeit mit den Verhältnissen der Weimarer Republik. Zurück nach Weimar? Das ist nicht mehr unser Problem.
Unsere Probleme liegen in der Zukunft und hängen eng zusammen mit dem, was Wrobel als »schönsten Sieg des Volkes« bezeichnet: den gläubigen Blick des Bürgers nach Karlsruhe. Wenn man den Umfragen glauben darf, genießen die Gerichte im allgemeinen und das Bundes-

verfassungsgericht im besonderen unerhörtes Ansehen. Das drückt sich aus in einer stetig steigenden Flut von Verfahren. Offenbar entspricht es allgemeiner Überzeugung, daß alle drängenden Probleme letztlich Fragen der Gerechtigkeit seien und deshalb von Richtern justizförmig geklärt werden könnten. Das ist eine Überforderung. Sie muß jeden Richter beklemmen! Eine bedrohliche Dimension erhält sie, wenn man weiter berücksichtigt, daß das Vertrauenskonto der aktiven Politiker, des Parlaments und der Regierungen abnimmt. Das hat sicher mancherlei Gründe. Nachdenkenswert ist, was darin zum Ausdruck kommt. Sollten die Bürger etwa die streitige Auseinandersetzung, das mühsame und kontroverse Alltagsgeschäft des Politikers abstoßend finden? Flüchten sie in die Illusion, Inbegriff wahrer Rationalität sei nur das, was in geheimer Beratung gefunden und in roter Robe verkündet werde? Eine tiefe Enttäuschung wäre unvermeidlich.

Ein weiterer Grund zur Sorge ergibt sich aus der Art der Probleme, die vor uns liegen. Politik als Frage der Gerechtigkeit, das mag denkbar sein, wenn es nur um den Ausgleich von Lasten und Verteilung von Leistungen im nationalen Rahmen geht. Aber vor uns liegen ganz neue Probleme, für die es keine Maßstäbe gibt: ökologische Krisen, die nur kompetenz- und grenzübergreifend lösbar sind, die politischen Gestaltungswillen fordern; technologische Entwicklungen, die das gesellschaftliche Leben und die Sozialstruktur des Landes tiefgehend verändern werden; ja schon allein die Europäische Gemeinschaft mit ihren Angleichungsprozessen. All das sind Herausforderungen der Politik. Justizförmige Antworten sind da nicht möglich und dürfen auch nicht gefragt werden.

3. Dennoch bleibt die Frage wichtig, die schon Elisabeth Selbert so stark beunruhigt hat: Wie muß der Richter unseres demokratischen und sozialen Rechtsstaates aussehen? Das schreckliche Leitbild eines unpolitischen oder gar undemokratischen Positivisten müssen wir nicht mehr bekämpfen. Nach einhelliger Meinung ist der Richter von heute seinen Aufgaben nur gewachsen, wenn er möglichst vielseitig informiert und auch politisch engagiert ist. Erst kürzlich haben sich die Präsidenten Sendler (Prof. Dr. Horst Sendler, seit 1. März 1980 Präsident des Bundesverwaltungsgerichts [Berlin]) und Pfeiffer (Prof. Dr. Gerd Pfeiffer, von 1. Oktober 1977 bis Ende 1987 Präsident des Bundesgerichtshofs [Karlsruhe]) in Aufsätzen zu diesem Richterbild bekannt; und wenn sie etwas anderes gesagt hätten, wäre das sehr verwunderlich gewesen. Aber gedrucktes Papier macht noch keine Justiz, und selbst ein gesetzesförmiges Richterbild könnte die erwünschten Kenntnisse, Fähigkeiten und Eigenschaften nicht in Köpfe und Herzen pflanzen. Wie bekommt man also weltoffene, aufgeklärte und engagierte Richter?

Das ist zunächst eine Frage des Richternachwuchses. Dabei denkt man traditionell sofort an das Jurastudium, an die heftigen Reformdiskussionen, an Sozialwissenschaften in der Juristenausbildung, an frühzeitigen Praxisbezug in einem einphasigen Ausbildungsgang. Zur Zeit herrscht hier zwar merkwürdige Ruhe, aber das letzte Wort ist da sicher noch nicht gesprochen.

Für die Justiz kann man die Kernfrage der Reformdiskussion noch viel radikaler stellen und ganz von der Juristenausbildung abkoppeln: Ist es eigentlich so zwingend und selbstverständlich, daß der Richterberuf schon frischgebackenen Assessoren offensteht? Ja, mehr noch, daß sich der junge Jurist mit dem zweiten Examen in der Tasche ein für allemal entscheiden muß, ob er Richter werden will, und zwar ein für allemal bis zu seiner Pensionierung? Diese Praxis, für die einige unserer europäischen Nachbarn übrigens keinerlei Verständnis hätten, sagt mehr über unser Richterbild als feierliche Bekenntnisse und stolze Selbstdarstellungen. Auch die Forderung nach Richterwahlverfahren geht bei dieser Praxis an der wichtigsten Entscheidung, nämlich an der Einstellung, vorbei. Ein junger Jurist hat nun mal kaum mehr vorzuweisen als seine Examensnote.

Wer sich Gedanken um das Richterbild macht, darf sich auch nicht nur auf die Frage nach dem Nachwuchs konzentrieren. Ebenso wichtig sind die Rahmenbedingungen, die die Arbeit des Richters prägen. Auch hier gilt es, den Blick von den hehren Prinzipien wegzulenken hin zum scheinbar Banalen.

Äußerlichkeiten können von großer Bedeutung sein. So können Art und Umfang der Arbeitsbelastung – innerhalb der Justiz extrem unterschiedlich verteilt – Menschen verändern. Der Richter, der über Jahre hinweg ein unerschöpfliches Pensum bewältigen muß mit Fällen aus immer dem gleichen begrenzten Bereich, muß im Lauf der Zeit erlahmen, zaghaft und gedankenarm judizieren.

Ein zweites Beispiel ist die Gerichtsorganisation: Was

wird eigentlich aus einem Beisitzer, der nie nach außen alleinverantwortlich eine Sache zum Abschluß zu bringen hat? Was bedeutet es, daß viele Richter nicht nur in immer demselben Gerichtszweig arbeiten, sondern auch gleichbleibend in demselben Teilgebiet? Ist das noch notwendige Spezialisierung oder vielmehr schon Verengung, Versteinerung? Geht es nur um Schönheitsfehler oder auch um Strukturmängel?

Als letztes Beispiel nenne ich Besonderheiten der Arbeitsgerichtsbarkeit, aus der ich herkomme: Wrobel meint, die Richter hätten mit dem Grundgesetz zunächst nichts anfangen können und ohne Rücksicht auf ihre neue Rolle und die unmittelbare Geltung der Grundrechte an alten Denkgewohnheiten festgehalten. Für die Arbeitsgerichtsbarkeit gilt das jedenfalls nicht. Sie hat große klaffende Gesetzeslücken mit viel sozialpolitischem Augenmaß zu überbrücken gewußt (zum Beispiel Kündigungsschutz schon vor einem Kündigungsschutzgesetz). Neben den starren Regeln des Bürgerlichen Gesetzbuches hat sie ein eigenes Arbeitnehmerhaftungsrecht und ein hochdifferenziertes Arbeitskampfrecht entwickelt. Vor allem aber hat sie ganz früh die Drittwirkung der Grundrechte postuliert und die Lohngleichheit von Männern und Frauen aus Art. 3 Abs. 2 GG abgeleitet. Begünstigt wurde das alles durch ganz eigene Start- und Rahmenbedingungen. Völlig neu geschaffen, konnte sie nicht auf ein routiniertes Justizpersonal aus der Zeit vor 1945 zurückgreifen. In allen Instanzen gab und gibt es neben dem oder den Berufsrichtern ehrenamtliche Richter, die eine starke Stellung haben und nicht bereit sind, sich auf die gelehrten

Zweckbegriffe einzulassen, von denen H. Wrobel sprach.
Hier geht es mir nicht um einen Vergleich oder gar Wettbewerb der Gerichtszweige, sondern nur um Anschauungsmaterial. Lebendigkeit, Vielseitigkeit, Erfahrung lassen sich weder dekretieren noch abstrakt diskutieren; sie lassen sich aber sehr wohl institutionell behindern oder auch fördern. Wenn man über das ideale Richterbild diskutieren will, darf man nicht bei Abstraktionen stehenbleiben. Man muß sich über die Voraussetzungen verständigen – bis hin zu den konkreten Arbeitsbedingungen. Der Teufel – nämlich das rechtspolitische Dynamit – steckt im Detail.

Schließlich noch einmal aus den Niederungen des Richteralltags hinauf in die Abstraktionshöhen unseres Hauptthemas Justiz und Demokratie: Könnten die Richter von heute eine »Justizkatastrophe«, wie wir sie in der Nazi-Zeit erlebt haben, abwehren? Die Antwort muß lauten: Ja – aber . . .
Ein Unrechtsregime hätte es sehr schwer mit westdeutschen Richtern. Stumpfsinniges »Gesetz ist Gesetz« könnte ihnen wohl den Blick nicht mehr völlig verstellen – jedenfalls nicht den auf die Grundrechte. Aber das ist ja nur das rechtsstaatliche Minimum und wäre kaum ausreichend. Gefährlich für einen Rechtsstaat sind nicht nur gezielte Anschläge, sondern vor allem Erosionsprozesse. Für solche Herausforderungen gibt es keine Vorbereitungskurse. Sie verlangen äußerste Aufmerksamkeit und Zähigkeit im Detail. Ob die Justiz dem gewachsen sein wird, muß sich noch zeigen.

Eines steht immerhin schon jetzt fest: Richter sind und bleiben nicht mehr und nicht weniger als Abbilder der Gesellschaft, in der sie leben. Darin jedenfalls unterscheiden sie sich nicht von ihren Kollegen der Jahre 1925, 1935 oder 1945.

3. Der demokratische Rechtsstaat des Grundgesetzes

Hans H. Klein

1. Das Grundgesetz ist konzipiert als die Verfassung eines demokratischen Rechtsstaats. Neben die demokratische Legitimation aller staatlichen Gewalt stellt es mit einer Entschiedenheit, die in der Welt nicht ihresgleichen hat, deren – umfassend sanktionierte – Bindung an Gesetz und Recht. Diese Bindung wiederum erwächst vor allem aus den dem einzelnen gewährleisteten Grundrechten. Das Grundgesetz hat damit in mehrerlei Hinsicht Lehren gezogen nicht nur aus den Erfahrungen des totalitären Unrechtsstaates, sondern ebenso aus denen der Weimarer Republik und des Kaiserreichs:

Das Bekenntnis zu den »unverletzlichen und unveräußerlichen Menschenrechten als Grundlage jeder menschlichen Gemeinschaft, des Friedens und der Gerechtigkeit in der Welt« (Art. 1 Abs. 2 GG), die Proklamation der Würde des Menschen als unantastbar und die fundamentale Bestimmung aller staatlichen Gewalt zu deren Achtung und Schutz als des eigentlichen Staatszwecks (Art. 1 Abs. 1 GG): Deutlicher kann die Absage an den menschenverachtenden Zynismus und die mörderische Rücksichtslosigkeit, die totalitäre Regime bei der Verfolgung ihrer Ziele an den Tag zu legen pflegen, nicht sein.

Der Untergang Weimars lehrte ein Zweites und Drittes: Im Maße des Möglichen galt es, verfassungsrechtliche

Vorkehr zu treffen gegen die legale Revolution. Deshalb fand der von Carl Schmitt in den zwanziger Jahren entwickelte Gedanke, daß der eigentliche Legitimitätsgrund der Verfassung, ihr identitätsbestimmender Kern, sich dem Zugriff auch des verfassungsändernden Gesetzgebers entziehe, Eingang in das positive Verfassungsrecht. Deshalb auch wurden der Verfassungsgerichtsbarkeit die bedeutsamen Funktionen zugewiesen, die zusammen mit der umfassenden Rechtsschutzgarantie des Art. 19 Abs. 4 GG – dem krönenden Schlußstein im Gewölbe des Rechtsstaats (Walter Jellinek) – ein wesentliches Charakteristikum des Grundgesetzes sind.

Mit der Gewährleistung umfassender politischer Freiheit und Gleichheit und mit dem Postulat konsequenter Rückbindung aller staatlichen Gewalt an den Willen des Volkes hat es der Verfassunggeber ferner unternommen, Bürger und Amtsträger gleichermaßen in die ihnen im freiheitlichen Staat jeweils zukommende besondere Verantwortung zu stellen. Res publica res populi – der Staat ist Sache des Volkes!

Schließlich, so groß die Bedeutung ist, die das Grundgesetz dem Recht und denjenigen, die es setzen und anwenden, zugewiesen hat: »Recht ist« – mit den Worten des Bundespräsidenten – »mehr als Ordnung, Sicherheit und Regelungsmechanismus.« Es ist – oder besser: es beruht auf einer vorausgesetzten Werteordnung, die in ihren Grundzügen außer Streit steht. Bei allem Pluralismus der Meinungen über öffentliche oder private Dinge, bei aller Unterschiedlichkeit individueller und politischer Bestrebungen ist da ein gemeinsamer Grund, aus dem das Gemeinwesen und seine rechtliche Ord-

nung leben. Gefährdungen von Staat und Verfassung erwachsen – mehr als aus punktuellen Rechtsverletzungen –, wenn dieses Fundament erodiert.
Auf dieser Basis hat die Bundesrepublik Deutschland überraschend schnell und nachhaltig Stabilität gewonnen. Ihre Verfassung und – mit Abstufungen – die von ihr geschaffenen Institutionen erfreuen sich allgemeiner Zustimmung. Die Bürger haben – im privaten wie im staatlichen Bereich – die Chance ihrer Freiheit ergriffen. Die verfassungsstaatliche Antwort auf die Verbrechen und Irrtümer der jüngeren deutschen Geschichte lag in den gedanklichen Schöpfungen von Antike, Christentum und Aufklärung im Ansatz bereit. Es scheint, als hätten die Deutschen sie endlich erfaßt und sich zu eigen gemacht.

2. Die Bundesrepublik Deutschland ist – in beinahe schon hypertropher Form – Gesetzgebungsstaat, Verwaltungsstaat und Justizstaat. Das eine bedingt das andere.
Industrielle Gesellschaft und der soziale Auftrag des Staates erzeugen einen hohen Normenbedarf, der aktuell durch das politische, wirtschaftliche und soziale Zusammenwachsen der Mitgliedstaaten der Europäischen Gemeinschaft noch vergrößert wird. Das Gesetz ist mehr denn je weniger dauernde Ordnung sich nur über Generationen ändernder Lebensbereiche und Lebensverhältnisse als vielmehr Instrument zur Verwirklichung wechselnder politischer Ziele. Das ist allenfalls verhalten kritisch gemeint. Denn der Wechsel politischer Ziele, der die Normenflut steigen läßt, ist nicht so sehr eine

Folge unterschiedlicher Leitvorstellungen sich ablösender Mehrheiten (was ja auch nicht illegitim ist) als vielmehr sich aus dem Gang der Dinge entwickelnder immer wieder neuer Herausforderungen. Das Bundesverfassungsgericht hat mehrfach entschieden, daß insbesondere die Freiheit des Bürgers berührende wesentliche Entscheidungen vom Gesetzgeber selbst zu treffen sind. Die durch die Rechtsschutzgarantie gewährleistete permanente gerichtliche Überwachung der Exekutive und mittelbar auch des Gesetzgebers zwingt ihrerseits zu nachbessernder und ergänzender Normsetzung.

Die Masse der Normen erfordert den massenhaften Vollzug. Und zu Recht erwartet der Bürger vom Staat nicht nur die Ausführung bestehender Gesetze, sondern Rat, Hilfe und sachkundige Betreuung im Umgang mit Normen und Behörden, in deren Dickicht sich zurechtzufinden das Orientierungsvermögen jedes einzelnen übersteigt. Die stetige Schmälerung des beherrschten und die noch immer fortschreitende Ausweitung seines effektiven Lebensraums haben den Menschen in eine nicht wieder aufhebbare Abhängigkeit von staatlicher Daseinsvorsorge versetzt. Der moderne soziale Rechtsstaat hat darauf mit einer Fülle von – oft gesetzlich geregelten – Leistungsangeboten und infrastrukturellen Maßnahmen reagiert, für deren Vorhaltung die öffentliche Verwaltung Sorge trägt und deren Genuß die Rechtsordnung jedermann prinzipiell verbürgt.

Die Gerichte aller Gerichtsbarkeiten – soweit es sich um den von der Verwaltung zu vollziehenden Teil der Gesetze handelt, vor allem die Verwaltungs-, Sozial- und Finanzgerichte – haben sich um die korrekte Anwendung der Gesetze, insbesondere jedoch um die verfassungsrechtliche Durchdringung und grundrechtskonforme Ausgestaltung des gesamten Rechtsstoffs mit durchschlagendem Erfolg bemüht. Erst die sich allmählich intensivierende Rechtsprechung von Europäischer Menschenrechts-Kommission und Europäischem Menschenrechts-Gerichtshof vermittelt Schritt für Schritt vielen anderen Mitgliedstaaten des Europarats einen Eindruck jener neuen Aktualität, die die Grundrechte unter der Voraussetzung effektiver Bindung von Gesetzgebung, vollziehender Gewalt und Rechtsprechung an ihre normative Gewährleistung gewinnen. Verfassungsbeschwerde und Normenkontrolle haben in der Bundesrepublik dazu das Ihre beigetragen. Über die ausdrücklichen Gewährleistungen der Verfassung hinaus hat die Rechtsprechung das Rechtsstaatsprinzip in mannigfacher Weise konkretisiert; ich nenne nur wenige Beispiele:

– die staatliche Justizgewährungspflicht, in der sich, wie das Bundesverfassungsgericht in einer seiner ganz wenigen Plenarentscheidungen gesagt hat, innerstaatliches Gewaltverbot und staatliches Gewaltmonopol ausprägen, mit Konsequenzen für den Zugang zu den Gerichten, den Verfahrensgang und die Ausgestaltung der Rechtsmittel (BVerfGE 54, 277, 292);
– den Gedanken einer Grundrechtsverwirklichung durch Organisation und Verfahren der Verwaltung;
– den Grundsatz der Verhältnismäßigkeit;
– die – im Stadium näherer Ausformung befindlichen – Regeln über die Grenzen einer Rückwirkung von Gesetzen.

Durch all dies hat gerade der rechtsstaatliche Teil der Verfassung ungeahnte Wirkkraft erhalten. Ihm ist deshalb auch besondere Popularität zugewachsen.

3. Die freiheitliche Demokratie weist ihren Bürgern und Amtsträgern eine spezifische Verantwortung zu, der sie sich ohne Schaden für das Gemeinwesen nicht entziehen können.
Vom Bürger wird – freilich ohne dahinterstehenden normativen Zwang – die aktive Zuwendung zu Staat und Gesellschaft erwartet. Das Engagement des Citoyen darf sich in der Erfüllung von Wehr- und Steuerpflicht nicht erschöpfen. Schärfer noch: Wer die Politik bloß als schmutziges Geschäft betrachtet und hämisch abseits steht, verfehlt seinen staatsbürgerlichen Beruf. Niemand braucht sich für ein parteipolitisches Engagement zu entscheiden. Handeln im Dienste der res publica ist auf vielfältige Weise möglich. Bei der Inanspruchnahme von Rechten und Freiheiten ist mit Kant daran zu denken, daß im Staate die Freiheit eines jeden mit der gleichen Freiheit jedes anderen zusammen bestehen können muß; nur darin findet er seine Rechtfertigung als allgemeinverbindliche Rechts- und Friedensordnung. Auch und gerade die rechtsstaatliche Demokratie verlangt den freiwilligen Rechtsgehorsam des Bürgers, nicht nur weil ihre Gesetze auf die Entscheidung des Demos (des Volkes) zurückgehen, sondern weil sie weit weniger als jede andere Regierungsform in der Lage ist, den Rechtsgehorsam zu erzwingen. Die demokratisch verfaßte und rechtsstaatlich gemäßigte Staatsgewalt bedroht nicht nur – und nicht in erster Linie – die grundrechtliche Freiheit;

sie ist vielmehr zugleich ihr mächtigster Garant. In beiderlei Hinsicht erheischt sie Respekt. Im Grundrecht der Gewissensfreiheit – von der Verfassung ohne ausdrücklichen Vorbehalt garantiert – wird das Ausmaß sichtbar, in dem sich der demokratische Rechtsstaat dem Gemeinsinn seiner Bürger anvertraut: Er stellt die Befolgung seiner Gebote grundsätzlich ihrem Gewissen anheim. Nicht aus Toleranz nur achtet er die Entscheidung des Gewissens; er gewährleistet sie als ein subjektives Recht. Das kann er nur unter der Voraussetzung prinzipieller Rechtstreue des Bürgers, sei es daß diese aus der Überzeugung in die Richtigkeit des Rechts, sei es daß sie aus der Einsicht in die Unverbrüchlichkeit der Rechtsordnung als einer notwendigen Bedingung für die Friedlichkeit menschlichen Zusammenlebens und den Schutz des Schwachen vor dem Starken erwächst. Die Rechte des Staatsbürgers sind lediglich die Kehrseite seiner nur zum Teil normierten und nur zum Teil normierbaren Pflichten. Im freien Staat ist der Bürger in der Entfaltung seiner individuellen Neigungen und Begehrlichkeiten durch das Recht nur äußerlich und formal und überdies nur punktuell beschränkt, wesentlich dagegen durch die Gebote der politischen Ethik, die ihn auf das Gemeinwohl verweisen. Die freiheitliche Demokratie ist Angebot und Aufgabe – für ihre Bürger!
Was für den Bürger Angebot und – aus freiem Willen zu übernehmende – Aufgabe, das ist für den Inhaber eines öffentlichen Amtes rechtlich sanktionierte Pflicht: der selbstlose Dienst am Gemeinwohl. Das öffentliche Amt »verlangt Entprivatisierung, Versachlichung, Unbestechlichkeit, Einordnung, Disziplin, Dienstbereit-

schaft« (Isensee). »Die Beamten sind Diener der Gesamtheit, nicht einer Partei«, hieß es schon in der Weimarer Reichsverfassung (Art. 130 Abs. 1 WRV). Von seinen höchsten Repräsentanten darf der Staat mehr erwarten: das für das republikanische Ethos werbende Beispiel – Selbstlosigkeit, Unparteilichkeit, Würde und Stil. Das Amt ist nicht Pfründe. Unzweifelhaft ist es schwierig, die Spannung durchzuhalten zwischen den Anforderungen, die das Amt an seinen Inhaber stellt wie an den, der es zu vergeben hat, und dem legitimen Wettstreit um die Macht, die es verleiht. Diese Spannung ist weder aufhebbar noch regelbar. »Es bedarf des lebendigen Amtsethos, damit der Übergang aus grundrechtlich legitimierter Privatheit und Parteiloyalität zum Dienst für die Republik gelingt« (Isensee) – ein Übergang, der sich ja im Dasein des Amtsinhabers nicht ein für allemal vollzieht, sondern ständig ereignet, da er immer Amtsträger und Privatmann in einer Person ist.

4. Knapp 40 Jahre nach dem Inkrafttreten des Grundgesetzes darf festgestellt werden, daß dem freien Teil Deutschlands der Aufbruch in den demokratischen Rechtsstaat gelungen ist. Er kann als gefestigt gelten. Verfassung und Verfassungswirklichkeit sind nicht weiter voneinander entfernt, als es für das Verhältnis einer anspruchsvollen Norm zur Realität typisch und natürlich ist.
Allerdings: Wo Licht ist, gibt es auch Schatten. Einiges von dem, was die im ganzen positive Bilanz aus dem Gleichgewicht bringen könnte, sei abschließend wenigstens andeutungsweise genannt.

Der erste Punkt knüpft an das soeben Gesagte unmittelbar an. Es gibt eine Neigung, die Verfassung zu überfordern, indem man die je eigenen Ideale in sie hineinlegt. Die Verfassung wird so zum Totschlagargument im politischen Tageskampf, sie wird – schlimmer noch für ihr Ansehen und ihre Integrationskraft – zum Katalog unerfüllter oder gar unerfüllbarer Wünsche und so zu einem Dokument enttäuschter Erwartungen.

Die Kultur des politischen Streits ist hierzulande unterentwickelt. Der Bürger bevorzugt Harmonie und verkennt damit die Notwendigkeit – auch harter – sachlicher Auseinandersetzung zwischen den Parteien wie innerhalb derselben. Die Medien stilisieren Meinungsunterschiede in Sachfragen oft ganz unnötigerweise zu Konflikten zwischen Personen, zu Koalitions- und Parteikrisen und machen ihre schnelle Beendigung zur Feuerprobe auf die Autorität des jeweils betroffenen Parteivorsitzenden oder Regierungschefs. Die Streitbeteiligten selbst – Parteien und Politiker, aber auch Interessenverbände und ihre Sprecher – vergreifen sich nur allzuoft im Stil und in den Mitteln der Auseinandersetzung.

In diesen Zusammenhang gehört, was Hermann Lübbe »politischen Moralismus« nennt: die Berufung auf den höheren moralischen Wert der eigenen Meinungen und Ziele; die danach fast unvermeidliche Umschaltung vom Sachargument auf das argumentum ad personam; die Interpretation unserer Probleme als Zeichen des moralischen Tiefstands von Personen oder Systemen; daraus folgend wiederum die Anpreisung einer moralischen Umkehr als Problemlösung statt sachbezogener Vorschläge. Hier lauert die Gefahr einer Reideologisierung der Politik, die immer auch eine Entrationalisierung ist. Sie ersetzt das Argument durch den Appell an das Gefühl. Sie neigt zur Selbstüberhebung über das geltende Recht nach dem im Rechtsstaat abwegigen und für ihn verhängnisvollen Motto: Wo Recht zu Unrecht wird, wird Widerstand zur Pflicht. In ihrem Gefolge wird der politische Gegner zum Feind. – Das rührt an die Wurzel der freiheitlichen Demokratie; denn sie fordert den rationalen Diskurs und die Achtung des Andersdenkenden.

Aber das sind, so meine ich, Erscheinungen, die jedenfalls gegenwärtig den Gesamtzustand von Staat und Verfassung nicht eigentlich kennzeichnen. Leicht nehmen sollten wir sie allerdings nicht. Und wir sollten auch nicht vergessen, daß die Bundesrepublik Deutschland ein Staat ist, dem der Ernstfall bisher erspart geblieben ist und der ihn, was wohl schwerer wiegt, aus seinem Bewußtsein verdrängt.

III Demokratie – Rechtsstaat – Sozialstaat

Die Diskrepanz zwischen Verfassungsauftrag und Verfassungswirklichkeit

Helmut Simon

Erwartet werden von mir vor allem kritische Anfragen im Blick auf die Zukunft unserer verfassungsmäßigen Ordnung. Ich werde mich dieser Aufgabe stellen, beschränke mich allerdings nicht auf den Umgang speziell der Rechtspflege mit dem Grundgesetz und auch nicht auf die Diskrepanz zwischen Verfassungsauftrag und Verfassungswirklichkeit; denn diese Diskrepanz läßt sich erst im Zusammenhang mit anderen Gefährdungen der rechts- und sozialstaatlichen Demokratie zureichend würdigen.

1. Ich beginne mit einer allgemeingehaltenen These: Das Bundesverfassungsgericht wird mit guten Gründen als Hüter der Verfassung bezeichnet; seine Rechtsprechung hat sicherlich viel zur Durchsetzung und Wertschätzung des Grundgesetzes beigetragen. Der eigentliche Hüter der Verfassung ist aber – das ist meine These – letztlich die Gesellschaft selbst, die sich zu ihrer Verfassung be-

kennt oder sich von ihr abwendet. Eine demokratische Verfassung ist dort am stärksten gefährdet, wo sie auf die Ablehnung ihrer Bürger trifft oder wo diese den Eindruck gewinnen, die Verfassungsgarantien stünden nur auf dem Papier. Wie verhält sich *unsere* Gesellschaft gegenüber dem Angebot des Grundgesetzes, wie sieht das Verhältnis des deutschen Protestantismus zur rechts- und sozialstaatlichen Demokratie aus?

Es dürfte bekannt sein, daß der deutsche Protestantismus ähnlich wie die damalige Justiz kein positives Verhältnis zur Weimarer Republik gefunden hat. Ihr gegenüber verharrten breite evangelische Kreise unter dem Einfluß außertheologischer Faktoren in kühler, rückwärts orientierter Fremdheit, die viel zum Scheitern dieses ersten Versuches einer Demokratie auf deutschem Boden beigetragen hat. Der deutsche Protestantismus fühlte sich – wie Rudolf Smend in einer Abhandlung über Protestantismus und Demokratie schrieb – als der eigentliche Besiegte des Ersten Weltkrieges und der Revolution von 1918. Man hatte die Monarchie als christlich empfunden und blieb ihr innerlich verbunden. Die Treue gegenüber dieser Vergangenheit und die Kirchenfeindlichkeit der linken Revolution brachte viele in das Lager der antirepublikanischen Opposition.

Auch nach dem Zweiten Weltkrieg haben die Deutschen nur langsam den Lebenswert der rechts- und sozialstaatlichen Demokratie begriffen. In den vom Kalten Krieg und vom wirtschaftlichen Wiederaufbau beherrschten fünfziger Jahren spielte die verfassungsrechtliche Gestaltung des Provisoriums Bundesrepublik im öffentlichen Bewußtsein so gut wie keine Rolle. Zwar hob sich die von den Siegern importierte Staatsform vom düsteren Hintergrund unserer jüngeren Geschichte in klaren Konturen ab. Bis in die Kirche hinein begnügte man sich aber mit einem vordergründigen Demokratie-Optimismus, der sich bis zum Vietnam-Schock unreflektiert am Leitbild der angelsächsischen Demokratie orientierte. Das überzogene, teils heuchlerische und stramm antikommunistische Staatsschutzdenken jener Tage war auch nicht gerade dazu angetan, die Verfassung zum Leuchten zu bringen; zur Reideologisierung, von der in H. H. Kleins Beitrag (s. S. 63) in einem anderen Zusammenhang die Rede ist und die den politischen Gegner zum Feind macht, hat die Adenauer-Ära kräftig beigetragen. So konnte es schließlich dazu kommen, daß sich die Studentenrebellion Ende der sechziger Jahre bevorzugt an neomarxistischen Vorstellungen orientierte und die Verfassung als Überbau den Konservativen überließ. Im rechten Lager liebäugelte man mit einer formierten Gesellschaft oder spielte den Rechtsstaatsgedanken gegen das Demokratiegebot aus. Der Terrorismus schließlich verstärkte die herkömmliche Anfälligkeit der Deutschen für law and order.

Nach alledem erscheint es nicht gerade selbstverständlich, daß sich inzwischen in der Einstellung zur rechts- und sozialstaatlichen Demokratie ein grundlegender Wandel vollzogen haben dürfte, daß sich das Grundgesetz zunehmender Wertschätzung erfreut und daß seine Verabschiedung nicht nur von Gustav Heinemann als Sternstunde unserer Geschichte empfunden wird. Diese erfreuliche Entwicklung läßt sich besonders deutlich im protestantischen Lager beobachten. Diesem war noch vor wenigen Jahren Staatsverdrossenheit und Demokratie-Unfähigkeit vorgeworfen worden; weithin bestehe eine ähnlich verhängnisvolle Distanz zum Staat wie in der Weimarer Zeit. Diese Vorwürfe sind indessen je länger je weniger berechtigt. Anders als in Weimar beruht die beobachtete Reserve nicht auf einer rückwärts orientierten ideologischen Ablehnung der rechts- und sozialstaatlichen Demokratie. Vielmehr wurde und wird befürchtet, die Repräsentanten des Staates, also die jeweilige Regierungsmannschaft, seien den lebensbedrohenden Krisen der Gegenwart nicht gewachsen und nicht fähig, die Verbürgungen der Verfassung gegenüber einflußreichen Gegeninteressen durchzusetzen. Diese Krisen und die damit zusammenhängenden konkreten politischen Streitfragen beherrschen die gesellschaftspolitischen Auseinandersetzungen bis hin zu den Veranstaltungen des Kirchentages, und zwar so sehr, daß man lange – vielleicht allzu lange – nicht dazu kam, das Verhältnis zum Staat des Grundgesetzes grundsätzlich zu thematisieren. Bemühungen um eine grundsätzliche theologische Würdigung der rechts- und sozialstaatlichen Demokratie hatten aber schon in den sechziger Jahren begonnen, und zwar zunächst in linksprotestantischen Kreisen. Der Kirchentag griff diese Bemühungen 1985 in Düsseldorf auf, dann aber derart nachdrücklich, daß es in Presseberichten hieß, hier seien ein neues protestantisches Prinzip und neue Handlungsperspektiven für die evangelischen Staatsbürger aufgezeigt worden. Bald danach erschien die EKD-Denkschrift »Evangelische Kirche und freiheitliche Demokratie«, mit der dem Protestantismus erstmals eine grundsätzliche, gleichsam kirchenamtliche Ortsbestimmung in seinem Verhältnis zur rechtsstaatlichen Demokratie gelungen ist. Insgesamt wurde im protestantischen Lager ein überraschend breiter Konsens erkennbar, der sich schlagwortartig als Verfassungspatriotismus bezeichnen und in drei Thesen zusammenfassen läßt:

a) Es ist Christenpflicht, die rechts- und sozialstaatliche Demokratie als Angebot und Aufgabe anzunehmen; deren Strukturen lassen eine Affinität zum christlichen Glauben erkennen und verkörpern die erlittene und praktizierte Erfahrungsweisheit der Besten unserer Vorfahren.

b) Diese Annahme hat notwendigerweise den Charakter kritischer Solidarität mit einer verbesserungsfähigen und verbesserungsbedürftigen Ordnung.

c) Dies schließt die Bereitschaft ein, an einer doppelten Aufgabe mitzuwirken, auf die ich noch zurückkommen werde, nämlich einmal daran, die stets vorhandene Kluft zwischen Verfassungsnorm und Verfassungswirklichkeit zu überbrücken, und zum anderen daran, die ererbten Strukturen der rechts- und sozialstaatlichen Demokratie so fortzuentwickeln, daß sie auch unter den neuartigen Herausforderungen des technischen Massenzeitalters funktionstüchtig bleiben.

Auf der so präzisierten Linie kritischer Solidarität wird ein Staatsverständnis sichtbar, das Christen zu ebenso verläßlichen wie unbequemen Staatsbürgern machen müßte. Es ist frei von der Tendenz, die Verfassung durch einen Katalog unerfüllbarer Wünsche zu überfordern oder sie gar zum Religionsersatz für eine säkularisierte Gesellschaft hochzustilisieren und Kritiker des Bestehenden in der Art von Ketzern zu behandeln. Es beruht letztlich auf einer eschatologisch orientierten Rechts- und Staatsethik. Diese geht einerseits von der Erkenntnis aus, daß die eigentliche, die vollkommene Gerechtigkeit dem Reich Gottes vorbehalten ist, daß sie für uns Menschen unerreichbar und unverfügbar ist und daß unsere Anstrengungen immer nur auf ein relativ Besseres beschränkt bleiben. Diese Einsicht macht uns bescheiden und tolerant und bewahrt uns vor der falschen Hoffnung, wir könnten durch revolutionäre Veränderungen auch nur annähernd ein Paradies endgültiger Gerechtigkeit schaffen. Auf der anderen Seite erweist sich jede menschliche Rechts- und Staatsordnung gerade im Lichte der kommenden Gerechtigkeit Gottes als stets verbesserungsbedürftige Ordnung. Die Ausrichtung auf die eschatologisch verstandene Gerechtigkeit Gottes verbietet es, daß wir uns beim Status quo des jeweils Erreichten beruhigen; sie mahnt uns, daß die Gestaltung der Gesellschaftsordnung ein zukunftsgerichteter offener Prozeß bleiben muß, der in zähen und tapferen Schritten ein Mehr an relativer menschlicher Gerechtigkeit anstrebt. Sofern sich auf einem solchen Hintergrund die Haltung kritischer Solidarität durchsetzen und von Bestand sein wird, dürfte für einige Zeit eine der größten Gefährdungen der rechts- und sozialstaatlichen Demokratie des Grundgesetzes eingedämmt sein.

2. Bevor ich mich der erwähnten doppelten Aufgabe zuwende, die Kluft zwischen Verfassungsgebot und Verfassungswirklichkeit zu überbrücken und die ererbte

verfassungsmäßige Ordnung fortzuentwickeln, möchte ich noch auf eine andere Gefährdung eingehen, die nach meinen Beobachtungen nicht genügend erkannt und beachtet wird. Diese Gefährdung sehe ich darin, daß nicht nur viele Staatsbürger über die konkreten Gestaltungselemente der rechts- und sozialstaatlichen Demokratie zu wenig wissen, daß vielmehr das vorhandene Wissen zusätzlich durch Mißbräuche und Umwertungen verwirrt wird, denen elementare verfassungsrechtliche Prinzipien ausgesetzt sind. Th. Dieterich hat (s. S. 52) zutreffend vor Erosionsprozessen gewarnt, bei denen man nicht wisse, ob die Justiz ihnen gewachsen sein wird. Ich will versuchen, einige Kerngedanken unserer verfassungsmäßigen Ordnung, insbesondere das Demokratiegebot, den Rechtsstaatsgedanken und das Sozialstaatsprinzip, im Protest gegen ihre Verfälschung herauszuarbeiten:

Demokratie läßt sich auf die Formel bringen: Der Staat ist die Gesamtheit aller gleichberechtigten Staatsbürger, die als Teilhaber der öffentlichen Gewalt durch Wahlen Herrschaft auf Zeit verleihen. Als schleichende Umwertung empfinde ich es, wenn Protestbewegungen arrogant als Druck der Straße abgetan werden. Bedenklich ist es auch, wenn ein einzelner Bestandteil der Demokratie, nämlich das Repräsentativprinzip, überfrachtet und den Bürgern im Sinne eines repräsentativen Absolutismus angesonnen wird, gefälligst zu parieren, wenn die mehrheitlich gewählten Repräsentativorgane entschieden haben. Zwar sind Repräsentativ- und Mehrheitsprinzip unverzichtbare Notbehelfe, um die Massendemokratie funktionsfähig zu machen. Ich möchte auch in keinem

Staat leben, wo sie nicht gelten. Aber diese Notbehelfe dürfen nicht zum maßgeblichen Kennzeichen des demokratischen Gedankens werden und dessen eigentlichen Lebenswert verdrängen: Dieser zielt auf partizipatorische Mitwirkung aller Staatsbürger bei der Bildung des Staatswillens, auf das Recht zur Bildung und Ausübung von Opposition, auf andauernde öffentliche Kontrolle der Regierenden und deren Rechenschaftspflicht gegenüber den Regierten sowie auf eine möglichst weitgehende Selbstbestimmung des einzelnen. Statt von diesen Forderungen abzulenken, sollte man über die insoweit bestehenden Mängel nachdenken und die Bildung von Bürgerinitiativen als Alarmzeichen für Demokratie-Defizite begreifen.

Noch mehr beunruhigen mich Mißbräuche und Umwertungen des *Rechtsstaatsgedankens* im obrigkeitlichen Sinne. Er wird nicht nur zur Zementierung ungerechtfertigter Besitzstände mißbraucht, sondern zunehmend gleichgesetzt mit dem Gehorsam gegenüber staatlichen Vorschriften; werden solche verletzt – wohlgemerkt: durch Protest Jugendlicher gegen Mißstände, nicht etwa durch Steuersünder oder Umweltverbrechen –, wird lamentiert, der Rechtsstaat schlechthin sei in Gefahr. Nun ist es sicher richtig, daß jeder Staat, auch der Rechtsstaat, auf die Gesetzestreue seiner Bürger angewiesen ist und auf die Achtung legaler Entscheidungen, deren Geltung nicht davon abhängen kann, daß jedermann sie als legitim anerkennt. Die friedenstiftende Funktion des Rechts ist auch dort zu achten, wo es noch unzulänglich ist. Aber die Gemeinschaft vor Rechtsbrüchen zu schützen, war schon Aufgabe des obrigkeitlichen Polizeistaates.

Die spezifische Besonderheit der Rechtsstaatlichkeit, ihr eigentlicher Lebenswert liegt anderswo: Sie zielt auf die Bindung zuerst und vor allem der staatlichen Organe an das Recht, auf Begrenzung und Bändigung der Staatsgewalt durch das Recht und auf die Achtung der personalen Freiheit als der Grundlage des Gemeinwesens. Schaden leidet die Rechtsstaatsidee weniger durch Rechtsverstöße von Bürgern, sondern vor allem durch staatlichen Machtmißbrauch. Dem sollen mannigfaltige Vorkehrungen entgegenwirken: der Schutz der Minderheiten durch Menschen- und Grundrechte, die als das Unabstimmbare den Mehrheitsentscheidungen entzogen sind; die Teilung der Gewalten zwischen Volksvertretung, Regierung und Gerichten, die sich gegenseitig hemmen und kontrollieren sollen; die Grundsätze der Verhältnismäßigkeit staatlichen Handelns und dessen Bindung an Gesetze, das Rückwirkungsverbot, der Grundsatz des Vertrauensschutzes sowie das Recht des Bürgers, unabhängige Gerichte anzurufen; einschließlich seines Rechts, mit dem Mittel der Verfassungsbeschwerde unmittelbaren Einfluß auf die staatliche Willensbildung zu nehmen. Viele staatliche Vorschriften sind wegen Verletzung rechtsstaatlicher Prinzipien für verfassungswidrig erklärt worden, können also nicht selbst den Inbegriff des Rechtsstaats verkörpern. Unsere Verfassung hat eben keine totale, sondern eine rechtsstaatlich begrenzte Demokratie vorgesehen mit der Folge, daß der Staat – auch die frei gewählte Mehrheitsdemokratie – nicht alles kann und darf. Das war übrigens in den Anfangszeiten unserer Republik noch klar bewußt; damals bestand sogar Einigkeit darüber, daß staatliches Handeln seine Grenzen am sogenannten Natur- oder Kultur-Unrecht findet. So heißt es im Gleichberechtigungs-Urteil aus dem Jahre 1953: »Die ausnahmslose Geltung des Grundsatzes, daß der ursprüngliche Verfassungsgeber alles nach seinem Willen ordnen kann, würde einen Rückfall in die Geisteshaltung eines wertfreien Gesetzespositivismus bedeuten, die in der juristischen Wissenschaft und Praxis seit langem überwunden ist.« Seit der Wende verfallen solcher positivistischen Geisteshaltung sogar Politiker, die ihrer Herkunft nach eher naturrechtlich orientiert sind. Was konnte man im Streit über die rechtliche Beurteilung von Sitzblockaden nicht alles an ungebrochenem wertfreien Postitivismus hören!

Umwertungen muß sich schließlich auch das *Sozialstaatsgebot* gefallen lassen. In der jüngeren Verfassungsgeschichte ist immer wieder versucht worden, dieses Gebot als unvereinbar mit dem Rechtsstaatsgedanken auszugeben, der seinerseits in der zuvor angedeuteten Umwertung zum Lieblingskind der konservativen Staatsrechtslehre avancierte. Der besondere Lebenswert des Grundgesetzes besteht aber gerade darin, daß es das Demokratieprinzip mit dem Rechtsstaatsgedanken und dem Sozialstaatsgebot in einem historischen Kompromiß zu einem unauflösbaren Dreiklang verschmolzen hat. Das ursprüngliche Postulat der rechtsstaatlichen Freiheit vor dem Staat bedarf für die Masse der Staatsbürger einer Ergänzung durch die komplementäre Forderung nach Teilnahme am sozialstaatlichen Leistungsangebot und nach Daseinsvorsorge durch die Solidargemeinschaft. Dies ist lange Zeit im wesentlichen als

Aufgabe des Sozialgesetzgebers angesehen worden, während das Sozialstaatsgebot in der Rechtsprechung eher ein Schattendasein geführt hat. Inzwischen zeigt sich gerade im sozialstaatlichen Bereich, daß die noch zu erörternde Kluft zwischen Verfassungsnorm und Verfassungswirklichkeit tiefer und die Notwendigkeit zur Fortentwicklung unserer Rechtsordnung not-wendiger wird.

Darüber hinaus sieht sich das Sozialstaatsgebot im Zeichen der Wohlfahrtswende Demontagen und Umwertungen ausgesetzt, die sich bis zur Schmähkritik am Wohlfahrtsstaat und am vermeintlich zu engmaschigen sozialen Netz steigern. Wortführer sind jene, deren eigener Lebenszuschnitt nichts zu wünschen übrig läßt und die ihre systemverändernden Bestrebungen auch noch gerne als besonders verfassungstreu ausgeben, obwohl doch der Mangel an Solidarität zu den größten Zukunftsgefahren für unser Gemeinwesen gehören dürfte. Macht sich denn nicht hierzulande nach amerikanischem und angelsächsischem Vorbild eine rücksichtslose Ellenbogengesellschaft breit, eine Gesellschaft, in der unter dem Motto »Leistung muß sich wieder lohnen« Besitzstände behauptet und noch höhere Gewinne angestrebt werden, eine Gesellschaft, in der es mehr als zwei Dritteln gut und sogar sehr gut geht, während die Chance zu sinnvoller Lebensgestaltung dahinschmilzt für den Rest, der im Dunkel lebt und zu dem insbesondere Arbeitslose, Ausländer, neue Arme, Behinderte und auch viele Jugendliche und Frauen gehören, denen das zerstörerische Gefühl suggeriert wird, sie seien an ihrem Schicksal selbst schuld? Dem Geist unseres Grundgesetzes aber entspräche weit eher ein Satz aus der Präambel für eine neue Schweizer Verfassung: »Die Stärke des Volkes mißt sich am Wohl der Schwachen.« Auf dem Frankfurter Kirchentag 1987 wurde übrigens mit breiter Zustimmung und ohne Widerspruch behauptet: Der hier versammelte Teil des Protestantismus wird sich mit der Entsolidarisierung unserer Ellenbogengesellschaft nicht abfinden und nicht damit, daß die Reichen reicher und die Armen ärmer werden.

Lassen Sie mich abschließend noch ein viertes Beispiel speziell aus der Rechtsprechung für die gefährliche Umwertung und Erosion fundamentaler Verfassungsentscheidungen nennen. Die jüngere Rechtsprechung des Bundesverfassungsgerichts ist gelegentlich der Versuchung erlegen, Grundrechtsgewährleistungen zugunsten ungeschriebener verfassungsrechtlicher Grundentscheidungen – etwa für eine funktionstüchtige Strafrechtspflege, für eine funktionstüchtige Landesverteidigung oder für eine streitbare Demokratie – zu minimalisieren (vgl. etwa BVerfGE 39, 334 [349] – Radikale; 44, 197 – politische Betätigung von Soldaten; 49, 24 [55] – Kontaktsperre; 48, 127 [159 f.] und 69, 1 [21 ff.] – Kriegsdienstverweigerung). Bedenken gegen die Argumentationsfigur der Funktionsfähigkeit, die gelegentlich angemeldet werden, sind meines Erachtens durchaus berechtigt. Zwar ist es sicher richtig, daß die Verfassung auch auf ein gutes Funktionieren der Staatsorgane im Interesse des Gemeinwohls angelegt ist und daß sie – stillschweigend oder durch deren Erwähnung – Gegebenheiten voraussetzt, die für die Verfassungsinterpretation nicht gleichgültig sein können. Dabei darf aber niemals außer acht bleiben, daß die Verfassung bevorzugt deshalb erkämpft wurde, um die Ausübung der Staatsgewalt zu mäßigen und zu begrenzen. Indem das Grundgesetz die Menschenrechte »als Grundlage jeder menschlichen Gemeinschaft, des Friedens und der Gerechtigkeit in der Welt« gewährleistet und einklagbar ausgestaltet und sich zentral an der vorgegebenen unantastbaren Würde des einzelnen orientiert, erschwert es gewollt das reibungslose Funktionieren der Staatsgewalt. Es ist daher Wachsamkeit geboten, wenn diese Entscheidung korrigiert und im Konflikt zwischen Bürgerfreiheit und Staatsräson die Geltungskraft von Grundrechten zugunsten der Funktionsfähigkeit staatlichen Handelns reduziert werden soll, also mit Hilfe von Begriffen, deren Unbestimmtheit es zuläßt, sie unter dem Druck vermeintlicher Notwendigkeiten mit mancherlei Inhalten anzureichern. Es bleibt abzuwarten, ob das Bundesverfassungsgericht an dieser fragwürdigen Rechtsprechung, gegen die sich im Gericht selbst Kritik erhoben hat, festhalten wird.

3. Das mir ausdrücklich gestellte Thema »Die Diskrepanz zwischen Verfassungsauftrag und Verfassungswirklichkeit« hebt auf eine Gefährdung unserer verfassungsmäßigen Ordnung ab, die sich niemals völlig beseitigen lassen wird und die daher unsere ständige Aufmerksamkeit erfordert. Nach dem KPD-Urteil des Bundesverfassungsgerichts gehört es geradezu zum Selbstverständnis der rechts- und sozialstaatlichen Demokratie, daß sich von keinem Zustand behaupten lasse, er stimme mit dem Ideal überein, daß vielmehr die jewei-

ligen Verhältnisse stets verbesserungsbedürftig, aber auch verbesserungsfähig seien. Diese Denkweise hält eine Übereinstimmung von Ideal und Wirklichkeit sogar für unerreichbar. Man könne nur fordern, die Wirklichkeit in Annäherung an das Leitbild der Verfassung zu verändern. Damit sei eine nie endende Aufgabe gestellt, die durch stets erneute Willensentscheidungen gelöst werden müsse (BVerfGE 5, 85 [196 f.]). Aus dieser zutreffenden und realistischen Einsicht folgt doch wohl die bereits genannte Christenpflicht, unermüdlich daran mitzuwirken, die stets vorhandene Kluft zwischen Verfassungsgebot und Verfassungswirklichkeit einigermaßen zu überbrücken. Wer hingegen diese Kluft mit dem Ritual verniedlicht, hierzulande sei eigentlich alles ganz gut, erweist sich schwerlich als besonders verfassungstreu.

Ich widerstehe der Versuchung, jetzt eine lückenlose Gespenstergalerie der Diskrepanzen aufzustellen, und konzentriere mich beispielhaft auf wenige, im wesentlichen bekannte und schwer bestreitbare Aufgaben. Vorab sei aber ausdrücklich daran erinnert, daß auch die Rechtsprechung schon bisher manches dazu beigetragen hat, Gebote der Verfassung in der Wirklichkeit durchzusetzen, und zwar mehr, als anfangs zu erwarten war. Hier ließe sich vieles aufzählen, von der Meinungs- und Glaubensfreiheit, der Berufsfreiheit, der Versammlungsfreiheit, der Eigentumsgarantie und dem Gleichbehandlungsgebot bis hin zum Recht der nichtehelichen Kinder oder dem Verfahrensrecht auf Gehör. Rückblickend hat es sich als höchst geglückt erwiesen, daß der Parlamentarische Rat die Grundrechte als unmittelbar geltendes Recht ausgestaltet hat. Daß nicht nur das Bundesverfassungsgericht, sondern je länger, je mehr auch die anderen Gerichte diese Grundrechtsverbürgungen effektuiert und zugleich die Staatsorgane verfassungsrechtlich sensibilisiert haben, dürfte die Lebensqualität unseres Gemeinwesens verbessert und erheblich zur Wertschätzung der Verfassung beigetragen haben.

a) Von den Grundrechten, deren Geltungskraft durch grundrechtsfreundliche Gerichtsurteile gestärkt wurde, sind insbesondere die Meinungs-, Presse- und Rundfunkfreiheit zu nennen. Das Bundesverfassungsgericht hat diese Freiheitsrechte wiederholt als schlechthin konstituierend für ein freiheitlich demokratisches Gemeinwesen beurteilt (BVerfGE 7, 198 [208]; 10, 118 [121]; 35, 202 [221]) und daraus in einer Serie denkwürdiger Entscheidungen konkrete Folgerungen gezogen. Dazu gehören für den Bereich des Rundfunks die Forderungen nach Staats- und Programmfreiheit sowie nach Sicherung gleichgewichtiger Vielfalt und Verhinderung vorherrschender Meinungsmacht (vgl. im einzelnen BVerfGE 12, 205 – Adenauerfernsehen; 31, 314 – Umsatzbesteuerung; 59, 231 – freie Mitarbeiter; 57, 295 und 73, 118 – Zulassungsbedingungen für Private; 74, 297 – Privilegierung Privater). In diesem Bereich haben im Grunde wohl erst die Anordnungen der Besatzungsmacht und später der Druck der verfassungsgerichtlichen Rechtsprechung zu einigermaßen erträglichen freiheitssichernden Regelungen geführt, während manche Politiker nicht begreifen wollen, daß ihnen als den gewählten Repräsentanten der öffentlichen Gewalt ein bestimmender Einfluß auf Rundfunk und Fernsehen versagt sein sollte. Der Geist der Rundfunkfreiheit hat sich besonders eindrucksvoll in der Satzung für den Süddeutschen Rundfunk aus dem Jahr 1950 niedergeschlagen: »Auf dem Wege zur Schaffung eines freien, demokratischen und friedlichen Deutschland muß das deutsche Rundfunkwesen mit allen Kräften bemüht sein, ohne Kompromisse sich der Förderung der menschlichen Ideale von Wahrheit, Toleranz, Gerechtigkeit, Freiheit und Achtung vor den Rechten der individuellen Persönlichkeit zu widmen. Zu diesem Zweck wird das deutsche Rundfunkwesen seine Unabhängigkeit aufrechterhalten. Es wird sich nicht den Wünschen oder dem Verlangen irgendeiner Partei, eines Glaubens, eines Bekenntnisses oder bestimmter Weltanschauungen unterordnen. Es wird weder mittelbar noch unmittelbar ein Werkzeug der Regierung, einer besonderen Gruppe oder einer Persönlichkeit sein, sondern in freier, gleicher, offener und furchtloser Weise dem ganzen Volk dienen. ... Demokratisch gesinnten Kommentatoren und Vortragenden ist das Recht zur Kritik an Ungerechtigkeiten, Mißständen oder Unzulänglichkeiten bei Persönlichkeiten oder Amtsstellen der öffentlichen Behörden und der Staatsregierung zu sichern.«

Was ist aus der so ungewöhnlich umfassend und ausgeprägt gewährleisteten Presse- und Rundfunkfreiheit in der Wirklichkeit geworden? Ein Blick auf die Medienwirklichkeit dürfte bestätigen, was der Fernsehkolumnist und Dozent an der Film- und Fernsehakademie Manfred Delling in seinem kürzlich erschienenen Beitrag »Das Verschwinden politischer Kultur im Fernsehen« konstatiert hat, daß nämlich zwischen dem normativen Leitbild der Verfassung und der Wirklichkeit ein gefährlicher Widerspruch besteht. Wenn ich das richtig übersehe, konzentriert sich die Kritik auf den öffentlich-rechtlichen Rundfunk, insbesondere das Fernsehen. Die Printmedien schneiden anscheinend besser ab. Sie – genauer: die linksliberalen Blätter – waren es ja auch, welche die jüngsten Skandale vom Spendenskandal bis zur Barschel-Affäre aufgedeckt haben. Allerdings lassen sich auch im Bereich der Printmedien keine Aktivitäten zur Stabilisierung oder gar zur Ausweitung der Medienfreiheit registrieren; die früheren Auseinandersetzungen um Pressekonzentration und innere Pressefreiheit muten wie Berichte aus einem anderen Zeitalter an. Auch stößt das Bestreben einflußreicher Verleger, ihren Einfluß auf die Meinungsbildung durch Beteiligung am Privatrundfunk zu erweitern, nur auf halbherzigen öffentlichen Widerspruch.

In wesentlichen Teilen bedrückend und höchst beunruhigend ist das, was ich aus dem Bereich der öffentlich-rechtlichen Medien von Insidern gehört und gelesen habe und was damit zusammenhängen dürfte, daß diesen im Gefolge von Frau Noelle-Neumann eine außerordentliche Wirkung für Machtbehauptung und Interessendurchsetzung beigemessen wird. Freilich handelt es sich hier im allgemeinen nicht um leicht aufweisbare, dramatische Vorkommnisse, sondern eher um einen schleichenden Erosionsprozeß, um ein allmähliches Verschenken der Freiheitsgarantie. Das fängt bei Verhaltensweisen an, die es in allen Lebensbereichen gibt, die aber auf dem Mediensektor gemeingefährlich werden können. Gemeint sind Lähmungen durch bürokratische

Apparate, Anpassungen wegen Existenzsorgen und ungünstiger Berufsaussichten und schließlich das Einschwenken auf Modetrends, das kein eigentlicher Opportunismus sein mag, sondern sich letztlich mit der Überforderung der Journalisten durch die Komplexität der Verhältnisse erklärt, mit der daraus folgenden Unsicherheit des eigenen Standpunkts und nicht zuletzt mit dem Bedürfnis, Zugang zu den Mächtigen und den Informationsquellen zu behalten. Weniger verzeihlich erscheint mir die Kapitulation vor den Einschaltquoten, die damit verbundene Selbstkommerzialisierung und die fast panische antizipatorische Anpassung des Programms an das als attraktiv befürchtete populistische Unterhaltungsangebot der neuen privaten Sender.

Als noch folgenschwerer werden politische Einwirkungen auf den öffentlich-rechtlichen Rundfunk beklagt. Das erschöpft sich nicht im personalpolitischen Filz, also in der Besetzung der Rundfunkräte, Intendantenposten und anderer Schlüsselstellungen mit Parteigängern oder Karrieristen, die aus Loyalität und eigener politischer Überzeugung oder mit Rücksicht auf ihr Fortkommen eine einseitige Ausrichtung des Programms fördern. Darüber hinaus gibt es wohl auch ein direktes Hineinregieren in die Programmgestaltung durch Einschüchterungsversuche gegenüber unbequemen Redakteuren. Solche direkten Eingriffe mögen selten und zumeist mit Kritik an unterlaufenen Fehlern verknüpft sein; sie produzieren aber Ängstlichkeit und einen verbreiteten konfliktscheuen Gefälligkeitsjournalismus, der die Schere geflissentlicher Selbstzensur im Kopf trägt und vorauseilend Gehorsam übt. Wohlverstanden: Kritik an ihren

Programmen müssen sich die Meinungsmacher ebenso gefallen lassen wie die von ihnen Kritisierten; zu beanstanden ist nicht die Kritik, sondern die Art und Weise, wie sie als Anpassungsdruck organisiert und in Funkhäusern behandelt wird.

Schädlich für die Rundfunkfreiheit sind ferner die derzeit besonders heftig diskutierten finanziellen Knebelungsversuche. In einem Papier der Stuttgarter CDU-Fraktion heißt es dazu erstaunlich offenherzig: »Nicht zuletzt aufgrund der Rechtsprechung des Bundesverfassungsgerichts entwickeln sich die öffentlich-rechtlichen Rundfunkanstalten zu einem Staat im Staate . . . Als einzige echte Einflußmöglichkeit ist die Festsetzung der Rundfunkgebühren geblieben.« Einen solchen Einfluß müßten sich die Medien gefallen lassen, wenn und soweit es nur um einen Zwang zur Sparsamkeit im Interesse der Hörer und Zuschauer ginge. Weil aber über die Finanzierung auch auf die Programmgestaltung eingewirkt werden soll, darf es uns nicht wundern, daß die Gerichte hellhörig werden und daß der Bayerische Verwaltungsgerichtshof kürzlich dem Bundesverfassungsgericht die Frage zur Entscheidung vorgelegt hat, ob nicht die Festsetzung der Rundfunkgebühren durch die Landtage überhaupt verfassungswidrig sei.

Ist dieses Bild der Medienwirklichkeit zu düster oder überzeichnet? Am liebsten wäre es mir, die geschilderten Beobachtungen ließen sich überzeugend widerlegen. Dazu sehe ich mich meinerseits außerstande; sie wurden mir von fachkundigen Insidern bestätigt. In dem schon erwähnten Beitrag von Manfred Delling heißt es zusammenfassend: »Die Schamlosigkeit, mit der die von den

Länderparlamenten erlassenen und von mehreren Bundesverfassungsgerichts-Urteilen präzisierten Gesetze gebrochen werden, hat längst eine Dauerhaftigkeit erreicht, die sich nur Gesetzesbrecher erlauben können, die sich im Schutz einer allgemeinen öffentlichen Gleichgültigkeit sowie des Staates wissen ... Eklatante Fälle sind selbst in eigenen Medien kritisiert worden, aber die Folge der Proteste war stets ihre Folgenlosigkeit.« Wer im übrigen meine Beschreibung für falsch hält, mag darin eine Warnung vor denkbaren Gefahren sehen sowie die eindringliche Bitte, gegenüber solchen Gefahren wachsam zu sein und zu verhindern, daß sie je wirksam werden. Meinerseits tröste ich mich damit, daß die Skizze der Medienwirklichkeit glücklicherweise nicht das Ganze beschreibt. Nach wie vor gibt es auch überzeugende Programme und auch in den Funkhäusern engagierte und streitbare Journalisten und Programmverantwortliche, die unabhängig und unbequem ihren Beruf ausüben und saubere journalistische Arbeit leisten und fördern. Auf sie setze ich in erster Linie meine Hoffnung.

b) Ich habe das Beispiel der Rundfunkfreiheit wegen ihrer außerordentlichen staatspolitischen Bedeutung besonders ausführlich behandelt. Andere Beispiele kann ich hier nur kurz erörtern, obwohl sie nicht weniger wichtig sind. Das gilt insbesondere für die Gleichberechtigung der Geschlechter, auf deren Effektuierung das Bundesverfassungsgericht ähnlich nachdrücklich und unbeirrbar bestanden hat wie bei der Meinungs-, Presse- und Rundfunkfreiheit. Das fing an mit grundlegenden Entscheidungen, welche die unmittelbare und

strikte Geltung des Gleichberechtigungsgebotes auch bei unzureichenden gesetzgeberischen Regelungen erzwangen (BVerfGE 3, 225) und welche Relativierungen zurückwiesen, wie sie durch Festhalten an überlieferten Überzeugungen, an vermeintlich unaufgebbaren familiären Ordnungsprinzipien oder vorgefundenen sozialen Benachteiligungen versucht wurden (vgl. etwa BVerfGE 10, 59 – väterlicher Stichentscheid; 15, 337 – Vorrang der männlichen Hoferben; 48, 327 – Ehenamen; 57, 335 – Zuordnung unterschiedlicher Arbeitsentgelte). Das Bundesverfassungsgericht hat sich aber nicht damit begnügt, auf dem normativen Verbot von Diskriminierungen zu bestehen, sondern hat darüber hinaus die Frage nach einer verfassungsrechtlichen Verpflichtung des Gesetzgebers aufgeworfen, die Voraussetzungen für eine faktische Gleichberechtigung der Frauen zu schaffen. In diesem Zusammenhang wurde es als verfassungskonform beurteilt, wenn der Gesetzgeber temporäre Besserstellungen für Frauen vorsieht, die einem sozialstaatlich motivierten typisierenden Ausgleich von Nachteilen dienen (BVerfGE 74, 163 – Rentenalter). Damit hat das Gericht doch wohl grünes Licht dafür signalisiert, die weiterhin bestehenden faktischen Benachteiligungen durch Förderungsmaßnahmen, etwa durch Quotierungsregelungen, auszuräumen. Eine solche Regelung hat im Spätherbst 1988 als erste die nordrheinwestfälische Landesregierung auf der Grundlage des Benda-Gutachtens dem Landtag vorgelegt.
Daß auf dem Gebiet der Gleichberechtigung Verfassungsnorm und Verfassungswirklichkeit nach wie vor auseinanderklaffen, wird nirgends ernsthaft bestritten

und wird von einer der Arbeitsgruppen unter Beteiligung sachkundiger Frauen näher behandelt werden (s. S. 97 ff.; vgl. auch die Beiträge von Heide Pfarr und Marion Eckertz-Höfer in der mir gewidmeten Festschrift 1987, S. 437 und 447). Schon die *rechtliche* Gleichstellung von Frauen und Männern ist recht schleppend verlaufen, wie die Jahresdaten der einschlägigen Gesetze vom Gleichberechtigungsgesetz 1957 über das Erste Eherechtsreformgesetz von 1976 und das Gesetz zur Neuordnung des Sorgerechts von 1979 bis zum EG-Gleichbehandlungsgesetz von 1980 belegen. Im Bemühen um *tatsächliche* Gleichstellung der Frauen in Politik und Gesellschaft, vor allem auf dem Arbeitsmarkt, lassen sich sogar Rückschläge beobachten. Sozialversicherungsrechtlich gesehen ist die Armut nach wie vor weiblich.
c) Widersprüche zwischen Verfassungsnorm und Verfassungswirklichkeit wirken besonders unerträglich, wenn dabei zugleich gegen internationale Verpflichtungen verstoßen wird. Schon das zuvor erwähnte Gleichbehandlungsgesetz erfüllte solche Verpflichtungen, nämlich die Zielvorgaben der EG-Gleichbehandlungsrichtlinie, nur unzureichend. Auf einem anderen Gebiet, der Prüfung der Verfassungstreue von Bewerbern für den öffentlichen Dienst, ist der zuständige Ausschuß des internationalen Arbeitsamts Ende 1986 sogar zu dem Ergebnis gelangt, daß unsere Berufsverbotspraxis das internationale Übereinkommen Nr. 111 über die Diskriminierung in Beschäftigung und Beruf verletzt (vgl. im einzelnen Dammann/Siemantel [Hrsg.], Berufsverbote und Menschenrechte in der Bundesrepublik, 1987). Dieses dritte Beispiel betrifft eine Problematik, bei der be-

reits das normative Leitbild der Verfassung umdüstert und nicht erst die Verfassungswirklichkeit verbesserungsbedürftig ist. Bekanntlich hat der Zweite Senat des Bundesverfassungsgerichts in einem Grundsatzurteil im Jahre 1975 entschieden, zu den von der Verfassung in Art. 33 Abs. 5 GG geforderten Voraussetzungen für die Übernahme in das Beamtenverhältnis gehöre, daß der Bewerber die Gewähr biete, jederzeit für die freiheitlich-demokratische Grundordnung einzutreten (BVerfGE 39, 334). Nach Meinung des Senats soll diese Treuepflicht für jedes Beamtenverhältnis gelten und einer Differenzierung je nach Art der dienstlichen Obliegenheiten nicht zugänglich sein (a.a.O., S. 355). In der Begründung wird unter anderem auf die aus mehreren Verfassungsartikeln herleitbare Grundentscheidung der Verfassung für eine wehrhafte Demokratie abgestellt (a.a.O., S. 349). Diese Grundentscheidung beruht – so habe ich meinerseits in einem Sondervotum zur politischen Treuepflicht von Rechtsanwälten (BVerfGE 63, 298 [309]) ausgeführt – auf den bitteren Erfahrungen mit dem Schicksal der Weimarer Republik und auf der Entschlossenheit, die neue Demokratie gegenüber ihren Gegnern zu stärken. Insoweit besteht im Grundsatz durchaus ein breiter Konsens. Verfassungsrechtlich problematisch sind aber Ausmaß, Ausgestaltung und Auswirkungen der Schutzvorkehrungen, die ihrerseits zu einer Gefahr für die verfassungsmäßige Ordnung werden könnten. Ich darf aus meinem Sondervotum zitieren:

»Objekt dieser Schutzvorkehrungen ist nicht irgendeine beliebige, sondern speziell diejenige politische Ordnung, für welche die demokratisch-rechtsstaatliche Freiheitlichkeit konstitutiv ist. Zu diesem Selbstverständnis steht der Staatsschutz von jeher in einem problematischen Spannungsverhältnis ... Je perfekter der Schutz ist, je ungeeigneter oder übereifriger die damit betrauten Organe sind und je weiter die Maßnahmen indirekt über den Kreis der eigentlich Gemeinten hinauswirken und Duckmäusertum erzeugen, desto mehr wächst die Gefahr, daß das Schutzobjekt seinerseits verändert oder erstickt wird und die freiheitliche Demokratie an Überlegenheit und Leuchtkraft verliert ... Letztlich wird die streitbare Demokratie am verläßlichsten durch streitbare Demokraten geschützt sowie durch einen positiven Staatsschutz in dem Sinne, daß sich ihre mit Recht behauptete Überlegenheit überzeugend erweist. Soweit zusätzlich ein repressiver Staatsschutz erforderlich ist, darf die Situationsbezogenheit der jeweils gebotenen Maßnahmen nicht außer acht bleiben, welche die Prüfung einschließt, ob eine gestern nützliche Maßnahme nicht heute eher schädlich wirkt.«

Ich denke, der Zeitpunkt für eine solche Prüfung ist längst gekommen. Wie aktuell diese Problematik nach wie vor ist, hat am 29. November 1988 ein Beitrag im Fernsehmagazin »Report« über den Fall des DFU-Lehrers Foltz bestätigt. Nicht länger hinzunehmen ist insbesondere, wie in der bisherigen Radikalenpraxis mit einem zentralen Postulat unserer Verfassung umgesprungen wird, nämlich mit dem Diskriminierungsverbot des Art. 3 Abs. 3 GG, wonach »niemand wegen seiner politischen Anschauungen benachteiligt oder bevorzugt« werden darf. Dieses Verbot führt ein merkwürdiges Schattendasein, zu dem es durch die befremdliche Auslegung verurteilt wurde, es schütze nur das innere Haben einer politischen Überzeugung, nicht aber dessen Äußern und Betätigen (BVerfGE 39, 334 [368]). Daß die konservative Staatsrechtslehre daran niemals Anstoß genommen hat, ist schon mehr als erstaunlich. Immerhin beruht das Diskriminierungsverbot ebenso wie die Idee der streitbaren Demokratie auf bitteren Erfahrungen des Dritten Reiches. Die Beseitigung rassischer, religiöser, politischer und geschlechtlicher Diskriminierungen gehörte sogar zu den bevorzugten Maßnahmen des Verfassungsgebers, um dem unter der Weimarer Verfassung umstrittenen Gleichheitssatz als Grundprinzip der neuen rechtsstaatlichen Demokratie wirksam Geltung zu verschaffen. Jedenfalls gebührt dem Diskriminierungsverbot ebenso sorgfältige Beachtung wie anderen rechtserheblichen Konsequenzen aus den zurückliegenden Erfahrungen, zumal die in Art. 3 Abs. 3 GG mißbilligten Benachteiligungen dem Wesen eines demokratischen Gemeinwesens zuwiderlaufen und zugleich die Würde und personale Selbstbestimmung des einzelnen empfindlich beeinträchtigen. Einschränkbar ist dieses grundlegende Diskriminierungsverbot nur, soweit andere gleichrangige verfassungsrechtliche Regelungen solche Einschränkungen rechtfertigen. Dazu mag durchaus die aus Art. 33 Abs. 5 GG herleitbare Treuepflicht der Beamten gehören. Jedoch können andere Verfassungsnormen das grundsätzliche Diskriminierungsverbot immer nur so weit zurückdrängen, wie das nach dem verfassungskräftigen Grundsatz der Verhältnismäßigkeit unerläßlich ist. Diskriminierungsverbot, der Regelungsauftrag für den öffentlichen Dienst und der Verhältnismäßigkeitsgrundsatz führen also im Zusammenwirken zu dem gleichen Ergebnis, zu dem auch das internationale Arbeitsamt gelangte, daß nämlich der Gesetzgeber den Zugang zum Staatsdienst unter dem Gesichtspunkt der Treuepflicht zwar erschweren darf, daß er dabei aber zu einer funktionalen Differenzierung verpflichtet ist. Wenn wir uns zu dieser Differenzierung endlich aufraffen würden, dürfte unsere verfassungsmäßige Ordnung nach innen und außen an Glaubwürdigkeit gewinnen. Ich habe Zweifel, ob es dazu kommen wird. Im Bereich der inneren Sicherheit herrschen ja eher Tendenzen, frühere Liberalisierungen rückgängig zu machen.

d) Ein viertes Problem für Diskrepanzen zwischen Verfassungsnorm und Verfassungswirklichkeit möchte ich nur kurz im Sinne einer Aufgabenstellung erwähnen, zumal hier die normative Seite noch weitaus verworrener als bei dem zuvor erörterten Beispiel ist. Gemeint sind der militärisch-industrielle Komplex sowie die Befugnisse der Besatzungsmächte, die sich beide als höchst resistent gegenüber verfassungsrechtlicher Durchdringung erwiesen haben. Eine nüchterne Analyse der Realitäten ohne übertriebene Geheimniskrämerei und deren Konfrontation mit den Postulaten der Verfassung – angefangen von der Ausübung der Hoheitsrechte über die Verantwortlichkeit des Parlaments bis hin zum Grundrechtsschutz gegen rücksichtslosen Tieffliegerlärm – erscheint nachgerade überfällig, und zwar um so mehr, als die bisherige verfassungsgerichtliche Rechtsprechung nach den zutreffenden Sondervoten wenig befriedigt (vgl. BVerfGE 68, 1 – Stationierung von Mittelstreckenraketen; 77, 170 – Lagerung chemischer Waffen) und in den letzten Jahren gerade in diesem Bereich ehrenwerte Staatsbürger zu ihrem eigenen Erschrecken bis an die Grenze ihrer Loyalität gegenüber dem Staat geraten sind.

4. Diese Beispiele mögen genügen zur Erläuterung der Aufgabe, die Kluft zwischen Verfassungsgebot und Verfassungswirklichkeit zu überbrücken. Es gibt aber nicht nur diese Kluft. Vielmehr ist die Verfassungsnorm selbst geschichtlich bedingtes und verbesserungsbedürftiges Menschenwerk. Ihr überlieferter Gehalt darf gewiß nicht leichtfertig aufs Spiel gesetzt werden. Es genügt aber ebensowenig, wenn wir uns auf das Erbe unserer Vorfahren einen Erbschein in Gestalt des Grundgesetzes ausstellen lassen und uns zur Ruhe setzen. Vielmehr sind die Elemente der rechts- und sozialstaatlichen Demokratie so fortzuentwickeln, daß sie unter den veränderten Bedingungen des technischen Massenzeitalters funktionstüchtig bleiben und für uns und unsere Kinder weiterhin bewirken, was unsere Vorfahren unter den Bedingungen ihrer Zeit damit bezweckten. Wären unsere Vorfahren so denkfaul und angepaßt gewesen wie wir, gäbe es die rechts- und sozialstaatliche Demokratie überhaupt nicht!
Die Notwendigkeit zur Fortentwicklung unserer verfassungsmäßigen Ordnung überschneidet und ergänzt sich teilweise mit der zuvor erörterten Forderung, die Kluft zwischen Verfassungsnorm und Verfassungswirklichkeit zu überbrücken. Das gilt etwa für den Rechtsstaatsgedanken und insbesondere für das Sozialstaatsgebot.

Die anerkannte Aufgabe, die Ausübung der Staatsmacht im Sinne der Verfassung rechtsstaatlich zu begrenzen, erfordert in der schönen neuen Welt des modernen Staates mit seinen weitreichenden Reglementierungs- und Überwachungsmöglichkeiten eher noch mehr Wachsamkeit als früher und wohl auch ein ergänzendes Instrumentarium. Im sozialen Bereich drängen sich schwerwiegende Defizite in Gestalt der Massenarbeitslosigkeit und der neuen Armut geradezu auf und verpflichten uns dazu, das Sozialstaatsgebot der Verfassung in praktizierte Solidarität im Sinne eines teilenden Miteinanders umzusetzen, statt darauf zu hoffen, der neue Klassenkampf zwischen denen, die drin sind, und denen, die draußen sind, werde sich in wundersamer Weise von selbst lösen. Über die Beseitigung solcher Defizite hinaus dürfte das Sozialstaatsgebot positiv eine zukunftsgerichtete gerechtere Verteilung des Wohlstands gebieten und im Zusammenhang damit beispielsweise eine grundlegende Neuordnung des Systems der sozialen Sicherung. Kann denn wirklich an der bisherigen Finanzierung dieses Systems unter Beitragserhöhungen oder Leistungskürzungen festgehalten werden, obwohl wegen des Geburtenrückgangs, der längeren Lebensdauer und der Automatisierung immer weniger Beitragszahler für immer mehr Rentner aufkommen müssen? Ist das eigentlich gerecht im Vergleich zur Alterssicherung der Beamten und im Hinblick darauf, daß als Folge von Steuererleichterungen und Subventionen die Staatsverschuldung wächst und künftige Generationen ohnehin mit hohen Zinsverpflichtungen belastet werden? Es erscheint mir schwer erträglich, daß über diese

Probleme bei der derzeitigen Rentenreform nicht einmal diskutiert wird. Im übrigen sind die Aussichten für Fortentwicklungen der Sozialstaatsgebote nicht rosig. Manche befürchten im Gegenteil, daß mit der Öffnung des europäischen Marktes 1992 der soziale Standard im Interesse gleicher Wettbewerbschancen abgesenkt wird.

Im übrigen gibt es durchaus Beispiele für eine behutsame Fortentwicklung unserer rechts- und sozialstaatlichen Verfassungsordnung. Dazu gehören aus dem Bereich der Rechtsprechung die Durchsetzung eines informationellen Selbstbestimmungsrechts über die persönlichen Daten (BVerfGE 65, 1 – Volkszählung) oder die Erstreckung der Eigentumsgarantie auf sozialversicherungsrechtliche Positionen (BVerfGE 53, 257 [289 f.] – Versorgungsausgleich; 69, 272 [300] – Krankenversicherung der Rentner; 72, 9 [18] – Arbeitslosenversicherung). Ferner sei daran erinnert, daß das Bundesverfassungsgericht im Anschluß an das Urteil zur Fristenlösung aus dem Grundrecht auf Leben und körperliche Unversehrtheit (Art. 2 Abs. 2 GG) die Pflicht hergeleitet hat, Maßnahmen zum Schutz gegen die Gefahren der wirtschaftlichen Nutzung der Atomenergie (BVerfGE 49, 89 [141 f.]; 53, 30 [57]) und zur Bekämpfung gesundheitsgefährdender Auswirkungen des Fluglärms (BVerfGE 56, 54 [78]) zu treffen. Freilich ist auf die Erfüllung der bereits geltenden umweltrechtlichen Pflichten sowohl von den Behörden als auch von den Gerichten bislang eher zaghaft gedrängt worden. Darüber hinaus dürften die insoweit bestehenden verfassungsrechtlichen Gewährleistungen zu schmal sein, um einen ausreichenden Schutz unseres Lebensraums gegenüber handfesten wirtschaftlichen Interessen sicherzustellen. Ebenso dringlich erscheint eine Fortentwicklung unserer verfassungsmäßigen Ordnung, um die Menschenwürde mit den Mitteln des Rechts gegen neuartige Gefährdungen im Bereich der Gentechnik zu sichern, was wohl eine Auseinandersetzung mit der Wissenschaftsfreiheit erfordert und nur durch eine Rückbesinnung darauf zu lösen sein wird, was der Mensch ist.

Das Bedürfnis nach behutsamer Fortentwicklung der verfassungsmäßigen Ordnung beruht nicht zuletzt auf den zunehmenden Ohnmachtsgefühlen der Bürger und ihrer Erfahrung, gegenüber mächtigen ökonomischen Interessen wenig ausrichten zu können. Insoweit muß die Frage erlaubt sein, ob die Zurückhaltung des Grundgesetzes gegenüber allen Formen der direkten Demokratie nicht eher schädlich als nützlich ist. Sollte nicht wenigstens ein Recht der jeweiligen parlamentarischen Minderheit ausprobiert werden, unter bestimmten Voraussetzungen eine Volksbefragung zu verlangen? Anlaß zum Nachdenken über Fortentwicklungen folgt vor allem aus der Beobachtung, daß das Repräsentativ- und das Mehrheitsprinzip zwar für die Fülle der normalen Entscheidungen voll geeignet und zumutbar sind, daß es aber einige wenige und schwierige Grenzfälle gibt, die namentlich im Bereich der Ökologie und der Sicherheitspolitik angesiedelt sind und die sich durch mehrere Besonderheiten abheben: Es geht um Entscheidungen von extremem ethischen Gewicht im Grenzbereich zum Naturunrecht, um Entscheidungen, die weitgehend unumkehrbar sind und sich daher auch nach einem Machtwechsel nicht mehr rückgängig machen lassen; die in ihren Auswirkungen extrem ungewiß sind und die – wenn sie falsch sind – von verheerenden Folgen auch für die Minderheit und sogar für künftige Generationen sein können. Wie können wir mit derartigen Entscheidungen besser umgehen? Ich warne vor der Selbstberuhigung, hier gäbe es eigentlich keine Probleme. Richtig und festzuhalten ist allerdings, daß auch in jenen Sonderfällen letztlich die Mehrheit der gewählten Repräsentanten oder – bei Plebisziten – die Mehrheit der Stimmbürger den Ausschlag geben muß.

Als verfassungskonforme Fortentwicklung kommt hier einmal in Betracht, den Katalog der Grundrechte und damit den Bereich des Unabstimmbaren auszuweiten. Zum anderen ist an Verbesserungen des Entscheidungsverfahrens und der Willensbildung *vor* der endgültigen Entscheidung zu denken. Dazu gehört ein ganzes Bündel von Empfehlungen, angefangen mit der ständigen Rechtfertigungspflicht der Mehrheit für die Notwendigkeit angestrebter Entscheidungen bis hin zum pfleglichen Umgang mit dem Demonstrationsrecht, welches das Bundesverfassungsgericht als unentbehrliches Funktionselement für ein demokratisches Gemeinwesen beurteilt hat. Die verfassungsgerichtliche Rechtsprechung drängt ferner auf die Stärkung des Parlaments, dem gerade in den genannten Grenzfällen die wesentlichen Entscheidungen in Gestalt eines förmlichen, öffentlichen Gesetzgebungsverfahrens vorzubehalten sind. Solange in den außergewöhnlichen Grenzfällen eine hinreichend breite Akzeptanz im Volk nicht erreicht ist, solange also gewissermaßen die Entscheidungsreife fehlt, könnte es ferner ein Akt politischer

Weisheit sein, auf Entscheidungen vorläufig überhaupt zu verzichten, Denkpausen anzuordnen und weiterhin auf Konsensbildung hinzuwirken. Drängt sich nicht auch im Bereich des Rechts eine Erkenntnis auf, die in Wissenschaft und Technik längst vertraut ist, daß nämlich nicht alles Machbare erlaubt ist? Oder anders ausgedrückt: Ist eigentlich zwischen Bürgern und Staatsorganen ein contrat social denkbar, der den zur Herrschaft auf Zeit berufenen Mehrheitsorganen totale Entscheidungsbefugnis überall dort einräumt, wo die Verfassung keine oder noch keine deutlichen Verbote errichtet? Das unbefriedigende Entscheidungsverfahren für die erwähnten folgenschweren Streitfragen sowie das Defizit an plebiszitären Elementen dürften im übrigen dazu beigetragen haben, daß Fragen nach Recht und Grenzen des zivilen Ungehorsams aufgebrochen sind, die das Bundesverfassungsgericht im Urteil über Sitzblockaden zwar angesprochen, aber offengelassen hat (BVerfGe 73, 206 [228 f., 250 f.]) und die ich hier nicht näher behandeln kann (vgl. meinen Beitrag in Jüngel/ Herzog/Simon, Evangelische Christen in unserer Demokratie, Gütersloh 1986, S. 55 [70 f.]).

Ich komme zum Schluß. Die Abwehr der erörterten Gefährdungen unserer verfassungsmäßigen Ordnung und die Bewältigung der mehrfach genannten doppelten Aufgabe erfordern Fantasie und Zivilcourage, auf die unser Gemeinwesen vielleicht derzeit mehr angewiesen ist als auf Beweise zivilen Ungehorsams. Lösungen lassen sich – wie jeder Nachdenkliche längst weiß – nur in freimütigen Auseinandersetzungen und in einem Prozeß von trial and error herausfinden. Dabei muß auch Falsches ohne Angst vor lähmenden Diffamierungen geäußert werden dürfen. Denn solche Äußerungen provozieren Einwände, und dieses Wechselspiel gewährleistet am ehesten Denkfortschritte. Im übrigen möge sich niemand Illusionen über die Schwierigkeiten der genannten Aufgaben machen. Diese sind kaum geringer als der Übergang von der absoluten Monarchie zur Demokratie. Aber auch dieser Übergang ist geschafft worden, und die den Russen zugemutete Perestrojka ist wahrscheinlich noch tiefgreifender. Gelegentlich träume ich davon, wir ließen uns von dem Geist früherer Generationen anstecken und würden uns selbstbewußt und entschlossen geben. Und dann frage ich: Warum eigentlich nicht?

IV Vom Umgang der Rechtspflege mit dem Grundgesetz

1. Gleichberechtigung der Frauen?

1.1 Einführung
Marion Eckertz-Höfer

40 Jahre Grundgesetz heißt auch 40 Jahre Geltung des Satzes: »Männer und Frauen sind gleichberechtigt« (Art. 3 Abs. 2 GG).
Lange Zeit wurde Art. 3 Abs. 2 in der Rechtslehre und den Entscheidungen des Bundesverfassungsgerichts (BVerfG) so interpretiert, als habe er nur den gleichen Inhalt wie Art. 3 Abs. 3 GG, der das Diskriminierungsverbot enthält: »Niemand darf wegen seines Geschlechts ... benachteiligt oder bevorzugt werden.«
Damit wurde mit bemerkenswerter Ausdauer gegen die im übrigen allgemein anerkannte Auslegungsmaxime verstoßen, daß zwei Normen unterschiedlichen Wortlauts nicht ohne Notwendigkeit so interpretiert werden dürfen, daß die eine neben der anderen keinen eigenen Regelungsgehalt hat. Anders ausgedrückt: Dem Grundgesetzgeber wurde unterstellt, daß er zur Gleichberechtigung von Mann und Frau zwei Normen mit unter-

schiedlichem Wortlaut, aber gleichem Inhalt geschaffen hat.

Sollte der Grundgesetzgeber ausgerechnet da, wo es um die Gleichberechtigung von Frauen und Männern geht, stümperhaft gegen die Regeln der Gesetzgebungstechnik verstoßen haben? Ausgerechnet bei einem derart (auch schon 1948) brisanten Thema sollte er nicht lege artis vorgegangen sein?

Der Blick auf die Entstehungsgeschichte des Art. 3 Abs. 2 GG sagt etwas anders. Diese Entstehungsgeschichte spricht dafür, daß die Mütter und Väter des Grundgesetzes mit Art. 3 Abs. 2 bewußt eine Norm geschaffen haben, die inhaltlich über das Diskriminierungsverbot des Art. 3 Abs. 3 hinausgeht: nämlich ein Grundrecht für die Gesamtheit der Frauen als Gruppe; ein Grundrecht, auf das sich nur Frauen berufen können, soweit es den Gesetzgeber positiv zur Gleichstellung von Frauen und Männern verpflichtet.

Art. 3 Abs. 2 GG ist einer der frühen Beweise für die Wirksamkeit »außerparlamentarischer Aktionen«. Noch der Entwurf des Verfassungskonvents von Herrenchiemsee vom 23. August 1948 enthielt nichts zur Gleichberechtigung von Frauen und Männern; lediglich ein allgemeiner Gleichheitssatz wurde vorgeschlagen.

Der vom Parlamentarischen Rat konstituierte Ausschuß für Grundsatzfragen diskutierte das Problem und war sich immerhin darüber einig, daß über Art. 109 Abs. 2 der Weimarer Reichsverfassung hinausgegangen werden sollte. Dort hatte es geheißen: »Männer und Frauen haben grundsätzlich dieselben staatsbürgerlichen Rechte und Pflichten.«

Die SPD beantragte dann die mit dem heutigen Wortlaut schon weitgehend übereinstimmende Fassung. Neben einem Diskriminierungsverbot wie im heutigen Absatz 3 des Art. 3 GG formulierte sie den Satz: »Männer und Frauen sind gleichberechtigt.« Der Grundsatzausschuß verweigerte indessen die Aufnahme dieses Satzes. Im Hauptausschuß des Parlamentarischen Rates begann dann die Grundsatzdiskussion noch einmal von vorne. Die SPD beantragte in der 17. Sitzung des Hauptausschusses erneut die Aufnahme der Formulierung »Männer und Frauen sind gleichberechtigt«. Sie widersprach der Behauptung, daß dieser Satz schon in der Regelung »Niemand darf wegen seines Geschlechts ... benachteiligt oder bevorzugt werden« enthalten sei. Elisabeth Selbert, eine der »Großen« der SPD nach 1945, begründete den SPD-Antrag mit den Worten: »Es ist eine Selbstverständlichkeit, daß man heute weiter gehen muß als in Weimar und daß man den Frauen die Gleichberechtigung auf allen Gebieten geben muß. Die Frau soll nicht nur in staatsbürgerlichen Dingen gleichstehen, sondern muß auf allen Rechtsgebieten dem Manne gleichgestellt werden. Die Frau, die während der Kriegsjahre auf den Trümmern gestanden und den Mann an der Arbeitsstelle ersetzt hat, hat heute einen moralischen Anspruch darauf, so wie der Mann bewertet zu werden. Ich bin der Meinung, daß die jetzt in Artikel 3 gewählte Fassung: ›Niemand darf wegen seines Geschlechts ... benachteiligt oder bevorzugt werden‹ nicht diesen Fall der Gleichstellung erfaßt.«

Und sie fuhr fort: ». . . sollte der Artikel in dieser Fassung wieder abgelehnt werden, so darf ich Ihnen sagen, daß in der gesamten Öffentlichkeit die maßgeblichen Frauen wahrscheinlich dazu Stellung nehmen werden, und zwar derart, daß unter Umständen die Annahme der Verfassung gefährdet ist.«

Dennoch wurde der Antrag der SPD nach langer Diskussion wiederum abgelehnt. Dabei wäre es wohl auch geblieben, hätten nicht Frauen »waschkörbeweise« Briefe geschrieben und darin ihren Protest ausgedrückt. In der 42. Sitzung des Hauptausschusses des Parlamentarischen Rates am 18. Januar 1948 erwähnten Elisabeth Selbert (SPD) und Helene Weber (CDU) den in der Öffentlichkeit entstandenen Sturm. Theodor Heuss (FDP) sah nur ein »Quasi-Stürmlein« darin und behauptete, daß der Sinn der Ausschußmitglieder »doch von Anfang an so gewesen sei, wie die aufgeregten Leute draußen das gewünscht« hätten.

Kurz und gut: Die zunächst mit Mehrheit abgelehnte Formulierung »Männer und Frauen sind gleichberechtigt« wurde nunmehr *einstimmig* angenommen. In der Diskussion wurde noch einmal klargestellt, daß damit auch die Frage des Rechts auf gleichen Lohn für gleiche Arbeit geklärt sei.

Kurz zusammengefaßt läßt sich wohl schon dieser Entstehungsgeschichte entnehmen, daß der Grundgesetzgeber nicht bei der *rechtlichen* Gleichstellung von Frauen und Männern stehenblieb; für diese hätte Art. 3 Abs. 3 GG genügt. Er hat vielmehr mit Art. 3 Abs. 2 GG eine Norm geschaffen, die über die rechtliche Gleichstellung hinausweist, nämlich auf eine Gleichstellung von Frauen und Männern in der sozialen Wirklichkeit.

Welche Möglichkeiten für eine Annäherung der Verfassungswirklichkeit an diesen Verfassungsauftrag es gibt, bedarf eingehender Diskussion.

Ich möchte nur noch einmal in Erinnerung rufen, wie lange es allein gedauert hat, um zumindest zu einer vordergründigen rechtlichen Gleichstellung von Frauen zu kommen. Die bis zum 31. März 1953 in Art. 117 GG gesetzte Frist – bis zu diesem Zeitpunkt konnte dem Art. 3 Abs. 2 GG entgegenstehendes, also verfassungswidriges Recht noch in Kraft bleiben – ließ der bundesdeutsche Gesetzgeber ungenutzt verstreichen. Das Bundesverfassungsgericht mußte mit seinem Gleichberechtigungsurteil vom 18. Dezember 1953 erst einige männliche Grundgesetz-Exegeten, die mit der Gleichberechtigung den Untergang ihres patriarchalisch geprägten Weltbildes kommen sahen, davon überzeugen, daß Art. 3 Abs. 2 GG eine unmittelbar geltende Rechtsnorm und nicht nur ein unverbindlicher Programmsatz ist.

Das Gleichberechtigungsgesetz kam dann erst 1957. Zwar brachte es Verbesserungen; so im ehelichen Güterrecht und darin, daß Entscheidungen, die das eheliche Zusammenleben betreffen, gemeinsam erfolgen mußten und insoweit nicht dem Ehemann die Letztentscheidung zustand. Aber es hielt auch am Leitbild der Hausfrauenehe fest: Die Ehefrau wurde zwar für berechtigt erklärt, erwerbstätig zu sein, dies aber nur, soweit sich dies mit ihren Pflichten in Ehe und Familie vereinbaren ließ. Erst das 1. Gesetz zur Reform des Ehe- und Familienrechts von 1976 stellt die Haushaltsführung und die Erwerbstätigkeit beider in das gegenseitige Einvernehmen der Ehegatten.

Beim Recht der elterlichen Sorge führte das Gleichbe-

rechtigungsgesetz von 1957 den Stichentscheid des Vaters für Fälle ein, in denen sich die Eltern über die Handhabung der elterlichen Gewalt nicht einigen konnten. Außerdem blieb es beim gesetzlichen Vertretungsrecht des Kindes durch den Vater. Beides war verfassungswidrig. Das Bundesverfassungsgericht erkannte 1959 auf die Nichtigkeit dieser Regelungen. Erst 1979, mit dem Gesetz zur Neuregelung der elterlichen Sorge, wurde die gemeinschaftliche Vertretung des Kindes durch die Eltern geregelt.
Noch langsamere Fortschritte gab es bei der Gleichstellung von Frauen und Männern im Erwerbsleben. Das Arbeitsleben ist auch heute noch über versteckte und mittelbare Diskriminierungen aller Art Schauplatz für die Ungleichbehandlung der Geschlechter. Das EG-Anpassungsgesetz vom 13. August 1980, das zur Einführung der §§ 611a ff. BGB führte, hat zwar – wie auch zahlreiche Erörterungen um ein Antidiskriminierungsgesetz – Bewegung in die Diskussion gebracht; aber letztlich hatte es keine größeren Wirkungen. Schon weil es an einer echten Beweislastumkehr fehlt, ist es Frauen auch heute weitgehend unmöglich, mit der Behauptung, von einem Arbeitgeber bei der Einstellung oder Beförderung diskriminiert worden zu sein, bei einem deutschen Gericht Erfolg zu haben.
In Diskussionen zu dem Thema Gleichberechtigung fehlt es eigentlich nie an Wortmeldungen mit dem Tenor, daß es Frauen heute doch hervorragend geht; daß heute jede Frau ihr beruflich gestecktes Ziel auch erreichen kann – wenn sie nur entsprechende Leistungen erbringt.

Die Zahlen sprechen eine andere Sprache. Wir haben heute die bestausgebildete Frauengeneration, die es je in Deutschland gab. Doch immer noch verdienen Frauen bei gleicher Qualifikation deutlich weniger als Männer: im Gesamtdurchschnitt nur etwa zwei Drittel des Bruttomonatsverdienstes ihrer männlichen Kollegen. Immer noch sind Frauen in Führungspositionen und in höher bezahlten Arbeitsplätzen kaum zu finden: Nur 3,6 Prozent Frauen sind in den obersten Chefetagen der Unternehmen zu finden; bei Abteilungsleitern stieg ihr Anteil auf 5,1 Prozent.

Der Anteil der Studentinnen an den Hochschulen liegt zur Zeit bei etwa 37 Prozent, der Anteil der hauptberuflich tätigen Professorinnen aber nur bei 5,2 Prozent. Nahezu die Hälfte der Arbeitslosen sind Frauen, obwohl ihr Anteil an den Erwerbstätigen nur bei rund 38 Prozent liegt.

Ich denke, daß dies Fakten sind, die den Leidensdruck erkennen lassen, der die Forderungen nach Quoten und nach dem Abbau mittelbarer Diskriminierungen wachsen ließ.

1.2 Entwicklungen – Hintergründe – Thesen
Heide M. Pfarr

Das Defizit an Gleichberechtigung der Frauen in der Bundesrepublik provoziert die Frage, wie diese Entwicklung zu erklären ist.

Dazu nur einige Stichworte: So sehr in der Zeit des Nationalsozialismus der Kampf gegen ein demokratisches

Recht auch die Vernichtung von Vertreterinnen und Vertretern eines demokratischen Rechtsstaates oder ihre Vertreibung ins Ausland einbezog, konnte dennoch in der Konstituierung der Bundesrepublik und ihrer Verfassung auf rechtsstaatliche und demokratische Traditionen in der Weimarer Republik, ja selbst auf die Tradition der Paulskirche zurückgegriffen werden. In Fragen der Gleichberechtigung allerdings gab es eine solche stabile Tradition keineswegs. Zwar hatten die Frauen 1918 noch das Wahlrecht erhalten; zwar kannte die Weimarer Reichsverfassung (WRV) von 1919 einen Gleichberechtigungsartikel (Art. 109 Abs. 2 WRV); zwar versprach dieselbe Verfassung die Gleichstellung der Beamtinnen und Beamten und formulierte sogar den Grundsatz der Gleichberechtigung in der Ehe. Aber in der Weimarer Republik kümmerte sich darum niemand. Der Sündenfall sämtlicher Parteien in der Weimarer Republik, was die Gleichstellung der Frauen betrifft, war allgemein. Schon 1919 und 1920 ordneten Demobilmachungsverordnungen an, daß sofort alle erwerbstätigen verheirateten Frauen zu entlassen seien, deren Männer Arbeit hatten. Später sollten dann auch die »nicht versorgten« alleinstehenden Frauen entlassen werden, danach diejenigen, die nur für ein bis zwei Personen zu sorgen hatten, zum Schluß alle Frauen. Aufgrund einer Verordnung aus dem Jahre 1923 konnten verheiratete Beamtinnen und Lehrerinnen »bei gesicherter Versorgung« entlassen werden; das galt auch für weibliche Angestellte, zum Teil ohne daß sie »versorgt« waren und auch nur eine minimale Abfindung bekamen. Bei den verbleibenden weiblichen Angehörigen des öffentlichen Dien-

stes wurden zum Teil Gehaltskürzungen vorgenommen, nicht im selben Maße aber bei den Männern.
Der Schwerpunkt der Frauendiskriminierung in der Privatwirtschaft der Weimarer Zeit lag in der Behandlung der sogenannten »Doppelverdienerinnen«: Frauen konnten entlassen beziehungsweise gekündigt werden, sobald sie heirateten. Der eigene Zugang zu den Sozialsystemen knüpfte aber dennoch immer an die Erwerbsarbeit an, die den Frauen gerade verweigert wurde. 1930 wurde der Begriff der »geringfügigen Beschäftigung« so geändert, daß dadurch erwerbstätige Frauen vielfach aus der Sozialversicherungspflicht herausfielen. Arbeitslose Frauen erhielten bis 1925 geringere Unterstützungssätze; sie betrugen etwa zwei Drittel der Sätze für männliche Arbeitslose, berechnet auf das für Frauen ohnehin niedrigere Entgelt. Der Grundsatz der Lohngleichheit für Frauen wurde nicht geltendes Recht, 1921 allerdings von der SPD als erster Partei in das Parteiprogramm aufgenommen – selbstverständlich folgenlos. Die Gleichberechtigung der Frauen in der Ehe, obwohl in der Verfassung versprochen, wurde in Weimar vom Gesetzgeber nicht in Angriff genommen.
Also: Die Politiker aller Richtungen bewegte in der Weimarer Zeit nicht im mindesten das Anliegen der Gleichstellung der Frauen. Die Politik in der Weimarer Republik war vielmehr davon geprägt, die – zweifellos großen und bedrückenden – Probleme im Erwerbsleben vor allem auf Kosten der Frauen zu bewältigen.
So gab es bei der Konstituierung der Bundesrepublik Deutschland und der Schaffung des Grundgesetzes keinerlei Traditionen, an die in bezug auf die Gleichstel-

lung der Frau hätte angeknüpft werden können. Es verbittert zwar, verwundert aber nicht, daß die Politiker im Parlamentarischen Rat kein Zögern zeigten, den Gleichberechtigungsartikel der Weimarer Reichsverfassung nur gering verändert zu übernehmen. Seine Wirkungslosigkeit in bezug auf die Gleichberechtigung der Frauen war ihnen zwar wohlbekannt; doch das war ihnen – wie allen anderen Politikern zuvor auch – gleichgültig.

Das Fehlen stabiler Traditionen für die Durchsetzung der Gleichberechtigung gilt auch für die Frauenbewegung: Zwar war die Einführung des Wahlrechts für Frauen ein großer Erfolg der Frauenstimmrechtsbewegung gewesen; ohne die Frauenbewegung wäre es dazu sicherlich nicht gekommen. Aber es gab keinen profilierten und bemerkenswerten Widerstand der Frauen in Weimar gegen die offen diskriminierenden Politiken. Dies ist wohl nur zum Teil erklärlich damit, daß die Mehrheit der Frauenbewegung in Weimar der Erwerbstätigkeit der Frau keinen eigenständigen Wert beimaß.

Marion Eckertz-Höfer hat geschildert (S. 99 f.), wie es einer großen Frau, Elisabeth Selbert, und einer Frauenbewegung zu danken ist, daß der Gleichberechtigungsgrundsatz in der heute geltenden Form in das Grundgesetz aufgenommen worden ist. Aber diese Tatsache darf uns den Blick nicht dafür verstellen, daß Elisabeth Selbert auch in ihrer eigenen Partei, der SPD, damals eine Ausnahme war. Den Protokollen des Parlamentarischen Rates ist zu entnehmen, daß es ihr zwar gelang, die SPD-Fraktion (manchmal auch andere Mitglieder des Parlamentarischen Rates) zur Unterstützung ihrer Forderun-

gen zu gewinnen, jedoch keineswegs dazu, diese Forderungen auch inhaltlich mitzutragen.
Auch die Frauenbewegung war nach dieser Aktion zugunsten des Gleichberechtigungsgrundsatzes jahrzehntelang nicht mehr zu sehen und zu hören. Zwar konstituierten sich erneut die in der Nazizeit verbotenen traditionellen Frauenverbände, blieben aber ohne politisches Gewicht und beschränkten sich weitgehend auf soziale und allgemein staatsbürgerliche Betätigungen. So haben die Bürgerinnen der Bundesrepublik Deutschland widerspruchslos hingenommen, daß der Gesetzgeber in schöner Unverfrorenheit den ihm vom Grundgesetz vorgegebenen Termin zur Schaffung diskriminierungsfreier Gesetze verstreichen ließ, daß er, als er schließlich 1957 tätig wurde, erneut diskriminierend und verfassungswidrig regelte. Nirgendwo haben die Frauen ihre Gleichstellung massiv eingeklagt – bis zum Aufkommen jener Frauenbwegung in den siebziger Jahren, die sich übrigens zunächst auch nicht mit der Gleichstellung der Frauen in allen Bereichen der Gesellschaft beschäftigte, sondern sich um die Frage der Strafbarkeit der Abtreibung gruppierte. Angesichts des Untätigbleibens des Gesetzgebers mußten die Gerichte schließlich die Lücken in den Gesetzen füllen, aus denen die gleichberechtigungsfeindlichen Teile durch Nichtigkeit weggefallen waren.
Überhaupt nahmen einige Gerichtsbarkeiten, so insbesondere das Bundesverfassungsgericht und das Bundesarbeitsgericht (BAG), den Gleichberechtigungsgrundsatz erheblich ernster als der konservative Gesetzgeber und die ebensolche Rechtswissenschaft, in der immer

wieder und immer noch Männer darum bemüht sind, Benachteiligungen von Frauen rechtlich zu legitimieren. Gemessen an den Kenntnissen und Erfahrungen von heute, findet sich mancherlei Kritikwürdiges auch in der Rechtsprechung von BVerfG und BAG; doch beurteilt auf dem damaligen gesellschafts- und rechtspolitischen Hintergrund, waren die Entscheidungen des BVerfG und des BAG (zur Lohngleichheit) geradezu revolutionär.

Nur wenige verfassungswidrige Ungleichbehandlungen im Erwerbsleben wurden in der ersten Zeit nach 1949 durch Gesetzesänderungen beziehungsweise den Abschluß von Tarifverträgen aufgehoben: Die Bestimmung, die die Entlassung »versorgter« Beamtinnen ermöglichte, wurde beseitigt, die inhaltlich gleichlautende Tarifbestimmung, die weibliche Angestellte betraf, durch neue Tarifverträge 1953 aufgehoben. Außerdem wurde das Gleichberechtigungspostulat im Jahr 1952 auch in das Betriebsverfassungsgesetz aufgenommen.

Während der konservativen oder konservativ-liberalen Regierungszeit gab es aber insgesamt keinerlei bemerkenswerte Bemühungen, den Grundsatz der Gleichberechtigung in das geltende einfache Recht umzusetzen. Die bedeutsamen Reformen in diesem Bereich stammen samt und sonders aus der sozial-liberalen Regierungszeit. Es handelt sich vor allem um die Reform des Ehe- und Familienrechts 1976 und 1979 und um die Veränderung des § 218 StGB: Reformen, die im Ansatz zweifellos frauenfreundlich sind.

Aber auch hier – in der Wahl derjenigen Bereiche, in denen eine um Rechtsreformen bemühte sozial-liberale

Bundestagsmehrheit tätig wurde – zeigt sich die verengte Sicht der Frauenfrage. Ehe und Familie wurden immer noch als *der* Platz für die Frau begriffen; hier sollte ihr geholfen werden – auch durch Regelungen, die das soziale Ungleichgewicht der Eheleute berücksichtigten. Der Ehemann, nicht der Arbeitgeber, war Zielscheibe der Gleichberechtigungsgesetzgebung. Nicht die berufstätige oder erwerbsfähige Frau, sondern die Hausfrau war Hauptnutznießerin der privatrechtlichen Reformen. Die sozial-liberale Bundesregierung bemühte sich selbst keineswegs darum, die Stellung der Frauen im Erwerbsleben und ihre Chancen da zu verbessern. Bis 1980 hatten die Gerichte nur Art. 3 Abs. 3 GG, um die Gleichberechtigungsbemühungen im Bereich der Erwerbstätigkeit zu formulieren. Konkretere einfachgesetzliche Regelungen zur Gleichbehandlung der Geschlechter blieben aus. Es gab nur einige wenige Veränderungen im Bereich des Arbeits- und des Mutterschutzes sowie die Einführung des Mutterschaftsurlaubs im Jahr 1979.

Bedenkenlos jedoch nahm der Gesetzgeber, welcher Couleur auch immer, in Kauf, daß die herrschende Meinung in Rechtswissenschaft und Rechtsprechung den Grundsatz der Vertragsfreiheit über das Verbot der Benachteiligung wegen des Geschlechts stellte. Bis 1980 konnten private Arbeitgeber *rechtmäßig* die Beschäftigung einer Frau ablehnen – nur, weil sie eine Frau war. Es bedurfte des Zwangs seitens der Europäischen Kommission, daß die Bundesregierung schließlich ein umfassendes Verbot der Benachteiligung wegen des Geschlechts in das Bürgerliche Gesetzbuch (BGB) aufnahm. Nun endlich wurde die Geschlechtsdiskriminierung auch für den Zugang zur Erwerbsarbeit formuliert, für den Abschluß von Arbeitsverträgen. Jedoch war dieses Gesetz derart stümperhaft gemacht und blieb so weit hinter den berechtigten Erwartungen der Frauen zurück, daß klar erkennbar war: Den Frauen im Erwerbsleben die gleichen Chancen und effektiven Rechte zu geben, wie die Männer sie haben, bestimmte auch nicht die Politik dieser Zeit.

Total versagte die sozial-liberale wie jede andere Bundesregierung darin, die Benachteiligung der Frauen und Mütter im Bereich der sozialen Sicherung anzupacken und zu lösen. Hier sind die Diskriminierungen und ihre Auswirkungen auf die soziale Lage der Frauen besonders kraß. Ich erinnere daran, daß es bei dem Reformwerk 1985 nur noch um die Gleichstellung der Männer, der Witwer, gegangen ist und daß diese Gleichstellung ausschließlich von einer Gruppe der Frauen bezahlt wird. Ich erinnere daran, daß die Vorstellungen, wie sie heute für die sogenannte große Rentenreform vorliegen, die Benachteiligungen von Frauen teils nicht anpacken, teils verschärfen, teils nur alibiweise ändern.

Dieser Blick in die Vergangenheit mag genügen, um »40 Jahre Grundgesetz: Gleichberechtigung der Frauen?« mit mehr als einem Fragezeichen zu versehen.

Worum geht es nun heute? Heute, wo es im Zeitablauf trotz unwilliger Politiker gelungen ist, bis auf wenige Ausnahmen wenigstens diejenigen Bestimmungen zu ändern, die unmittelbar an das Geschlecht anknüpfen, die also ausdrücklich Männer und Frauen ungleich behandeln.

Nach meinem Eindruck ist es hohe Zeit, die rechtspolitische Fragestellung deutlicher zu formulieren und zu erweitern. Kann es nicht mehr um die unmittelbare Diskriminierung gehen, bedarf es um so mehr der Wahrnehmung dessen, daß durch die Formulierung geschlechtsunspezifischer Bestimmungen noch lange nicht die Gleichberechtigung der Frauen erreicht ist. Es ist hohe Zeit, mehr Sensibilität einzufordern für die Erkenntnis, daß die Gleichberechtigung der Frau mehr verlangt als die formale, rechtliche Gleichstellung der Geschlechter. Es reicht nicht aus, Ungleiche, das heißt Menschen mit typischerweise unterschiedlichen Lebensmustern, den je gleichen Bestimmungen auszusetzen. Werden mit dem einen Lebensmuster Vorteile, mit dem anderen Lebensmuster aber Nachteile verbunden, so läßt sich die jeweilige Betroffenheit von dem Guten oder Schlechten erst durch den Blick auf die Realität erschließen.

Dieser Blick erst entlarvt formal gleiche, geschlechtsunspezifisch formulierte Regelungen als gleichberechtigungsfeindlich: Das weibliche Lebensmuster – besonders deutlich im Sozialrecht, aber auch im Arbeitsrecht – wird mit Nachteilen verbunden. Die Vorteile knüpfen an typisch männliche Lebensmuster an. Hier werden Frauen, trotz formaler Gleichbehandlung, wegen ihres Geschlechts benachteiligt.

An die Erkenntnis der Ungleichheit knüpft auch die weitere Forderung an: Die Gleichstellung der Geschlechter als eine Gleichstellung von Ungleichen kann ohne die Förderung von Frauen nicht gelingen. Die bewußte Förderung desjenigen Geschlechts, das in den gesellschaftlichen Strukturen trotz aller rechtlichen Diskriminierungsverbote weiterhin benachteiligt ist, ist die Voraussetzung, daß es gelingen kann, den Frauen den eigenständigen Zugang zu allen gesellschaftlichen Bereichen zu eröffnen – in der Hoffnung, daß es irgendwann einmal einer Förderung nicht mehr bedarf, weil Gleichberechtigung zum Standard im Bewußtsein dieses Volkes geworden ist.

Bei der Erörterung der Frage, welche Formen von Frauenförderung nötig und welche verfassungsgemäß sind, wird es – wie könnte es heute anders sein? – sehr bald um die Frage der Quotierung gehen.

Zu beiden Fragestellungen wird nachstehend je eine Thesenreihe präsentiert. Die erste versucht, die Zulässigkeit von Quotierungen zu begründen, und setzt sich auch mit unterschiedlichen Quotenformen auseinander. Die zweite Thesenreihe beschränkt die durchaus weitergehende Fragestellung nach der geschlechtsdiskriminierenden Wirkung geschlechtsneutral formulierter Bestimmungen auf den Bereich des Erwerbslebens. Dies geschieht deshalb, weil wir hier für das Verbot der mittelbaren Diskriminierung wegen des Geschlechts eine gesetzliche Grundlage (§ 611a BGB) und auch bereits Rechtsprechung sowohl des BAG wie des Europäischen Gerichtshofs (EuGH) haben. Dieser Text enthält eine Definition der mittelbaren Diskriminierung, an der überprüft werden kann, welchen Ansatz dieses Verbot hat und welche Grenze in der objektiven Rechtfertigung geschlechtsspezifischer Wirkungen. Wir hoffen, daß auch deutlich wird, wie der zugrundeliegende Gedankengang in andere Bereiche der Benachteiligung von Frauen übertragen werden kann.

Thesenreihe I:
Quotenregelungen – Formen und Gründe für deren Zulässigkeit

1. Frauenfördermaßnahmen, insbesondere Quotenregelungen zugunsten von Frauen sind dann als verfassungsrechtlich unbedenklich zu beurteilen, wenn sie entweder nicht Rechtsgüter verletzen, die grundgesetzlich geschützt sind, oder durch ein Grundrecht legitimiert werden.
2. Alle Regelungen, die an das Geschlecht als Unterscheidungskriterium anknüpfen, stehen grundsätzlich im Widerspruch zum sowohl in Art. 3 III GG als auch Art. 3 II GG festgeschriebenen absoluten Diskriminierungsverbot wegen des Geschlechts.
3. Eine sorgfältige, nach den gängigen juristischen Auslegungsmethoden (Wortsinn, sachlicher Bedeutungszusammenhang, historischer und systematisch-teleologischer Ansatz) vorgenommene Untersuchung kann im einzelnen belegen, daß Art. 3 II GG nicht nur als subjektiv-rechtliches Element ein striktes Differenzierungsverbot umfaßt. Art. 3 II GG verfolgt vielmehr gleichzeitig in seinem objektiv-rechtlichen Gehalt ein materielles Ziel, indem er zur Gleichstellung von Männern und Frauen in der sozialen und ökonomischen Realität verpflichtet. Insofern geht Art. 3 II GG über Art. 3 III GG hinaus.
4. Während sich auf das Diskriminierungsverbot sowohl Männer als auch Frauen berufen können, bezieht sich die kompensatorische Funktion des Art. 3 II GG nur auf die rechtlich und tatsächlich bisher benachteiligte Gruppe der Frauen.

5. Zu den Adressaten des Gleichberechtigungsgebots im Erwerbsleben gehören neben dem (Privatrechts-)Gesetzgeber unmittelbar auch die Tarifvertragsparteien und über § 75 I BetrVG auch die einzelnen Arbeitgeber und Betriebsräte.
6. Zwischen dem Verbot der Diskriminierung aufgrund des Geschlechts (subjektiv-rechtliches Element) und dem Ziel einer faktischen Gleichberechtigung (objektiv-rechtliches Element) besteht eine Zieldiskrepanz, wenn sich der eine Normbestandteil nicht ohne Beeinträchtigung des anderen verwirklichen läßt. Da es einen Konflikt zwischen dem berechtigten Anliegen der Frauen nach tatsächlicher Gleichstellung und dem individuellen Grundrecht der Männer auf formale Gleichbehandlung gibt, muß dieses Spannungsverhältnis so aufgelöst werden, daß beide Rechtsgüter zur optimalen Wirksamkeit gelangen können.
7. Während die unmittelbare rechtliche Diskriminierung in bundesdeutschem Recht weitgehend beseitigt wurde, ist das Ziel einer tatsächlichen Gleichberechtigung der Frauen unbestreitbar nicht verwirklicht worden. Eine mögliche bedingte und verfahrensmäßig kontrollierte Einschränkung des subjektiv-rechtlichen Grundgehalts ist somit der Nichtrealisierung des objektiv-rechtlichen Grundgehalts gegenüberzustellen. Die Abwägung läßt an das Geschlecht anknüpfende Frauenfördermaßnahmen als grundsätzlich zulässig erscheinen.
8. Auch im internationalen und europäischen Recht ist das Ziel einer De-facto-Gleichberechtigung zwi-

schen Männern und Frauen vorgesehen. Zu dessen Realisierung werden zeitweilige Sondermaßnahmen, die an das Geschlecht anknüpfen, ausdrücklich erlaubt.

9. Voraussetzung ist jedoch, daß die Frauenfördermaßnahmen in ihrer Ausgestaltung dem Verhältnismäßigkeitsprinzip entsprechen. Das Gebot der Verhältnismäßigkeit ist auch aus denjenigen Grundrechten abzuleiten, die den objektiv-rechtlichen Gehalt des Art. 3 II GG begrenzen und/oder konkretisieren wie Art. 6 I, IV, 12 I, 9 III GG.
10. Art. 33 II GG steht einer Regelung, die eine Anknüpfung an das Vorliegen gleicher oder gleichwertiger Qualifikation nicht aufweist, nicht entgegen. Denn das Gleichberechtigungsgebot beschränkt ebenso wie beispielsweise das Sozialstaatsprinzip den Wirkungsgehalt des Art. 33 II GG.
11. Alle die Gleichberechtigung der Geschlechter effektiv fördernden Regelungen sind als das Gemeinwohl (hier den Gleichberechtigungsgrundsatz) verwirklichende und geeignete Maßnahmen anzusehen.
12. Ob konkrete Frauenfördermaßnahmen als erforderlich in dem Sinne zu begreifen sind, daß ein anderes gleich wirksames, die Rechte anderer jedoch weniger einschränkendes Mittel nicht gegeben ist, kann nur aufgrund einer Analyse der Wirkung ausschließlich gleichbehandelnder Regelungen auf die Beschäftigungssituation der Frauen beurteilt werden. Derartige Regelungen sind in der Bundesrepublik Deutschland seit längerem geltendes Recht und hätten die Realität der Frauen prägen können und müs-

sen, wenn sie geeignet wären, das Gleichberechtigungsgebot durchzusetzen.
13. Eine Untersuchung der Wirkung ausschließlich gleichbehandelnder Regelungen auf die Beschäftigungssituation der Frauen ergibt, daß diese ausreichende Wirksamkeit für eine Gleichstellung der Frauen nicht entfaltet haben und nicht entfalten können. Sie haben nur in Einzelfällen und ohne strukturändernde Kraft einzelnen diskriminierten Frauen geholfen. In allen Bereichen des Erwerbslebens, von dem Zugang zur Beschäftigung bis zur Arbeitslosigkeit, werden Frauen unmittelbar oder mittelbar benachteiligt. Es kann auch nicht erwartet werden, daß angesichts eines geschlechtsspezifisch geteilten Arbeitsmarktes und der ihm zugrundeliegenden Ursachen bloße Gleichbehandlungsgebote hier ändernd zu wirken vermögen. Die Frage, ob sie eine weniger einschränkende Beeinträchtigung darstellen als kompensatorische Frauenfördermaßnahmen und Quotenregelungen, erübrigt sich daher.
14. Nicht ausreichend geeignet sind auch die bisher verbreiteten Quotenregelungen im öffentlichen Dienst; sie stellen auf das Merkmal gleicher oder gleichwertiger Qualifikation ab und beeinträchtigen das subjektiv-rechtliche Diskriminierungsverbot nicht. Die Erfahrungen belegen, daß sie besonders schwierig zu handhaben sind. Qualifikationsanforderungen für Arbeits- und Ausbildungsplätze stehen keineswegs fest und beziehen sich nicht ausschließlich auf objektive Anforderungen, so daß sich geschlechtsspezifische Vorurteile durchsetzen können. Darüber hinaus

werden Qualifikationen regelhaft auf die Lebensmuster männlicher Erwerbstätiger hin formuliert.
15. Als Bezugsgröße für die Höhe der Quoten liegt die Parität der Geschlechter nahe. Eine Abweichung hiervon ist bei qualifikationsabhängigen Entscheidungsquoten nicht, bei solchen mit der Voraussetzung hinreichender Qualifikation nur eingeschränkt zu rechtfertigen.
16. Bei der Höhe der Quoten für die Besetzung von Ämtern und Funktionen in Institutionen und Organisationen kann eine 40/40 %-Quote begründet werden. Das Abstellen auf den Anteil der Frauen an der Grundgesamtheit ist nur in Ausnahmefällen legitimierbar.
17. Für den Ausbildungsbereich unterscheiden sich die unterschiedlichen möglichen Quotenregelungen kaum, auch wenn von längerfristigen Zielvorgaben wegen der Kürze der Ausbildungszeit eher abzuraten ist.
18. Für den Erwerbsbereich ist der Grundsatz der Situationsadäquanz zu beachten, das heißt, Maßnahmen dürfen von Art und Umfang her nicht undifferenziert eingeführt werden. Ob verbindliche Zielvorgaben, Entscheidungsquoten oder andere Quotenformen als angemessenere Regelungen anzusehen sind, hängt vor allem von der Fluktuation, der Höhe und der Prognostizierbarkeit des Personalbestandes in einem Unternehmen/einer Branche sowie der Arbeitsmarktsituation ab. Bei realistischen Prozentsätzen und Zielgrößen sind alle Ausprägungen von Quotenregelungen als zulässig zu beurteilen.

(Aus: Heide M. Pfarr, Quoten und Grundgesetz – Notwendigkeit und Verfassungsmäßigkeit von Frauenförderung; Baden-Baden 1988, S. 249–252)

Thesenreihe II:
Definition der mittelbaren Diskriminierung wegen des Geschlechts im Erwerbsleben (bezugnehmend auf § 611a BGB)

Eine mittelbare Diskriminierung im individualrechtlichen Bereich, also insbesondere durch die Arbeitgeber, ist gegeben, wenn folgende Voraussetzungen erfüllt sind:

1. Ein Arbeitgeber gestaltet eine Vereinbarung oder Maßnahme so aus, daß sie ohne unmittelbare Anknüpfung an das Geschlecht formuliert ist und sowohl von Frauen wie von Männern erfüllt werden kann.
2. Der Anteil der Angehörigen des einen Geschlechts, die von der Ausgestaltung nachteilig betroffen sind oder sein können, ist erheblich größer als der Anteil der Angehörigen des anderen Geschlechts.
3. Diese nachteilige Wirkung der Ausgestaltung auf die Angehörigen eines Geschlechts kann nicht anders als mit dem Geschlecht oder den Geschlechtsrollen erklärt werden.
4. Die Ausgestaltung der Vereinbarung oder Maßnahme ist nicht gerechtfertigt. Gerechtfertigt ist sie, wenn
    a) sie von der Art der auszuübenden Tätigkeit her zwingend geboten ist oder
    b) sie ein objektiv gerechtfertigtes Ziel verfolgt und

die nachteilige Wirkung durch zumutbare Änderungen oder Ergänzungen nicht zu beseitigen oder zu mildern ist.
5. Aufgrund der mittelbar diskriminierenden Ausgestaltung der Vereinbarung oder Maßnahme wird eine Arbeitsperson wegen des Geschlechts oder der Wahrnehmung einer Geschlechtsrolle benachteiligt.

Ist eine gesetzliche oder kollektivrechtliche Regelung auf mittelbare Diskriminierung hin zu überprüfen, so sind folgende Prüfungsschritte vorzunehmen:
1. Ein Gesetz, ein Tarifvertrag, eine Betriebsvereinbarung oder sonstige kollektive Regelung stellt Bedingungen oder Anforderungen auf, die ohne unmittelbare Anknüpfung an das Geschlecht formuliert sind und sowohl von Frauen wie von Männern erfüllt werden können.
2. Der Anteil der Angehörigen des einen Geschlechts, die von der Ausgestaltung der Bedingungen oder Anforderungen nachteilig betroffen sind oder sein könnten, ist erheblich größer als der Anteil der Angehörigen des anderen Geschlechts.
3. Diese nachteilige Wirkung der Ausgestaltung auf die Angehörigen eines Geschlechts kann nicht anders als mit dem Geschlecht oder den Geschlechtsrollen erklärt werden.
4. Die Ausgestaltung der Bedingung oder Anforderung ist nicht gerechtfertigt. Gerechtfertigt ist sie, wenn
a) sie von der Art der auszuübenden Tätigkeit her zwingend geboten ist oder
b) sie ein objektiv gerechtfertigtes Ziel verfolgt und

die nachteilige Wirkung durch zumutbare Änderungen oder Ergänzungen nicht zu beseitigen oder zu mildern ist.

(Aus: Heide M. Pfarr/Klaus Bertelsmann: Gleichbehandlungsgesetz – Zum Verbot der unmittelbaren und der mittelbaren Diskriminierung von Frauen im Erwerbsleben, Wiesbaden 1985, S. 99/100)

1.3 Ergebnisbericht
Brigitte Zypries

Auf der Grundlage der vorstehenden Einführungstexte diskutierte der aus ungefähr 30 Personen – überwiegend Frauen – zusammengesetzte Arbeitskreis die folgenden Themenkomplexe:

1. Ausgangspunkt für die Forderung, Frauen nicht nur rechtlich, sondern faktisch gleichzustellen, sind die unterschiedlichen Lebensmuster von Frauen und Männern. Frauen sind für die Reproduktion der Gesellschaft heute immer noch in weit größerem Ausmaß verantwortlich als Männer. Ihnen ist die Sorge für die Familie als »natürliche« Verantwortlichkeit übertragen, und ihr Wunsch nach gleichzeitiger Berufstätigkeit wird als individuelles Problem begriffen, das auch nur individuell durch Teilzeitarbeit, Jobsharing, Familienphase, Zweit-Mutter oder ähnliches gelöst werden kann. Im Arbeitskreis bestand Einigkeit, daß als notwendige Voraussetzung für die gleiche Teilhabe der Frauen in allen gesellschaftlichen Bereichen die sich heute als individu-

elles Problem darstellende Vereinbarkeit von Beruf und Familie als gesellschaftliche Aufgabe erkannt und mit Hilfe staatlicher Maßnahmen gelöst werden muß.

2. Die TeilnehmerInnen des Arbeitskreises waren sich einig, daß zur Herstellung der faktischen Gleichbehandlung von Frauen die bedingte und befristete Ungleichbehandlung von Männern notwendig ist.

Auf der Grundlage des Gutachtens von Benda[1] kann es – soweit Quotenregelungen für den öffentlichen Dienst in Rede stehen – als allgemeine Meinung angesehen werden, daß zur Überwindung der bestehenden strukturellen Diskriminierung der Gruppe der Frauen Frauenfördermaßnahmen an das Geschlecht anknüpfen dürfen.[2] Dies gestattet Art. 3 Abs. 2 GG, der ein individuelles Grundrecht enthält, zugleich aber auch eine objektive Wertentscheidung des Grundgesetzgebers darstellt.[3] Benda leitet die Befugnis und Verpflichtung des Staates zum Ausgleich von bestehenden Defiziten der Gleichberechtigung in der sozialen Wirklichkeit aus der Sozialstaatsklausel her, die die Auslegung von Art. 3 Abs. 2 GG beeinflusse. Demgegenüber wurde im Arbeitskreis darauf hingewiesen, daß der Argumentation von Frau Pfarr zuzustimmen sei, nach der Art. 3 Abs. 2 GG sowohl gegenüber Art. 3 Abs. 3 GG als auch gegenüber dem Sozialstaatsprinzip lex specialis ist. Das Sozialstaatsprinzip könne einem faktischen Gleichstellungsauftrag, der aus Art. 3 Abs. 2 GG abzuleiten ist, nicht widersprechen.[4] Benda kommt auf der Grundlage seiner verfassungsrechtlichen Interpretation zu dem Ergebnis, daß Art. 33 Abs. 2 GG die Grenze der Gestaltungsbefugnis des Gesetzgebers bilde und verfassungsrechtlich

zulässig nur leistungsbezogene Quoten – das heißt bevorzugte Einstellung von Frauen bei gleicher Qualifikation – seien, die zudem die Möglichkeit der individuellen Chancengleichheit und Einzelfallgerechtigkeit wahren müßten.[5]
Die TeilnehmerInnen des Arbeitskreises sahen bei diesem Modell die Schwierigkeit der Bewertung, ob eine Qualifikation gleich oder ungleich sei, als nicht überwindbar an. Grundlegend wurde kritisiert, daß »gleiche Qualifikation« die Lebensform von Männern (kontinuierliche Vollzeitbeschäftigung, Entlastung durch die Frau zu Hause) als Maßstab für Frauen setze. Als Beispiele für die Quotierung im öffentlichen Dienst, die das Leistungsprinzip des Art. 33 Abs. 2 GG durchbrechen und die die rechtliche Möglichkeit einer Modifizierung des Art. 33 Abs. 2 GG durch Quoten zeigen, wurde § 4 Abs. 1 SchwbG und § 77 BVFG genannt. Frauenfördermaßnahmen, die das Diskriminierungsverbot wegen des Geschlechts zu Lasten der Männer einschränken könnten, wurden daher auch dann für rechtlich zulässig angesehen, wenn sie unter Berücksichtigung des Grundsatzes der Verhältnismäßigkeit (Geeignetheit, Erforderlichkeit) das Leistungsprinzip modifizieren. Denn das Gleichberechtigungsgebot beschränkt ebenso wie das Sozialstaatsprinzip den Wirkungsgehalt des Art. 33 Abs. 2 GG. Zur Ergänzung der rechtlichen Argumente wurde auch auf die Rechtsprechung des Bundesverfassungsgerichts verwiesen: In der Altersruhegeldentscheidung hat das Gericht unter Verweis auf Art. 3 Abs. 2 GG festgestellt, daß der Gesetzgeber zu einer Ungleichbehandlung auch dann befugt ist, wenn er einen sozialstaatlich motivierten

typisierenden Ausgleich von Nachteilen anordnet, die ihrerseits auch auf biologische Unterschiede zurückgehen. Darin liege keine Ungleichbehandlung »wegen des Geschlechts«, sondern eine Maßnahme, die auf eine Kompensation erlittener Nachteile ziele.[6]

H. Simon wies auf die Rechtsprechung des Ersten Senats zum Numerus clausus hin[7] und warf die Frage auf, ob diese auch hier nutzbar zu machen sei. Nach dieser Rechtsprechung ist die prinzipiell gebotene Chancengleichheit durch ein mehrgleisiges Auswahlverfahren herzustellen, das die Besonderheiten der verschiedenen Bewerbergruppen berücksichtigt.

Frauenfördermaßnahmen, insbesondere auch Quotenregelungen zugunsten von Frauen, wurden vom Arbeitskreis auch für den Bereich des Privatrechts für zulässig erachtet.[8] Die nach herrschender Meinung und Rechtsprechung zwar nicht unmittelbar im Privatrecht geltenden Grundrechte strahlen über die Generalklauseln des BGB in das bürgerliche Recht aus (sogenannte mittelbare Drittwirkung). Unmittelbar auf die Begründung und Durchführung von privatrechtlichen Arbeitsverhältnissen wirkt § 611a BGB ein, § 1 TVG gestattet tarifvertragliche Quotenregelungen. Als schnell wirksame Maßnahme – da es zu ihrer Umsetzung nicht eines Handelns des Gesetzgebers bedarf – wurde die Verknüpfung von staatlichen Subventionsvergaben an Frauenfördermaßnahmen in den jeweiligen Firmen angesehen.

3. Für die Diskussion zur mittelbaren Diskriminierung legte der Arbeitskreis die Definition von Pfarr[9] zugrunde. Unter dem Stichwort: Altersarmut ist Frauenarmut, wurde das Sozialrecht als einer der Bereiche ge-

nannt, in denen mittelbare Diskriminierung am häufigsten auftritt. Während sich lange Krankheit bei Arbeitnehmern nicht auf ihren Rentenanspruch niederschlägt, mindert die zeitweilige Erwerbslosigkeit wegen Kindererziehung die Rente. Die Erziehung der Kinder, die nach dem Generationenvertrag für die künftige Alterssicherung aufkommen sollen, ist einer der wenigen Sachverhalte, der keinen Anspruch auf Anrechnung von Versicherungszeiten begründet. Da heute noch ganz überwiegend Frauen wegen der Erziehung der Kinder zu Hause bleiben, diskriminiert diese Regelung Frauen mittelbar. Als denkbare Lösungsmöglichkeit wurde vorgeschlagen, die gesetzliche Regelung des Elternurlaubs so umzugestalten, daß er nur bei geteilter Inanspruchnahme durch die Ehepartner gewährt wird.

Ein weiteres Beispiel mittelbarer Diskriminierung von Frauen ist die Ungleichbehandlung von Teilzeitbeschäftigten gegenüber Vollzeitbeschäftigten beim betrieblichen Altersruhegeld. Der Europäische Gerichtshof hat mit Urteil vom 13. Mai 1986[10] entschieden, »daß ein Kaufhausunternehmen, das Teilzeitbeschäftigte von der betrieblichen Altersversorgung ausschließt, Art. 119 EWGV verletzt, wenn diese Maßnahme wesentlich mehr Frauen als Männer betrifft, es sei denn, das Unternehmen legt dar, daß diese Maßnahme auf Faktoren beruht, die objektiv gerechtfertigt sind und nichts mit einer Diskriminierung aufgrund des Geschlechts zu tun haben«. Den Ausgangsfall hat das Bundesarbeitsgericht inzwischen zugunsten der Klägerin entschieden[11], eine Verfassungsbeschwerde gegen diese Entscheidung ist in Karlsruhe anhängig.[12]

Anmerkungen:

1 Notwendigkeit und Möglichkeit positiver Aktionen zugunsten von Frauen im öffentlichen Dienst, Rechtsgutachten erstattet im Auftrag der Senatskanzlei – Leitstelle Gleichstellung der Frau – der Freien und Hansestadt Hamburg, Dezember 1986.
2 Vgl. dazu das Urteil des VG Bremen, NJW 1988, S. 3224 ff., nach dem Nr. 9 der Richtlinie zur Förderung von Frauen im öffentlichen Dienst der Freien Hansestadt Bremen mit Art. 3 Abs. 2 und 3 GG vereinbar ist.
Die Vorschrift lautet: »Bei Einstellungen und der Besetzung höherbewerteter Stellen sollen Frauen – bei gleicher Qualifikation wie ihre männlichen Mitbewerber – bevorzugt werden, wenn in vergleichbaren Funktionen des jeweiligen Ressorts weniger Frauen als Männer beschäftigt sind. Mit Zustimmung des jeweiligen Senators kann in begründeten Einzelfällen hiervon abgewichen werden. Die senatorische Behörde teilt der Bremischen Zentralstelle für die Verwirklichung der Gleichberechtigung der Frau die beabsichtigte Abweichung einschließlich der maßgeblichen Gründe mit.«
3 Benda, a.a.O., S. 220.
4 Vgl. Heide M. Pfarr, Quoten und Grundgesetz, Baden-Baden 1988, S. 35 und S. 74 ff.
5 Benda, a.a.O., S. 222 ff.
6 BVerfGE 74, 163 [180]; vgl. dazu Marion Eckertz-Höfer, Frauen kommen ... Art. 3 Abs. 3 GG und das Sozialstaatsgebot, in: Festschrift für Helmut Simon, Baden-Baden 1987, S. 447 ff.
7 BVerfGE 33, 303 ff.; 43, 291 ff.
8 Vgl. Pfarr, a.a.O., These 5, 13 und 18.
9 Vgl. vorne S. 118 f.
10 Neue Zeitschrift für Arbeits- und Sozialrecht, S. 599 – Bilka-Entscheidung.
11 Betriebsberater 1987, S. 829.
12 1 BvR 496/87.

2. Sozialbindung des Eigentums?

2.1 Einführung
Alexander von Brünneck

Die Eigentumsgarantie des Art. 14 GG ist eine der zentralen Bestimmungen des Grundgesetzes, weil sie große praktische Bedeutung für die Ausgestaltung der ökonomischen, sozialen und politischen Verhältnisse in der Bundesrepublik Deutschland hat. Die lapidare Bestimmung des Art. 14 Abs. 1 Satz 1 GG: »Das Eigentum und das Erbrecht werden gewährleistet« wird in den drei folgenden Sätzen des Art. 14 Abs. 1 Satz 2 und Art. 14 Abs. 2 GG mit deutlichen Formulierungen eingeschränkt: »Inhalt und Schranken werden durch die Gesetze bestimmt.« – »Eigentum verpflichtet. Sein Gebrauch soll zugleich dem Wohle der Allgemeinheit dienen.«
In diesen Vorschriften hat das Grundgesetz eine weitreichende Sozialbindung des Eigentums festgelegt.
Der Gedanke einer Sozialbindung des Eigentums war den konstitutionellen Verfassungen des 19. Jahrhunderts fremd, weil sie in wirtschafts- und sozialpolitischer Hinsicht von den Vorstellungen des Liberalismus geprägt waren. Erst als Folge der Herausbildung des modernen Interventions- und Sozialstaates wurde die Sozialbindung des Eigentums in Art. 153 Abs. 1 Satz 2 und Abs. 3 Weimarer Reichsverfassung in das deutsche Verfassungsrecht aufgenommen.
Bewußt übernahm der Parlamentarische Rat die Weima-

rer Verfassungsbestimmungen über die Sozialbindung des Eigentums in das Grundgesetz. Er wollte damit – ebenso wie durch den Sozialisierungsartikel 15 GG – die Wirtschafts- und Sozialordnung von Verfassungs wegen offenhalten. Die Wirtschafts- und Sozialordnung sollte weder in den Grundzügen noch in den Details durch die Verfassung festgeschrieben werden. Ihre Ausgestaltung sollte den Mehrheitsentscheidungen des einfachen Gesetzgebers vorbehalten bleiben. Damit sollte die Konkretisierung der Sozialbindung des Eigentums in weitem Umfang zum Gegenstand des demokratischen Willensbildungsprozesses in den Gesetzgebungsorganen werden.

Gesetzgebung über die Sozialbindung des Eigentums
Von Anfang an zeigte sich, daß die Gesetzgebung von den Bestimmungen über die Sozialbindung des Eigentums in Art. 14 GG zurückhaltend Gebrauch machte. Als Folge der Entscheidung für die soziale Marktwirtschaft neigte die Gesetzgebung dazu, die Rechte der Eigentümer auszuweiten. Das zeigte sich auf allen Gebieten des Wirtschafts- und Grundstücksrechts, wo die aus der Kriegs- und Nachkriegszeit stammenden Eigentumsbeschränkungen bis zur Mitte der sechziger Jahre systematisch verringert wurden. Bindungen des Eigentums wurden von der Gesetzgebung nur soweit neu eingeführt, wie es für die Realisierung der Postulate der sozialen Marktwirtschaft notwendig schien. Auffällige Beispiele sind die vom Bundesgesetzgeber eingeführten nachhaltigen Einschränkungen der Eigentümerbefugnisse im Wettbewerbsrecht.

Seit dem Ende der sechziger Jahre verstärkte der Gesetzgeber vorsichtig aus vielfältigen sozialen, ökonomischen und politischen Gründen die Sozialbindung des Eigentums, zum Beispiel im Verbraucherrecht, im Umweltrecht, im Bau- und Mietrecht. Diese Einschränkungen der Eigentümerbefugnisse blieben in den achtziger Jahren im allgemeinen bestehen. Sie wurden an einigen Stellen, etwa im Umweltrecht, sogar verstärkt.

Rechtsprechung des Bundesgerichtshofes über die Sozialbindung des Eigentums
Große Bedeutung für die Bestimmung der verfassungsrechtlichen Grenzen der Sozialbindung des Eigentums hatte die Rechtsprechung des Bundesgerichtshofes. Im Jahr 1952 entwickelte der Große Senat für Zivilsachen in dem Beschluß BGHZ 6, S. 270 die Lehre, daß Beschränkungen der Eigentümerrechte, die über den Bereich der nach Art. 14 Abs. 1 Satz 2 und Art. 14 Abs. 2 GG zulässigen entschädigungslosen Sozialbindung hinausgingen, nach den Vorschriften des Art. 14 Abs. 3 GG zu entschädigen seien. Art. 14 Abs. 3 GG lautet:
»Eine Enteignung ist nur zum Wohle der Allgemeinheit zulässig. Sie darf nur durch Gesetz oder aufgrund eines Gesetzes erfolgen, das Art und Ausmaß der Entschädigung regelt. Die Entschädigung ist unter gerechter Abwägung der Interessen der Allgemeinheit und der Beteiligten zu bestimmen. Wegen der Höhe der Entschädigung steht im Streitfalle der Rechtsweg vor den ordentlichen Gerichten offen.«
Wenn die Grenze der entschädigungslosen Sozialbindung überschritten sei, ergebe sich die Entschädigungs-

pflicht bei rechtmäßigen Maßnahmen unter dem Gesichtspunkt des enteignenden, bei rechtswidrigen Maßnahmen unter dem des enteignungsgleichen Eingriffs unmittelbar aus der Verfassungsvorschrift des Art. 14 Abs. 3 GG.
Die Grenze zwischen der entschädigungslosen Sozialbindung und der entschädigungspflichtigen Enteignung bestimmte der Bundesgerichtshof nach den Kriterien der von ihm entwickelten Sonderopferlehre. Sie läuft darauf hinaus, die Interessen der Eigentümer in verhältnismäßig weitem Umfang zu schützen, weil es für die Rechtmäßigkeit von entschädigungslosen Sozialbindungen des Eigentums nicht auf die Bedeutung der sie rechtfertigenden Gemeinwohlbelange ankommt, sondern nur darauf, ob der betroffene Eigentümer im Verhältnis zu anderen Eigentümern ein Sonderopfer erbracht hat.
Indem der Bundesgerichtshof die Entschädigungspflicht direkt aus Art. 14 Abs. 3 GG ableitete, fesselte er den Gesetzgeber weithin an seine – am Sonderopfer orientierte – Definition der Sozialbindung: Weil der Gesetzgeber die Zuerkennung von Entschädigungen vermeiden wollte, ließ er Sozialbindungen des Eigentums im allgemeinen nur in dem Bereich zu, den der Bundesgerichtshof als entschädigungslos bezeichnet hatte. Weil der Bundesgerichtshof die entschädigungslose Sozialbindung des Eigentums nur in engen Grenzen anerkannte, verstärkte seine Judikatur die Neigung des Gesetzgebers, Sozialbindungen des Eigentums zurückhaltend anzuordnen.
Auf einigen Gebieten überantwortete der Gesetzgeber bewußt die Vollzugspraxis wichtiger Vorschriften der

Enteignungsrechtsprechung des Bundesgerichtshofes, indem er für die Entschädigung Blankett-Vorschriften einführte, die auf die Enteignungsjudikatur verwiesen, zum Beispiel in § 19 Abs. 3 Wasserhaushaltsgesetz: »Stellt eine Anordnung nach Abs. 2 eine Enteignung dar, so ist dafür Entschädigung zu leisten . . .«

Ähnliche Generalklauseln finden sich in den Denkmalschutzgesetzen der Länder. Da es in der Definitionsmacht des Bundesgerichtshofes steht, welche Maßnahmen er als Enteignung einstuft, und da die von ihm als Enteignung angesehenen Maßnahmen wegen der damit verbundenen Entschädigungspflicht praktisch weithin unmöglich sind, hat er es in der Hand, den Gesetzesvollzug zu steuern. Das führt insbesondere im Denkmalschutz dazu, daß viele gesetzliche Vorschriften über die Sozialbindung des Eigentums praktisch nicht durchsetzbar sind, wie sich etwa in BGHZ 72, S. 211 zum Baden-Württembergischen Denkmalschutzgesetz zeigte.

Rechtsprechung des Bundesverfassungsgerichts über die Sozialbindung des Eigentums

Das Bundesverfassungsgericht bestimmte die Grenzen der Sozialbindung des Eigentums von Anfang an weiter als der Bundesgerichtshof. Entsprechend der gesamten Konzeption seiner Grundrechtsjudikatur formulierte das Bundesverfassungsgericht 1979 im Mitbestimmungsurteil BVerfGE 50, S. 290, daß Eigentumsbindungen um so weiter reichen dürfen, je mehr das Eigentum in einem sozialen Bezug stehe. Umgekehrt sei der Schutz des Eigentums um so größer und die Sozialbindung um so geringer, je mehr es der persönlichen Freiheitsver-

wirklichung diene. Mit wenigen Ausnahmen hat das Bundesverfassungsgericht alle vom Gesetzgeber angeordneten Sozialbindungen des Eigentums anerkannt.
Das Bundesverfassungsgericht machte 1981 im Naßauskiesungsbeschluß BVerfGE 58, S. 300 den Versuch, die durch den Beschluß BGHZ 6, S. 270 begründete weitreichende Interpretationsherrschaft des Bundesgerichtshofes über die Eigentumsgarantie aufzuheben. Das Bundesverfassungsgericht bestimmte darin, daß der Bundesgerichtshof Enteignungsentschädigungen ohne gesetzliche Grundlage nicht mehr zusprechen darf, wenn er die Grenze der nach Art. 14 Abs. 1 und 2 GG zulässigen Sozialbindung für überschritten ansieht.
Der Bundesgerichtshof hielt dennoch an den Konstruktionen des enteignenden und des enteignungsgleichen Eingriffs fest, wie er es insbesondere 1984 in den Entscheidungen BGHZ 90, S. 17 und BGHZ 91, S. 20 zum Ausdruck brachte. Das Bundesverfassungsgericht kann sich auf dem Gebiet der Eigentumsgarantie gegenüber dem Bundesgerichtshof aus verfassungsprozessualen Gründen nicht durchsetzen: Die durch die Ausweitung der Eigentümerrechte und der Entschädigungspflicht belastete öffentliche Hand kann dagegen keine Verfassungsbeschwerde erheben, wie sich aus BVerfGE 45, S. 63 ergibt.
Obwohl der Bundesgerichtshof an seinen Konstruktionen des enteignenden und des enteignungsgleichen Eingriffs festhielt, hat der Naßauskiesungsbeschluß langfristig große Bedeutung für die Ausgestaltung der Sozialbindung des Eigentums. Der Bundesgerichtshof mußte in seinen maßgeblichen Entscheidungen BGHZ

90, S. 17 und BGHZ 91, S. 20 (neben der Beseitigung des bisherigen faktischen Wahlrechts zwischen Anfechtung und Entschädigung) eine weitere prinzipielle Einschränkung seiner Judikatur vornehmen: Die Konstruktion einer Entschädigungspflicht wegen Überschreitung der Sozialbindung ohne einfachgesetzliche Grundlage wurde nicht mehr unmittelbar aus Art. 14 Abs. 3 GG abgeleitet und auf diese Weise mit Verfassungsrang versehen, sondern nur noch auf Richtergewohnheitsrecht gestützt. Da das Richtergewohnheitsrecht durch einfaches Recht modifiziert werden kann, kann der Gesetzgeber nunmehr bei allen Sozialbindungen, für die nach der bisherigen Rechtsprechung des Bundesgerichtshofes Entschädigung zu zahlen wäre, die Entschädigungspflicht ausschließen. Der Bundesgerichtshof darf derartige Regelungen nicht von sich aus um eine Entschädigung ergänzen, sondern muß sie gemäß Art. 100 GG dem Bundesverfassungsgericht vorlegen. Im Ergebnis hat daher der Naßauskiesungsbeschluß des Bundesverfassungsgerichts die Position des Gesetzgebers gegenüber dem Bundesgerichtshof entscheidend verbessert. Er hat es in der Hand, durch Entschädigungsausschlußklauseln die faktische Kontrolle des Bundesgerichtshofes über die Sozialbindung des Eigentums aufzuheben und statt dessen allein das Bundesverfassungsgericht zuständig zu machen.

Heutige Situation der Sozialbindung des Eigentums
In der gegenwärtigen politischen und sozialen Wirklichkeit der Bundesrepublik Deutschland ist die Situation der Sozialbindung dadurch gekennzeichnet, daß der Ge-

setzgeber unter verfassungsrechtlichen Gesichtspunkten in sehr viel weiterem Umfang Einschränkungen der Eigentümerrechte anordnen dürfte, als er es tatsächlich tut. Zwar hat das Bundesverfassungsgericht neuerdings in den Entscheidungen über die Eigenbedarfskündigung die Sozialbindung des Eigentums zugunsten einer Ausweitung der Eigentümerbefugnisse im Mietrecht eingegrenzt (vgl. besonders BVerfGE 68, S. 361 und die Beschlüsse der 2. Kammer des Ersten Senats, NJW 1988, S. 1075, S. 2233 und S. 2725). In diesen Fällen wurden aber keine gesetzlichen Vorschriften aufgehoben, sondern es ging nur um die Frage, ob die ordentlichen Gerichte bei der Anwendung des einfachen Rechts die Eigentumsgarantie hinreichend berücksichtigt hatten.
Dem Gesetzgeber eröffnet die im Mitbestimmungsurteil zusammengefaßte und seitdem im Ansatz nicht modifizierte Rechtsprechung des Bundesverfassungsgerichts zur Eigentumsgarantie weiterhin umfassende Möglichkeiten zur Durchsetzung der von ihm selbst definierten Gemeinwohlinteressen. Die Bekämpfung der Arbeitslosigkeit und die Verbesserung des Umweltschutzes zum Beispiel würden in weitem Umfang zusätzliche gesetzliche Bindungen des Eigentums verfassungsrechtlich legitimieren. Die Einfügung einer Staatszielbestimmung über den Umweltschutz in das Grundgesetz könnte vor allem für eine Ausweitung der Sozialbindung des Eigentums aus umweltpolitischen Gründen praktische Bedeutung haben.
Zwar hat das Bundesverfassungsgericht neuerdings die auf eigenen Leistungen beruhenden öffentlich-rechtlichen Ansprüche des Bürgers etwa gegen die Kranken-

versicherung und gegen die Rentenversicherung unter den Schutz der Eigentumsgarantie gestellt (grundlegend BVerfGE 53, S. 257). Das Bundesverfassungsgericht läßt dem Gesetzgeber aber auch hier einen weiten Ausgestaltungsspielraum zur Durchsetzung der ihm aus Gemeinwohlerwägungen zweckmäßig erscheinenden Gesichtspunkte. Praktisch werden dem Gesetzgeber auf diesem Gebiet nur durch die aus dem Rechtsstaatsprinzip des Art. 20 GG folgenden Gesichtspunkte des Vertrauensschutzes Grenzen gezogen. Die Einbeziehung der durch eigene Leistung erlangten öffentlich-rechtlichen Ansprüche in den Schutzbereich der Eigentumsgarantie legt daher dem Gesetzgeber keine zusätzlichen Schranken auf, sondern läßt ihm im Ergebnis weiterhin in großem Umfang die Möglichkeit zu Umgestaltungen aus gemeinwohlorientierten Erwägungen.

Ob und wieweit von den Bestimmungen des Grundgesetzes über die Sozialbindung des Eigentums Gebrauch gemacht wird, ist heute weniger eine Frage der juristischen Dogmatik als ein Problem des demokratischen Willensbildungsprozesses. Über die Zweckmäßigkeit von neuen Eigentumsbindungen muß in den jeweiligen Politikfeldern unter Abwägung aller einschlägigen Gesichtspunkte entschieden werden. Verfassungsrechtliche Bedenken gegen neue Sozialbindungen bestehen nur, wenn für ihre Rechtfertigung keine hinreichend wichtigen Gemeinwohlbelange angeführt werden können oder wenn sie übermäßig in Eigentum eingreifen, das der persönlichen Freiheitsverwirklichung dient.

Zusammenfassend ergibt sich: Wenn sich in den Gesetzgebungsorganen Mehrheiten für stärkere Sozialbindungen des Eigentums fänden, würden sie damit auf keine verfassungsrechtlichen Grenzen stoßen, soweit sie durch gemeinwohlorientierte Erwägungen von angemessener Bedeutung gerechtfertigt sind. Entsprechend den Intentionen des Parlamentarischen Rates ist der Art. 14 GG weiterhin offen für eine umfassende Sozialbindung des Eigentums durch den demokratisch legitimierten Gesetzgeber.

2.2 Ergebnisbericht
Rainer Eckertz

Der Arbeitskreis konnte und wollte 40 Jahre Rechtsprechung zur Sozialbindung des Eigentums nicht umfassend würdigen. Die Diskussion konzentrierte sich auf die Defizite. Diese müssen den Juristen besonders interessieren.

1. Das beherrschende Thema des Arbeitskreises war der *Mieterschutz*. Von aktuellem Interesse ist die Rechtsprechung des Bundesverfassungsgerichts zur Kündigung wegen Eigenbedarfs des Vermieters. Nach einem Beschluß des Ersten Senats aus dem Jahr 1985 verstößt die Regelung des § 564b BGB, nach der ein Vermieter dem vertragstreuen Mieter nur bei Eigenbedarf kündigen darf, nicht gegen die Eigentumsgarantie des Art. 14 GG.[1] 1988 sind Beschlüsse einer Kammer des Ersten Senats des Bundesverfassungsgerichts ergangen, die insbesondere von an diesem Ergebnis interessierter Seite als eine Wende zu Lasten des Mieters verstanden

worden sind, einen Anstieg der Eigenbedarfskündigungen ausgelöst und zu großer Rechtsunsicherheit geführt haben.[2] Der an diesen Kammerbeschlüssen beteiligte Verfassungsrichter Professor Thomas Dieterich betonte in der Diskussion den Unterschied zwischen dem Mietrecht als einfachem Gesetzesrecht und dem Verfassungsrecht.
Die Überprüfung der Entscheidungen der Fachgerichte durch das Bundesverfassungsgericht ist auf das Verfassungsrecht beschränkt. Das Verfassungsrecht läßt eine Bandbreite unterschiedlicher Interpretationen des Gesetzesrechts durch die Fachgerichte offen. So wie von Brünneck in seinem Referat die Bedeutung der Sozialbindung des Eigentums darin sieht, daß dem Gesetzgeber die Kompetenz zu entschädigungslosen Einschränkungen des Eigentums eingeräumt wird[3], erweist sich die Sozialbindung hier auch im Verhältnis zwischen dem Bundesverfassungsgericht und den Fachgerichten als ein Kompetenzproblem. Dabei werden Grenzen der Verfassungsgerichtsbarkeit deutlich.

2. Wie sich gerade an der Rechtsprechung des Bundesverfassungsgerichts zur Eigenbedarfskündigung zeigt, stellt sich aber auch dann, wenn die gesetzliche Beschränkung des Eigentumsrechts verfassungsrechtlich von der Sozialbindung gedeckt ist, die Frage nach dem inhaltlichen verfassungsrechtlichen Maßstab. Denn die Bandbreite möglicher Interpretationen wird für die Fachgerichte durch Art. 14 GG – einerseits die Eigentumsgarantie des Abs. 1 Satz 1, andererseits die Sozialbindung des Abs. 2 – begrenzt. Unter welchen Voraus-

setzungen kann die Sozialpflichtigkeit das Recht des Eigentümers begrenzen?

Das Bundesverfassungsgericht hat in seinem Mitbestimmungs-Urteil von 1979 der Funktion des Eigentums als Element der Sicherung der persönlichen Freiheit des einzelnen den sozialen Bezug und die Sozialfunktion des Eigentums gegenübergestellt. Beide Seiten müssen zu einem verhältnismäßigen Ausgleich gebracht, das heißt unter Beachtung des Verhältnismäßigkeitsgrundsatzes gegeneinander abgewogen werden. Das Recht des Eigentümers hat um so mehr Gewicht, je mehr es um die Sicherung der persönlichen Freiheit des Eigentümers, also um den personalen Bezug geht. Der Sozialbindung kommt um so mehr Gewicht zu, je mehr das Eigentumsobjekt in einem sozialen Bezug steht.[4] So beruht – dem Senatsbeschluß zur Eigenbedarfskündigung zufolge – die Sozialbindung des Eigentümers von Wohnraum »darauf, daß dieser nicht unbeschränkt zur Verfügung steht und als Lebensmittelpunkt des Mieters anzusehen ist«[5]. Dies führt dazu, daß sowohl die Belange des Mieters als auch des Vermieters in angemessener Weise zu berücksichtigen sind.

Nach diesem Ansatz läßt sich ein über das »einerseits ... andererseits« und »sowohl ... als auch« hinausführender abstrakter Maßstab nicht gewinnen. Konkretisierungen sind nur im Hinblick auf die jeweilige Problemstellung möglich. Wegen der Vielfalt und Vielgestaltigkeit der Materien, die in den Anwendungsbereich der Eigentumsgarantie fallen (die Hauptgruppen sind das Wirtschaftsrecht, das Grundstücksrecht und die persönlichen Eigentumsrechte), ist nicht einmal eine Typologie möglich. Die Abwägung steht vor dem Problem, daß die beiden Seiten inkommensurabel sind, also gleichsam Äpfel und Birnen miteinander verglichen werden, und es deshalb an einer verbindenden Skala fehlt. So gehen in die Abwägung unvermeidlich die persönlichen Einstellungen der Richter ein. Die Ergebnisse fallen damit auch regional unterschiedlich aus und können im Laufe der Zeit von den jeweils vorherrschenden Trends (siebziger Jahre: Mieterschutz, achtziger Jahre: mehr Markt) abhängig werden. Man kann dies begrüßen, weil so die Verfassung für den geschichtlichen Wandel offenbleibt. Wer dagegen die Verfassung als einen vorgegebenen Maßstab versteht, dem erscheint dies als ein Verlust an Verbindlichkeit der Verfassung.

3. Die Sozialbindung des Eigentums ist nicht selbst ein Grundrecht. Deshalb sind kaum prozessuale Konstellationen denkbar, in denen sie von den durch sie Begünstigten vor dem Bundesverfassungsgericht eingeklagt werden könnte. So kann der Mieter nicht unter Berufung auf die Sozialbindung des Eigentums seines Vermieters eine Verfassungsbeschwerde erheben; ob er sich auf andere Grundrechte berufen kann, ist problematisch und in der Rechtsprechung des Bundesverfassungsgerichts bisher nicht geklärt.[6] So könnte man etwa gegen die Aufhebung der Mietpreisbindung nicht mit Aussicht auf Erfolg Verfassungsbeschwerde erheben, obwohl diese, wie sich in Berlin-Kreuzberg gezeigt hat, großes soziales Elend zur Folge haben kann, weil viele die Mieten nicht mehr bezahlen können.

Umgekehrt stellt sich aber auch die Frage, ob die Sozialbindung des Eigentums der Vermieter dazu führen kann, daß die Vermietung von Wohnraum nicht mehr rentabel ist. Sie wäre dann kontraproduktiv. Es ist auch zu fragen, ob die sozialen Probleme zu Lasten des Eigentümers gelöst werden dürfen oder ob nicht der Staat zum Beispiel für einkommenschwache Mieter Wohnraum schaffen muß.

4. Das Bundesverfassungsgericht hat in seiner neueren Rechtsprechung auch durch Beiträge erworbene sozialversicherungsrechtliche Leistungsansprüche der Eigentumsgarantie des Art. 14 GG unterstellt. Gerade damit wollte das Bundesverfassungsgericht dem Problem Rechnung tragen, daß in der heutigen Gesellschaft »die große Mehrzahl der Staatsbürger ihre wirtschaftliche Existenzsicherung weniger durch privates Sachvermögen als durch den Arbeitsertrag und die daran anknüpfende solidarisch getragene Daseinsvorsorge«[7] erlangt. Es hat damit den Bezug des Eigentums zur persönlichen Freiheit aktualisieren wollen. Gerade bei dem Eigentumsschutz sozialversicherungsrechtlicher Positionen räumt das Bundesverfassungsgericht aber auch dem Gesetzgeber eine weite Gestaltungsfreiheit ein. Dies gilt insbesondere für Regelungen, die der Erhaltung der Funktions- und Leistungsfähigkeit der Sozialversicherung dienen, also bei Leistungseinschränkungen im Interesse der Konsolidierung der Finanzen.[8] Da so, was mit der einen Hand gegeben, mit der anderen wieder genommen wird, bleibt zweifelhaft, ob Sozialversicherungsansprüche etwa mit dem Grundstückseigentum

auf den gemeinsamen Nenner »sozialpflichtiges Eigentum« gebracht werden können.

5. In der Thematik der Arbeitskreise kam das Sozialstaatsprinzip (Art. 20 Abs. 1 GG) nur in Gestalt der Sozialbindung des Eigentums vor. Die gegenwärtig bedrängenden Probleme der Massenarbeitslosigkeit und neuen Armut[9] kommen aber unter dem Aspekt der Sozialbindung des Eigentums und der Rechtsanwendungspraxis hierzu nur in einem begrenzten Ausschnitt in den Blick. In dem elementaren Bereich der Sozialstaatlichkeit kann der »Geist des Grundgesetzes« nur partiell und fragmentarisch von der Rechtspflege eingelöst werden.

Anmerkungen:

1 BVerfGE 68, 361 (371).
2 BVerfG (2. Kammer des Ersten Senats), NJW 1988, 1075; 2232; 2725. Ende 1988 hatte im Bundesverfassungsgericht eine mündliche Verhandlung zu einem weiteren Fall einer Eigenbedarfskündigung stattgefunden.
3 In seiner Habilitationsschrift »Die Eigentumsgarantie des Grundgesetzes«, 1984, berücksichtigt von Brünneck auch die Grenzen der Konkretisierungsbefugnis des Gesetzgebers (S. 396 ff.).
4 BVerfGE 50, 290 (339 ff.).
5 BVerfGE 68, 361 (370).

6 Vgl. BVerfGE 18, 121 (131 f.); 68, 361 (369); 2. Kammer des Ersten Senats, NJW 1988, 2233.
7 Sog. Meilenstein-Urteil vom 28. 2. 1980, BVerfGE 53, 257 (290); vgl. auch S. 294.
8 Ebd., S. 293.
9 Vgl. dazu das Referat von Helmut Simon, S. 91.

3. Freiheit der Meinung?

3.1 Einführung
Erhard Denninger

1. Freiheit der Meinungsäußerung als Zentralstück grundrechtsgeschützten Kommunikationsverhaltens:

Die in Art. 5 Abs. 1 GG geschützten Freiheiten der Meinungsäußerung und -verbreitung, der Information, der Presse, des Rundfunks und des Films dürfen nicht isoliert betrachtet werden. Vielmehr sind Gesamtfunktion und Gesamtzustand aller *Kommunikationsfreiheiten* zu erörtern, wenn man ein realistisches Bild der aktuellen *»Kommunikations-Verfassung«* der Bundesrepublik entwerfen will. Zu ihm gehören: Der Zustand der Wissenschafts- und Kunstfreiheit (Art. 5 III), der Glaubens- und Gewissensfreiheit einschließlich der Religionsausübung (Art. 4), der Versammlungs-, Demonstrations- und Vereinsfreiheit (Art. 8, 9 GG), der Petitionsfreiheit (Art. 17), der Parteienfreiheit (Art. 21), der Gleichheit der staatsbürgerlichen Rechte und Pflichten und des Ämterzugangs (Art. 33 Abs. 1–3).
Dazu gehört aber auch die individuelle Kommunikationssteuerung durch das »datenschützende« Recht auf informelle Selbstbestimmung, das als Ausdruck des allgemeinen Persönlichkeitsrechts (Art. 1 I i. V. m. Art. 2 I GG) geschützt ist. Die Einsicht in die funktionale Zusammengehörigkeit und Interdependenz dieser Einzelgewährleistungen ist noch unterentwickelt. Es ist Auf-

gabe aller berufenen Verfassungsinterpreten, vor allem auch der Verfassungsrechtsprechung, hier bewußtseinsbildend zu wirken.

2. Positive Ansätze in der Rechtsprechung auf dem Weg zu einer freiheitlichen Kommunikations-Verfassung:

Den Grundton gab vor über 30 Jahren (nach einer im Hinblick auf unser Problem eher unergiebigen parlamentarischen Entstehungsgeschichte zu Art. 5) das Lüth-Urteil des BVerfG vor (E 7, 198, 208): Er hat einen doppelten Klang, einen individual-menschenrechtlichen und einen gemeinwesen-bezogenen, »öffentlichen«, in diesem Sinne »republikanischen«. Freie Meinungsäußerung als »unmittelbarster Ausdruck der menschlichen Persönlichkeit« einerseits (als »un des droits les plus précieux de l'homme« überhaupt), sowie andererseits als »schlechthin konstituierend(es)« Element einer »freiheitlich-demokratischen Staatsordnung« (»Grundordnung«): zwischen diesen Polen ist die freiheitliche Kommunikationsverfassung zu entfalten. Die Formulierung des BVerfG ist vielfach zur sterotypen Floskel heruntergekommen, die als kurzer Eingang zu dann folgenden um so längeren Ausführungen über die Notwendigkeit der Beschränkung der Meinungsfreiheit im anstehenden Fall Verwendung findet. Dem stehen andere Entscheidungen gegenüber, welche den individualfreiheitlichen und den »republikanischen« Gehalt wichtiger Kommunikationsgrundrechte in erfreulicher Weise entwickeln. Zu ihnen zählen:
– BVerfGE 47, 327, 366 ff. zu § 6 Hess UnivG

v. 11. 9. 1974. Der Beschluß erklärt die Informationsverpflichtung von Universitätswissenschaftlern über schwere gesellschaftliche Gefahren von Forschungsergebnissen für verfassungsmäßig und eröffnet damit die Möglichkeit eines zeitgemäßen, gesellschaftsbezogenen Wissenschaftsverständnisses unter voller Wahrung der individuellen Wissenschaftsfreiheit (1978);
– BVerfGE 65, 1, 43, das Volkszählungsgesetz-Urteil: Es betont nicht nur die individuell-private Bedeutung des Schutzes der informationellen Selbstbestimmung, sondern auch seine Wichtigkeit als »elementare Funktionsbedingung« einer freiheitlichen Demokratie (1983);
– BVerfGE 67, 213, 227 f., zu Bertolt Brechts Gedicht »Der anachronistische Zug oder Freiheit und Democracy«: Der Beschluß bestätigt die besondere Gesetzesfestigkeit der Kunstfreiheit und insbesondere auch ihre Geltung für politisch engagierte Kunst (in Fortführung des »Mephisto«-Beschlusses von 1971) (1984);
– BVerfGE 69, 315, 344, der Brokdorf-Beschluß: Er betont nicht nur die Verwandtschaft von Meinungsfreiheit und Versammlungsfreiheit (Demonstrationsfreiheit), sondern macht, parallel zum Volkszählungsgesetz-Urteil, die Demokratiefunktion eines freien Versammlungswesens deutlich (1985);
– BVerfGE 73, 118, 152 ff., das Urteil zum Niedersächsischen Landesrundfunkgesetz, das hier als ein wichtiges Glied in der noch nicht geschlossenen Kette der Rechtsprechung zur *»dienenden«* Funktion der Rund-

funkfreiheit (vgl. BVerfGE 57, 295, 320) zu nennen ist (1986).

3. Negative Erscheinungen und typische Gefährdungslagen, welche die freie Kommunikation bedrohen:

Die hier zu kritisierenden Handlungsmuster sind vermutlich uralt. Das enthebt nicht der Notwendigkeit, Antworten und Chancen zur Abwehr der Gefahren unter Anpassung an die Gegenwartsbedingungen zu suchen. Hierzu vier Kurzthesen:

a) Die Bedrohung der Meinungsfreiheit (im weitesten Sinne) geht ebensowohl von der Staatsgewalt wie von *sozial mächtigen Verbänden* aus, besonders, wenn sie Monopolfunktionen ausüben können.

b) Eine Bedrohung für die Freiheit der Kommunikation (durch Meinungsäußerung, durch Kunst oder Wissenschaft oder anderes) liegt in der *Tendenz zur Binnendisziplinierung* der Subsysteme gegenüber ihren Systemelementen.

c) Eine weitere Gefahr, die zugleich eine Gefahr für die responsiveness des Gesamtsystems darstellt, liegt in der Tendenz der Subsysteme zur *gegenseitigen Abschottung* und zur Beschränkung auf institutionell ritualisierte Kommunikation.

d) Der Modus der Beschränkungen der Meinungsfreiheit ist in zunehmendem Maße der der *indirekten Sanktion*. Dies erschwert wirksamen individuellen Grundrechtsschutz.

Zu a) bis d): Sanktionen eines Verbandes, dessen Mitglied zu sein für den einzelnen von existentieller Wichtigkeit ist, können diesen ungleich härter treffen als die Sanktion »des Staates«. (Strafsanktion einige tausend DM, berufliche Sanktion, Ausschluß aus dem Verband, schwere Beeinträchtigung oder Vernichtung der beruflichen Existenz.) Es ist zu begrüßen, daß die neuere Rechtsprechung des BVerfG an die Geltung des »Standesrechts« als *Recht* strengere Anforderungen unter dem Gesichtspunkt des Gesetzesvorbehalts stellt.

Eine Bedrohung der *Informationsfreiheit* kann sich aus der ökonomischen Monopolstellung (oder monopolähnlichen Stellung) sogenannter Mediengiganten ergeben, wenn »Nachrichten« als Ware käuflich und verkäuflich sind. Ein schwaches Gegengewicht ist die »Grundversorgungs«-Theorie des Bundesverfassungsgerichts bezüglich der öffentlich-rechtlichen Rundfunkanstalten.

Die Wissenschaftsfreiheit wird beeinträchtigt, wenn versucht wird, die damit verbundene Äußerungsfreiheit je nach dem dem Wissenschaftler erteilten Lehrauftrag zu begrenzen. (Beispiele vor allem aus dem Bereich der Fachhochschullehre.) Indirekte Sanktionen, die nach außen hin nicht als Einschränkungen der Meinungsfreiheit deklariert werden, aber intern als solche wirken, sind vor allem über personalpolitische Maßnahmen erzielbar. (Nichtbeförderung, Stellenumsetzung, Abschiebung auf unwichtigen Posten, »Wegloben«. Schlagzeilen [FR 20. 7. 88]: »Unbequemer Kripo-Chef muß jetzt die Statistik führen / Sprecher der Arbeitsgemeinschaft Kritischer Polizisten nach Fernsehauftritt versetzt / Straf- und Disziplinarverfahren drohen«.)

Insgesamt ist eine erschreckende Intoleranz gegenüber »Quer-Denkern« und unkonventionellen Charakteren in allen Institutionen, staatlichen wie nichtstaatlichen, zu beobachten.

Verhängnisvoll, besonders im öffentlich-rechtlichen Rundfunkwesen, ist die Verwechslung von offenem Gruppenpluralismus mit personalpolitischem Parteienproporz. Die vielzitierte »Schere im Kopf« des Rundfunkjournalisten ist nicht nur ein individuelles Karrierewerkzeug, sondern auf die Dauer und in der Generalisierung auch ein Instrument der Gegenaufklärung.

Besonders schroff reagieren alle Subsysteme auf »Frontenwechsler« oder auch nur auf solche, die intersystemische Kommunikation außerhalb der institutionalisierten Pfade suchen und versuchen. Die Vorwürfe der »Nestbeschmutzung«, Häresie und Apostasie sind schnell zur Hand; an Stelle der Achtung fremder Meinung tritt ihre Ächtung.

4. Aussichten:

Nachhaltige Änderungen des gegenwärtigen Zustandes – der sich schon in manchem positiv von dem der fünfziger Jahre abhebt – sind nur von einem langwierigen, umfassenden Bewußtseinsbildungsprozeß zu erwarten. Positive Einflußfaktoren können sein: die akzelerierende wirtschaftliche und kulturelle Integration Europas, eine aktive Kulturpolitik auf allen Ebenen, die das wachsende Freizeit-Angebot sinnvoll nutzen läßt, eine Freihaltung und womöglich Erweiterung der Meinungsäußerungs-Spielräume durch »neutrale« Instanzen wie die Justiz, wo immer sich dazu »von Rechts wegen« Gelegenheit bietet. Vor allem müssen die Meinungsträger und Meinungsmacher selbst ihre verfassungsrechtlich gewährten Freiräume verteidigen lernen.

3.2 Ergebnisbericht
Berndt Netzer

1. Im Rahmen der Prüfung, ob sich Verfassungsauftrag und -wirklichkeit decken, erscheint eine Beschränkung auf das Thema »Freiheit der Meinung« als zu eng. Vielmehr sollten sämtliche Kommunikationsvorgänge unter dem Stichwort »Kommunikationsverfassung« in die Betrachtung einbezogen werden, also etwa: Presse- und Rundfunkfreiheit, Informationsfreiheit, Kunst- und Wissenschaftsfreiheit, Glaubens- und Gewissensfreiheit, Demonstrationsfreiheit, aber auch das Recht auf informationelle Selbstbestimmung.

2. Ein Durchgang durch die einschlägigen Bundesverfassungsgerichtsentscheidungen seit Gründung der Bundesrepublik erlaubt die Feststellung, daß sich das Bundesverfassungsgericht um die Entwicklung des Grundrechts der Freiheit der Meinung – im oben beschriebenen weiteren Sinne – verdient gemacht hat: sowohl, was den Charakter dieses Rechts als Individualrecht betrifft, als auch (und dies erscheint gleichrangig), was die Gemeinwesenfunktion des Rechts der Meinungsfreiheit angeht.

3. Bestimmte Grundrechte – etwa: Kunst- und Wissenschaftsfreiheit, Glaubens- und Gewissensfreiheit – sind

einer Einschränkung ohnehin nur durch gleichrangiges Verfassungsrecht, nicht also durch einfaches Recht zugänglich. Bei der Antwort auf die Frage nach der zulässigen Einschränkung des Rechts der freien Meinungsäußerung ist zu beachten:

– Unzulässig ist eine Einschränkung dergestalt, daß bestimmte Meinungsäußerungen bereits ihres Inhalts wegen von vornherein als nicht (grundrechts-)schutzwürdig angesehen werden.
– Vielmehr darf die Bewertung des Inhalts einer Meinungsäußerung allein im Rahmen der Prüfung erfolgen, ob im Einzelfall die allgemeinen Gesetze eine Schranke darstellen. Insoweit – also im Rahmen der Abwägung zwischen dem Recht der freien Meinungsäußerung und dem durch die allgemeinen Gesetze geschützten Recht – erscheint eine Bewertung der geäußerten Meinung zulässig und notwendig.

Eben diese Bewertung ist, wie sich anhand einschlägiger Entscheidungen des Bundesverfassungsgerichts aufzeigen läßt, seit den letzten 40 Jahren einem stetigen Wandel unterworfen, wobei sich eine das Recht der freien Meinungsäußerung ausweitende Tendenz erkennbar abzeichnet.

– Gewicht, Tragweite und Bedeutung einer Meinungsäußerung sollten im Rahmen der beschriebenen Abwägung erlaubtes Kriterium für die (Un-)Zulässigkeit einer Grundrechtseinschränkung sein.

4. Gefährdungen der Meinungsfreiheit

Wesentlich bedroht wird die Meinungsfreiheit durch den ständigen Druck des Staates und der Verbände auf allfällige Meinungsträger – auf Individuen wie auch auf die Medien.

Eine erkennbare Bedrohung liegt außerdem in zunehmenden Versuchen einer »Binnendisziplinierung« innerhalb von Organisationen. Dabei ist beispielhaft an die Disziplinierung der Hochschullehrer im Bereich der Meinungs- und Wissenschaftsfreiheit zu denken, an die Disziplinierung von Soldaten und Pfarrern, aber auch von Richtern. Bezeichnend ist hier das Verfahren gegen Lübecker Richter und Staatsanwälte, denen ein Verstoß gegen ihre Dienstpflichten vorgeworfen wurde, weil sie sich in einer Zeitungsanzeige unter Angabe ihrer Berufsbezeichnung gegen die Raketenstationierung ausgesprochen hatten. Das Ergebnis des Verfahrens (vgl. die Dokumentation in »Betrifft Justiz«, Heft 13/1988, 205 ff.) erscheint im Lichte des Grundrechts der Meinungsfreiheit nicht überzeugend.

Gefährdungen der Presse- und Rundfunkfreiheit ergeben sich durch

– Druck von außen (staatliche Organe, Parteien, Verbände) auf die Presse- und Rundfunkgremien wie auch auf einzelne Journalisten, zuweilen bereits im Vorfeld bestimmter Veröffentlichungen; »Programmbeobachter« in Staatskanzleien und Parteizentralen sind keine Ausnahme;

– Finanzierungseinfluß: Die Frage der Gebührenhoheit der Rundfunkanstalten verdient aus verfassungsrechtlicher Sicht besondere Aufmerksamkeit;

– Einflußnahme in Form personeller Verflechtungen: Der Personalaustausch zwischen staatlichen Stellen und Rundfunkanstalten findet seine – durchaus be-

denkliche – Parallele im Verhältnis zwischen Justizverwaltung und Rechtsprechung;
– eine hierarchische Struktur innerhalb der Medien.

5. Ausblick auf die weitere Entwicklung der Meinungsfreiheit
Im Bereich der Rundfunkfreiheit stellt die Zunahme des Privatfunks ein ernstes Problem dar. Die kommerzielle Ausrichtung des Privatfunks führt zu einer Abnahme der Informationssendungen zugunsten wirtschaftlich interessanterer Unterhaltungsprogramme. Für die öffentlich-rechtlichen Anstalten gilt es, diesem Zugzwang zu widerstehen und die Herausforderung, weiterhin Programme mit hohem Informationswert anzubieten, anzunehmen. Eine Verarmung an Informationssendungen, deren Bedeutung für Meinungsäußerung und -bildung unstrittig ist, stellt eine zentrale Gefahr für die Meinungsfreiheit und damit für die Demokratie überhaupt dar.
Abzuwarten bleibt, wie sich bevorstehende Entwicklungen innerhalb der Europäischen Gemeinschaft auf den (Grundrechts-)Bereich der Meinungsfreiheit auswirken. Eher optimistische Einschätzungen gehen davon aus, daß die weitere Öffnung der Grenzen auch den kommunikativen Austausch verstärken und zu einer Erweiterung der kulturellen Vielfalt, damit auch der Meinungsvielfalt führen wird. Demgegenüber werden Probleme gerade im Bereich der Rundfunkfreiheit aus dem sich vornehmlich auf europäischer Ebene abzeichnenden Kommerzialisierungsgedanken erwachsen.

4. Fairer Prozeß?*

Eberhard Wahle, Herbert Schmid, Axel Boetticher

1. Die Grundzüge des »fairen Verfahrens« am Beispiel des Strafverfahrens

Das Strafverfahren ist im Blick auf den Grundrechtsschutz des Bürgers am besten geeignet zu überprüfen, wie ein Verfahren zu gestalten ist, wenn der Staat im öffentlichen Interesse Straftaten aufklären und ahnden will und dabei gleichzeitig den legitimen Interessen des beschuldigten Bürgers angemessen Rechnung tragen muß.[1] Da grundsätzlich keiner der genannten Belange – das Interesse an Aufklärung und Ahndung von Straftaten einerseits, die Schutzinteressen des Beschuldigten andererseits – einen Vorrang hat, besteht ein Spannungsverhältnis, das jeweils unter Beachtung des Grundsatzes der Verhältnismäßigkeit durch Abwägung der widerstreitenden Interessen aufzulösen ist. Dabei ist insbesondere und vor allem zu berücksichtigen, daß das Gebot des fairen Verfahrens wie auch die anderen, vom Bundesverfassungsgericht aus dem Grundgesetz entwickelten Verfassungsgarantien[2] sichern sollen, daß der Beschuldigte nicht zum Objekt des staatlichen Verfahrens herabgewürdigt wird. Das Bundesverfassungsgericht hat in seiner Rechtsprechung seit 1969 die Entwicklung des Grundsatzes des fairen Verfahrens vorangetrieben, indem es der freiheitssichernden Funktion des Rechtsstaatsprinzips aus Art. 20 Abs. 3 GG auch im Verfahrensrecht immer mehr Beachtung verschafft hat.[3] Formell ist das Gebot des fairen Verfahrens als Generalklausel der verfassungsrechtlichen Anforderungen an das gerichtliche Verfahren zu verstehen, inhaltlich ist es Ausprägung der allgemein-rechtlichen Forderung nach Treu und Glauben im Rechtsverkehr.

2. Die Rolle des Richters bei der Gewährleistung des fairen Verfahrens

Allgemein bedeutet das Fairneß-Gebot, daß sich der Richter im Prozeß nicht widersprüchlich verhalten darf, um so nicht das Vertrauen der Beteiligten in eine erkennbar gewordene gerichtliche Einschätzung der Prozeßlage zu enttäuschen. Der Richter darf aus eigenen oder der Justizverwaltung zurechenbaren Fehlern oder Versäumnissen keine Verfahrensnachteile für die Beteiligten ableiten. Insbesondere muß die Rücksichtnahme gegenüber solchen Verfahrensbeteiligten in ihrer konkreten, oftmals ungewohnten Situation vor Gericht gewährleistet sein, gegen die im Strafverfahren der sogenannte staatliche Strafanspruch durchgesetzt werden soll.

2.1 Was bedeutet dies im Hinblick auf das Richterbild?
Das Grundgesetz hat in den Art. 92 und 97 allenfalls kurze Aussagen zur Stellung des Richters gemacht: »Die rechtsprechende Gewalt ist den Richtern anvertraut«, »die Richter sind unabhängig und nur dem Gesetz unterworfen.« Was das im einzelnen heißt, ist im Grundgesetz selbst nicht ausgeführt. Die verfassungsrechtliche

Kommentarliteratur spricht im wesentlichen vom rechtsgelehrten Richter, der durch die Einrichtung des Laienrichters ergänzt wird. Die Richtergesetze des Bundes und der Länder regeln vieles über seine formale Stellung und über seine Bindung an Recht und Gesetz; über die Anforderungen an seine Persönlichkeit und sein Verhältnis zum Bürger machen sie keine Aussagen.
Von zusätzlicher Bedeutung ist Art. 101 GG, wonach der Beschuldigte Anspruch auf den gesetzlichen Richter hat. Hier besteht jedoch die einschränkende Rechtsprechung des Bundesverfassungsgerichts, wonach gegen den Grundsatz des gesetzlichen Richters dann nicht verstoßen worden ist, wenn lediglich ein Verfahrensfehler, ein »error in procedendo«[4] begangen worden ist.
In Ergänzung dazu verlangt das Bundesverfassungsgericht als Reaktion auf die bitteren Erfahrungen mit Ausnahme- und Sondergerichten, daß nicht Richter vom Staat zur Durchsetzung politischer Zielsetzungen für bestimmte Verfahren »ausgesucht« werden.[5] In letzter Zeit waren der Presse Beispiele zu entnehmen, in denen angezweifelt worden ist, ob in bestimmten brisanten Fällen unter Umständen nicht doch Richter zu bestimmten Verfahren im Wege der Versetzung herangezogen worden sein können.[6]

2.2 Wie definiert sich der Richter?
Unbestritten ist die Justiz als dritte Staatsgewalt zur unabhängigen Kontrolle der beiden anderen Staatsgewalten berufen. Das bedeutet, daß der Richter die gesetzlichen Vorschriften im Lichte des Grundgesetzes zu überprüfen und anzuwenden hat. Umstritten ist jedoch,

inwieweit er im einzelnen Strafverfahren zu kontrollieren hat, ob der politische Gesetzgeber schon bei der Normsetzung richtig gehandelt hat. Der Spannungsbogen reicht von der rein positivistischen Anwendung der Norm bis zu blockierenden Richtern in Mutlangen, die auf diese Weise sowohl gegen die politische Entscheidung der Aufstellung atomarer Vernichtungswaffen als auch gegen deren Schutz durch allgemeine Strafnormen und gegen die Durchsetzung von Strafverfahren gegen Demonstranten protestieren.[7]

Sehr unterschiedlich, aber bedenkenswert sind Versuche einer Beschreibung des heutigen Richterbildes: Gibt es den »politischen Richter«? Ist derjenige der politische Richter, der sich dem »Zeitgeist« – was immer das sein mag – nicht verschließt? Ist der Richter, wie er sich heute darstellt, der demokratische Richter, da er sich im Gegensatz zu der historischen Erfahrung gegenüber der Verfassung nicht nur neutral verhält (oder sie gar ignoriert), sondern an ihrer Verwirklichung mitarbeitet? Wie ist derjenige Richter zu werten, der sich sensibel und engagiert auf den jeweiligen Fall eines jeden Beschuldigten einläßt? Allgemein wird Sensibilität als selbstverständliche Voraussetzung für den Beruf des Richters angesehen. Als Gegenteil erscheint jener Richter, der dem Beschuldigten als rein technokratischer Gesetzesanwender gegenübertritt. Eine Festlegung auf den Begriff des politischen Richters ist wenig hilfreich. Denn mit diesem Begriff ist insbesondere die – die Justiz in der Akzeptanz der Bürger unnötig belastende – Gefahr verbunden, daß der Richter in die Nähe des parteipolitisch gebundenen Richters gerückt wird. Weit besser geeignet erscheint der Begriff des »demokratischen Richters«, der die Rolle der Justiz im Rechts- und Sozialstaat erkennt und nicht nur die individuellen Wirkungen seiner Rechtsprechung, sondern auch die generellen Auswirkungen bedenkt.

3. Erwartungen derjenigen, die vor dem Richter stehen

Konkrete Erfahrungen von Beschuldigten können Betroffenheit auslösen, wenn über die Wirkungen von Strafverfahren und deren »Handhabung« durch Richter berichtet wird.
Etwa wenn sich ein Richter zunächst zwar durchaus bemüht, von einer aus der kirchlichen Friedensbewegung stammenden Beschuldigten deren Motive und Gründe für die Blockierung einer amerikanischen Militärbasis entgegenzunehmen und in Erwägung zu ziehen, die mündliche Urteilsbegründung und noch mehr die schriftlichen Urteilsgründe aber dann nur juristische Aussagen und Bewertungen des Meinungsstreits um die Auslegung von § 240 StGB enthalten, eines Meinungsstreits, der für die Betroffene nach dem Ablauf der Verhandlung und nach dem mitgeteilten Lebenssachverhalt schlechterdings unverständlich ist.[8] Zwar waren die vorgebrachten Motive in die Urteilsgründe aufgenommen, eine Abwägung innerhalb der Verwerflichkeitsklausel des § 240 StGB aber fand in einer für die Betroffene nachvollziehbaren Weise nicht mehr statt. Vielmehr wurde ausführlich dargetan, weshalb im vor-

liegenden Fall ein Freispruch aufgrund der Bindung an die Rechtsprechung des zuständigen Oberlandesgerichts aus prinzipiellen Erwägungen nicht möglich gewesen sei.

Gerade etwa an dem Fall des § 240 StGB stellt sich die Frage, ob der einzelne Richter hier und in vergleichbaren Fällen (wie zum Beispiel früher schon bei Verurteilungen von Wehrdienst- oder Totalverweigerern) an die zwar kaum noch durchschaubare, aber überwiegende Handhabung umstrittener Strafnormen absolut gebunden oder ob er ermächtigt ist, aufgrund seines Unbehagens gegenüber solchen Normen mit seiner Rechtsprechung etwas zu verändern, zumindest als Bürger auf die aus seiner Sicht nicht mehr vertretbare Gesetzesanwendung öffentlich hinzuweisen. Wenn ein Richter, der etwa die Norm des § 240 StGB auch nach der Entscheidung des Bundesverfassungsgerichts vom 11. November 1986[9] – selbst unter dem Gesichtspunkt, daß nunmehr der Erste Strafsenat des Bundesgerichtshofs nach eigener Meinung eine verbindliche Auslegung gegeben hat[10] – weiterhin für verfassungswidrig hält, so muß er sich entscheiden, wie er »damit umgeht«: Fühlt er sich an die BGH-Rechtsprechung gebunden? Kann er in diesem Fall freisprechen oder muß er erneut versuchen, im Wege des Vorlagebeschlusses nach Art. 100 GG das Bundesverfassungsgericht anzurufen?[11]

In diesen und vergleichbaren Fällen ist der Richter in seiner Entscheidung gefordert, sein Handeln definiert seine eigene Stellung innerhalb unserer Gesellschaft.

4. Inwieweit wirken sich aktuelle Sachzwänge auf das Verhalten des (Straf-)Richters aus?

Konkret gefragt: Sind den Grundsatz des fairen Verfahrens aufweichende oder sogar umgehende Strategien aus Gründen der Prozeßökonomie zu vertreten? Sind sie heute angesichts des Diktats der leeren Haushaltskassen schon an der Tagesordnung, und weiten sie sich möglicherweise noch aus? Von speziellem Interesse ist in diesem Zusammenhang die »Verständigung im Strafverfahren«[12], die in den letzten Jahren im Strafprozeß eine erhebliche Bedeutung erlangt und eine breite Diskussion entfacht hat.[13] »Vereinbarungen«, »Verständigungen«, bisweilen auch ein »Deal«[14] erfolgen – bisher wohl insbesondere in Wirtschaftsstraf- und Betäubungsmittelverfahren – etwa in der Weise, daß der Beschuldigte (meist über seinen Verteidiger) versucht, Absprachen mit dem Gericht und der Staatsanwaltschaft zu erreichen, um ein günstigeres Ergebnis zu erzielen. Der Beschuldigte oder der Verteidiger »bieten« eine Abkürzung des Verfahrens an, die nicht nur dem erkennenden Gericht, sondern unter Umständen auch der gesamten (örtlichen) Justiz personelle und finanzielle Erleichterung verschafft.
Bedenkenswert sind in diesem Zusammenhang die Erfahrungen aus dem amerikanischen Strafprozeßrecht mit dem sogenannten »plea-bargaining«, das freilich in einem ganz anderen Rechtssystem angesiedelt ist. Dort gibt es ziemlich genaue Regelungen, die dem Beschuldigten weitgehende Verläßlichkeit von Absprachen garantieren. Andererseits sind in jener Praxis sogar Verein-

barungen über die materiell-rechtliche Subsumtion (»swallowing the gun«) möglich. Derartige Dispositionen über den Verfahrensgegenstand, die üblicherweise zwischen Verteidigung und Staatsanwaltschaft unter Überwachung durch das Gericht »ausgehandelt« werden, sind mit dem von der richterlichen Aufklärungspflicht beherrschten deutschen Strafprozeß nicht zu vereinbaren.

Da dezidierte Regelungen in der Strafprozeßordnung fehlen, spielen sich »Vereinbarungen im Strafprozeß« nicht selten in einer Grauzone ab, die es aufzuhellen gilt. Dabei geht es nicht nur um die Frage der Justizförmigkeit solcher Verfahrensweisen, sondern es geht auch um das Problem, ob durch diese Art der Prozeßführung und Verfahrenserledigung das Grundrecht der Gleichheit (vor dem Gesetz) noch gewahrt ist. In der überwiegenden Zahl der Strafverfahren sind die Beschuldigten noch immer ohne Verteidiger, und in der Masse der Strafverfahren handelt es sich um kleinere Delikte, die regelmäßig leichter aufzuklären und abzuurteilen sind als die Taten in den großen und schwierigen Verfahren. Für die »alltäglichen« Fälle besteht deshalb selten Anlaß für einen »Deal«. Würde – bei schwierigen Sachlagen – die »Vereinbarung« zum allgemein üblichen, tolerierten Verhalten der Strafjustiz, könnte sich ergeben, daß diese Verfahrensweisen und die Strafen, die aufgrund einer solchen »Absprache« verhängt werden, als Maßstab des allgemeinen Strafverfahrens und als allgemeiner Maßstab der Strafzumessung angesehen werden. Es läßt sich – was häufig beklagt wird – feststellen, daß etwa in großen Wirtschaftsstrafverfahren die Sanktionen aufgrund

eines »Deals« einigermaßen glimpflich ausfallen, indem zum Beispiel als »Gegenleistung« für ein bereitwilliges Geständnis nur Verurteilungen mit Strafaussetzung zur Bewährung und Zahlung einer (erheblichen) Geldbuße ausgesprochen werden. Die zu beobachtende Bereitschaft der Justiz, in solchen Fällen häufig milde zu verfahren, hat bisher auf das allgemeine Strafgefüge in den »normalen« Strafverfahren nicht durchgeschlagen. (Man denke etwa an Beispiele, wie sie auch nach Abschaffung des früheren § 48 StGB nicht selten sind, in denen bei mehrfachem Rückfall der sprichwörtliche »kleine Ladendieb«, der zum x-ten Mal eine Flasche Schnaps entwendet hat, zu einer Freiheitsstrafe ohne Bewährung verurteilt wird.) Wenn die Praxis von »Vereinbarungen im Strafverfahren« zu einer Reduzierung des Strafgefüges führt, darf das keine singuläre Erscheinung in speziellen Kriminalitätsbereichen bleiben, sondern muß eine Veränderung des Strafgefüges auf breiter Front geschehen.
Die vielfältig geäußerten Bedenken gegen den »Deal« dürfen nicht mit den Bemühungen verwechselt werden, die von Verteidigern als unverzichtbarer Bestandteil der beruflichen Aufgabe im Strafverfahren betrachtet werden. Der Verteidiger muß in jedem Verfahrensstadium versuchen, die Belastungen des Mandanten durch das Verfahren möglichst zu minimieren, indem er mit der Staatsanwaltschaft und/oder dem Gericht Absprachen über den weiteren Gang und Inhalt des Verfahrens trifft, indem er zum Beispiel im Stadium des Ermittlungsverfahrens zu erreichen versucht, daß statt einer Anklage mit öffentlicher Hauptverhandlung das nichtöffentliche Strafbefehlsverfahren durchgeführt wird. Es erscheint

konsensfähig, daß zumindest derartige informelle Strategien[15] sich – trotz aller Diskussionen um die (zulässigen oder auch unzulässigen) Formen eines »Deals« – nicht ändern dürfen.

Besonders kritische Problemlagen in diesem Bereich bestehen, wenn es etwa darum geht, aus Gründen der Prozeßökonomie auf eine weitere Aufklärung des Anklagevorwurfs zu verzichten, indem ein Verfahren, das (beispielweise) auf 50 Verhandlungstage angesetzt worden ist, dadurch (auf wenige Verhandlungstage) abgekürzt wird, daß die Verfahrensbeteiligten unter der Bedingung eines mindestens »aktenplausiblen« Geständnisses des Beschuldigten eine bestimmte Sanktion »verabreden«. In solchen Fällen wird die Grauzone dadurch charakterisiert, daß das Gericht um den »Preis« der vorherigen »Zusage« einer für den Angeklagten einigermaßen akzeptablen Rechtsfolge das Verfahren erheblich abkürzen kann. Hier gilt es, die fließenden Grenzen weiterhin auszuloten, weil mit einer solchen Verfahrensqualität die Grenzen des Grundsatzes des fairen Prozesses nicht nur tangiert sind, sondern oft schon überschritten werden.

Das Bundesverfassungsgericht hat in dem Beschluß vom 27. Januar 1987[16] zwar die verfassungsrechtlichen Maßstäbe deutlich gemacht, über den konkreten Einzelfall hinaus jedoch keine ausreichende Klärung der Problematik geboten. Entsprechend dem Charakter einer Nichtannahme-Entscheidung des Bundesverfassungsgerichts enthält der Beschluß zwar gewisse Anhaltspunkte, aber keine präzisen Kriterien etwa zur Entscheidung der Frage, wann ein aufgrund eines »Deals«

zustande gekommenes Urteil wegen Verstoßes gegen das Fairneß-Gebot aufzuheben wäre.

Die bisherigen Diskussionen um das Thema[17] und die bisherigen Entscheidungen bedürfen ergänzender und vertiefender Überlegungen, vielleicht auch normativer Grundlagen, damit erwünschte und sinnvolle Verständigungen unter den Verfahrensbeteiligten nicht zu einem »Handel mit der Gerechtigkeit« verkommen.[18]

5. Sonstige mögliche Auswirkungen solcher Prozeßstrategien

Das aus dem Rechtsstaatsprinzip (Art. 20 Abs. 3 GG) entwickelte Gebot fairen Verfahrens ist gewissermaßen die »Kehrseite« des staatlichen Strafanspruchs. Daraus resultieren Problemstellungen, die mit einigen – mehr rhetorischen – Fragen verdeutlicht werden sollen: Wie problematisch ist es, wenn durch einen »Deal« Eingriffe in die Verwirklichung dieses Strafanspruchs erfolgen, weil Rücksichtnahme auf die »knappe Ressource Recht« notwendig erscheint? Wenn zum Beispiel auf die Geschäftsverteilung in der Weise Einfluß genommen wird, daß der »Deal« als übliche Erledigung vorausgesetzt und eine Wirtschaftsstrafkammer mit statt früher (zum Beispiel) drei Großverfahren nun mit jährlich 20 derartigen Verfahren personell und sächlich eingeplant wird? Hier ist der Grundsatz des fairen Verfahrens evident gefährdet, weil in besonderer Weise von außen auf die Verfahrensbeteiligten mancherlei Pressionen ausgeübt werden (können). Kann der Mangel an »Ressource Recht« unter

Umständen dazu führen, daß die Bereitschaft zum »Deal« zu einem generell relevanten Kriterium der Strafzumessung wird, mit der Folge, daß etwa nicht nur das Geständnis des Beschuldigten, sondern schon die Tatsache, daß der Beschuldigte zur »ökonomischen« Abkürzung des Verfahrens beigetragen hat, strafmildernd berücksichtigt wird?

6. Mögliche Konsequenzen

Deutlich ist, daß in den letzten Jahren die strafprozessualen Vorschriften in einer Vielzahl von Gesetzen geändert und viele Versuche unternommen worden sind, die Strafverfahren zu beschleunigen. Vielfach und zu Recht wird kritisiert, daß diese Gesetzesänderungen auf Kosten der Fairneß der Verfahren erfolgten und zu Einschränkungen der Verteidigungsrechte des Beschuldigten geführt haben.

Wäre es nicht an der Zeit, ernsthaft (auch) darüber nachzudenken, ob nicht die Tatbestände des materiellen Strafrechts einer (neuerlichen) »Bereinigung« bedürfen? Sollte der Gesetzgeber nicht veranlaßt werden, Verbrechenstatbestände zu Vergehen »herabzustufen«, um schon auf diese Weise manche Entlastungsmöglichkeit zu schaffen? Könnten nicht allgemeine Änderungen von Zuständigkeiten normiert werden, die jedenfalls geeignet wären, Verfahren zwar schneller, aber nicht notwendigerweise unfairer zu bearbeiten? Eine letzte Möglichkeit, die freilich mit großer Skepsis betrachtet wird, wäre der Verzicht auf gewisse Straftatbestände zumindest im unteren Bereich der Kriminalität. Die Diskussion um eine »Herabstufung« von Bagatelldelikten – wie Ladendiebstahl oder Beförderungserschleichung – berührt ein altes, aber nach wie vor aktuelles Thema.[19] Diskussionswürdig erscheint durchaus die Frage, inwieweit die in letzter Zeit die Justiz fast lähmenden Verfahren wegen »Sitzdemonstrationen« auch von seiten des Gesetzgebers zu einer Neubewertung zwingen: Der passive Sitzstreik könnte aus den Straftatbeständen des StGB »ausgegliedert« werden. Mit den freiwerdenden »Justizkapazitäten« könnte nicht zuletzt das Fairneß-Gebot jedenfalls in vielen anderen Verfahren mit schwererwiegendem Vorwurf (eher) gewährleistet werden.

7. Ausblick

Die rechtspolitischen Aspekte sehen – leider – anders aus. Der Gesetzentwurf der Bundesregierung vom 26. August 1988 (sogenanntes Artikelgesetz, mit der Absicht der Einführung einer Kronzeugenregelung in Terroristenverfahren)[20] zeigt, daß neue und weitere Straftatbestände eingeführt werden sollen. Nicht zum ersten Mal soll hier übrigens – trotz erheblicher Vorbehalte der überwiegenden Praxis – eine besonders problematische Form des »Deals« auf gesetzlicher Grundlage eingeführt werden. Bereits mit § 31 BtMG wurde ein solcher Versuch unternommen, wobei die Praxis gezeigt hat, daß die Erwartungen, die in diese Norm gesetzt worden waren, sich in keiner Weise erfüllt haben. Die geplante Kronzeugenregelung ist darüber hinaus mit zusätzlichen Bedenken belastet (nur als Beispiel: Versprechen der Strafmilderung gegenüber einem Täter, der zum Beispiel eines Mordes verdächtig ist). Die »Vermummung« soll von einer Ordnungswidrigkeit zu einem Vergehen »heraufgestuft« werden, wobei gleichzeitig – unter Durchbrechung des Legalitätsprinzips – aus polizeitaktischen Gründen der Polizei die Möglichkeit eröffnet werden soll, aufgrund eigener Machtbefugnis erst dann einzugreifen, wenn sie es aufgrund der gegebenen Umstände für opportun hält.

Generell ist die rechtspolitische Diskussion von der Erkenntnis begleitet, daß im Hinblick auf zu erwartende gesetzliche Neuregelungen[21] bei der Polizei allenthalben neue Stellen eingerichtet werden. Derartiges ist bei Staatsanwaltschaften und Gerichten in keiner Weise zu beobachten und wohl – leider – auch nicht zu erwarten. Diese sächlichen und personellen Divergenzen führen insgesamt zu einer gefährlichen Verlagerung strafprozessualer Befugnisse von der Staatsanwaltschaft auf die Polizei, die auch durch »Vorsprünge« im Datenmaterial (aufgrund weitgehender EDV-Vernetzung) und durch einen massiven Einsatz von V-Leuten und under-coveragents letztlich zu Lasten der Justizförmigkeit und Fairneß des Verfahrens immer mehr zum Herr des eigentlichen Strafverfahrens werden kann. Auswirkungen dieser Lage werden im Strafprozeß bereits jetzt sichtbar, wenn man sich etwa die Rechtsprechung zu den Beweisverwertungsverboten und zur Verwertung von Bekundungen nichtpräsenter Zeugen vergegenwärtigt.[22]

8. Forderungen

Angesichts dieser – zwangsläufig nur kursorisch angesprochenen – Sachverhalte und Entwicklungen ist zu fragen, ob dies für den »demokratischen Richter« nicht bedeuten muß, nicht nur – wie bereits in den letzten Jahren, aber auch weiterhin wohl vergeblich – neue Stellen zu fordern, sondern über die Berufsverbände und Gewerkschaften massiv dafür einzutreten, den »Bestand« an Strafnormen zu reduzieren statt ständig noch zu vermehren. Gerade angesichts von »40 Jahren Grundgesetz« könnte auf diese Weise die vielfach und berechtigterweise beklagte übermäßige Kriminalisierung einer Vielzahl von Bürgern gestoppt werden. Und die Justiz könnte ihrem Auftrag einer ebenso wirksamen wie fairen Verfolgung der wirklich sozialschädlichen Straftaten viel eher gerecht werden.

Anmerkungen:

* Für diesen Arbeitskreis war bewußt kein vorbereitetes »Thesenpapier« erstellt worden. Denn die Aspekte der »Fairneß« im Strafverfahren sind so vielfältig und vielschichtig, daß die Themen für eine Diskussion zwangsläufig begrenzt werden mußten. Ein »Thesenpapier« hätte zum einen – angesichts der beschränkten Zeit – ohnehin nicht in allen Bereichen behandelt werden können, hätte zum anderen von vornherein die Diskussionswünsche der Teilnehmer allzu sehr »eingeengt«.
  Die Teilnehmer haben sich auf eine Diskussion über die hier

angesprochenen Themenkreise verständigt, durchaus im Bewußtsein, daß damit ein allenfalls schmaler Ausschnitt aus dem breitgefächerten Gesamtkomplex angesprochen würde. Die zusammenfassende Darstellung der Diskussionen und Vorträge im Arbeitskreis hat Dr. Axel Boetticher erarbeitet.

1 Zum Fairneß-Gebot etwa im Zivil- und im Verwaltungsprozeß vgl. Tettinger, Fairneß und Waffengleichheit, Schriftenreihe der BRAK, Band 4, S. 36 ff., 42 ff.
2 Dazu sind zu zählen die Rechtsweggarantie (Art. 19 Abs. 4 GG), der Justizgewährungsanspruch (Art. 2 Abs. 1 i.V.m. Art. 20 Abs. 3 GG), der Anspruch auf den gesetzlichen Richter (Art. 101 GG), die »Waffengleichheit« im Prozeß (BVerfGE 52 S. 131 ff., 156 f.) sowie der Anspruch auf rechtliches Gehör (Art. 103 Abs. 1 GG). Vgl. insbesondere Niemöller/Schuppert, AöR 1982 S. 387 ff.; Niebler, Festschrift für Th. Kleinknecht, 1985, S. 299 ff.
3 BVerfGE 26 S. 66 ff., 71; ausführlich BVerfGE 57 S. 250 ff., 275 f.
4 »error in procedendo« seit BVerfGE 3 S. 359 ff., 364.
5 BVerfGE 30 S. 149 ff., 152; 48 S. 246 ff., 254.
6 Vgl. »Deutsches Allgemeines Sonntagsblatt« vom 29. 3. 1987, worin berichtet wird, daß sich »Freiwillige« auf Richter- und Staatsanwaltsstellen bei der Staatsanwaltschaft Amberg und dem Amtsgericht Schwandorf für drei bis sechs Monate abordnen lassen sollen, um Verfahren wegen Demonstrationen gegen die Wiederaufbereitungsanlage in Wackersdorf durchzuführen. Vgl. auch die Auseinandersetzung um die Befangenheit von Richtern des Bayerischen Verfassungsgerichtshofs, der über die Zulässigkeit eines Volksbegehrens zur Verhinderung der Wiederaufbereitungsanlage in Wackersdorf zu entscheiden hatte (»Süddeutsche Zeitung« vom 14. 6. 1987).
7 Vgl. Rudolph, DRiZ 1988 S. 131 f., Hager, NJW 1988 S. 1694; Beschluß der 3. Kammer des Zweiten Senats des Bundesverfassungsgerichts vom 6. 6. 1988 über politische Äußerungen von Richtern und Staatsanwälten in EuGRZ 1988 S. 327 f.
8 Bericht einer Betroffenen in der Arbeitsgruppe von ihrem Prozeß in Schwäbisch Gmünd; vgl. auch »Stuttgarter Zeitung«

vom 19. 7. 1988 (über eine Revisionsverhandlung gegen eine 73jährige Rentnerin vor dem OLG Stuttgart).
9 BVerfGE 73 S. 206 ff.
10 Beschluß vom 5. 5. 1988, StV 1988 S. 297 f.
11 Vgl. Ostendorf, StV 1988 S. 488 f. (Anm. zum Beschluß des BGH vom 5. 5. 1988).
12 So der Titel der Monographie von Schmidt-Hieber (1986).
13 Vgl. zuletzt umfassend (und mit vielen Nachweisen) Dencker/ Hamm, Der Vergleich im Strafprozeß, 1988.
14 Vgl. die (pseudonyme) Abhandlung von Detlev Deal, Rechtsanwalt aus Mauschelhausen, StV 1982 S. 545.
15 Dazu etwa Hassemer/Hippler, StV 1986 S. 360 ff.
16 Beschluß der 3. Kammer des Zweiten Senats (abgedruckt u. a. in wistra 1987 S. 134 f.).
17 Vgl. etwa den vom Justizministerium Baden-Württemberg herausgegebenen Tagungsbericht über das Symposium am 20./21. 11. 1986 in Triberg (»Absprachen im Strafprozeß – ein Handel mit der Gerechtigkeit?«).
18 Vgl. Friedrich Graf von Westphalen: »Wenn Justitia geleimt wird« in »Rheinischer Merkur/Christ und Welt« Nr. 8 vom 19. 2. 1988 über die Strafverfahren gegen Erlemann und Esch; Schueler, »Kuhhandel vor Gericht?« in »Die Zeit« vom 1. 5. 1987.
19 Vgl. Alternativ-Entwurf eines Gesetzes gegen Ladendiebstal (1974); dazu Schoreit, Arzt und Wolter, JZ 1976 S. 49 ff., 54 ff. und 469 ff.
20 Vgl. BTDrucks. 11/2834; Bericht über die Anhörung im Rechtsausschuß in Bonn vom 1. 12. 1988, wonach der Deutsche Richterbund, der Deutsche Anwaltverein, die Bundesrechtsanwaltskammer, aber auch hohe Polizeibeamte gravierende Bedenken gegen den gesamten Gesetzesentwurf angemeldet haben.
21 Dazu gehört auch der Referenten-Entwurf eines Strafverfahrensänderungsgesetzes 1988 (Stand 3. 11. 1988).
22 Vgl. statt vieler Pelchen in: Karlsruher Kommentar, StPO, 2. Aufl., Rz. 63 ff. vor § 48 StPO (mit weiteren Nachweisen).

5. Gleichheit vor dem Gesetz?

5.1 Texte, Thesen, Herausforderungen
Christoph Strecker

1. Texte:

Erklärung der Rechte des Menschen und des Bürgers, von der französischen Nationalversammlung verabschiedet am 26. 8. 1789.

Art. 1: Die Menschen werden frei und gleich in Rechten geboren; sie bleiben frei und in Rechten gleich. Gesellschaftliche Unterschiede können allein durch Rücksichten des Gemeinwohls begründet werden.

Art. 2: Das Ziel jeder politischen Gesellschaft ist, die natürlichen, unverjährbaren Rechte des Menschen zu wahren. Diese Rechte sind: die Freiheit, das Eigentum, die Sicherheit und der Widerstand gegen Bedrückung.

Art. 3: Der Grund und Anfang aller Souveränität ist im Volk. Keine Körperschaft und kein einzelner Mensch kann Staatsgewalt üben, die nicht ausgeprochenermaßen vom Volk herrührt.

Art. 4: Die Freiheit besteht darin, daß alles dasjenige, was keinem anderen schadet, jedem zu tun erlaubt ist. Also hat der Gebrauch der natürlichen Rechte eines jeden keine anderen Grenzen, als die ihm dadurch gezogen sind, daß den anderen Mitgliedern der Gesellschaft der Genuß dieser selben Rechte gesichert sein muß. Diese Grenzen können nur durch das Gesetz bestimmt sein.

Art. 6: Das Gesetz ist der Ausdruck des allgemeinen Willens. Alle Bürger haben das Recht, selbst oder durch ihre Vertreter an der Bildung dieses Willens teilzunehmen. Das Gesetz muß für alle gleich sein, es schütze oder strafe. Allen Bürgern stehen, da sie in seinen Augen gleich sind, die öffentlichen Würden, Stellen und Ämter gleichmäßig offen nach ihrer Fähigkeit und ohne anderen Unterschied als den ihrer Tugenden und ihrer Gaben.

Die Grundrechte des deutschen Volkes, Abschn. VI der Verfassung des Deutschen Reiches vom 28. 3. 1849
§ 137: Vor dem Gesetz gilt kein Unterschied der Stände. Der Adel als Stand ist aufgehoben. Alle Standesvorrechte sind abgeschafft. Die Deutschen sind vor dem Gesetz gleich ...

Verfassung der Deutschen Reiches vom 11. 8. 1918 (Weimarer Verfassung)
Art. 109: Alle Deutschen sind vor dem Gesetze gleich. Männer und Frauen haben grundsätzlich die selben staatsbürgerlichen Rechte und Pflichten. Öffentlichrechtliche Vorrechte oder Nachteile der Geburt oder des Standes sind aufzuheben ...

Grundgesetz der Bundesrepublik Deutschland vom 23. 5. 1949
Art. 3 (Gleichheit vor dem Gesetz):
1. Alle Menschen sind vor dem Gesetz gleich.
2. Männer und Frauen sind gleichberechtigt.
3. Niemand darf wegen seines Geschlechts, seiner Abstammung, seiner Rasse, seiner Sprache, seiner Heimat und Herkunft, seines Glaubens, seiner religiösen

oder politischen Anschauung benachteiligt oder bevorzugt werden.

2. Die Forderung nach Gleichheit ist in der Geschichte jeweils im Kampf gegen konkrete politische und gesellschaftliche Ungleichheiten – Privilegien, Diskriminierungen, Ausbeutungen, Unterdrückungen – erhoben worden. Sie hat sich demgemäß in ihrer Zielrichtung und ihrem Inhalt gewandelt.
In der Französischen Revolution brachte der Gleichheitssatz der am 26. 8. 1789 angenommenen Erklärung der Menschenrechte vornehmlich das Verlangen des ökonomisch erstarkenden Bürgertums nach politischer Teilhabe zum Ausdruck.
Der Kampf um die formelle Gleichberechtigung der Bürger zog sich von der Abschaffung der Sklaverei in den USA über die Abschaffung des preußischen Dreiklassenwahlrechts noch bis weit ins 20. Jahrhundert hinein.
In Südafrika herrscht noch heute offene Rassendiskriminierung, in der Schweiz haben die Frauen erst vor wenigen Jahren das allgemeine Wahlrecht erhalten.
In jüngerer Zeit hat sich in der Bundesrepublik Deutschland die Auseinandersetzung auf dem Gebiet der »Chancengleichheit« – zum Beispiel für politische Parteien – verlagert.
Neben den Kampf um die politischen Teilhaberrechte trat die Forderung nach sozialer Gleichheit, der Kampf gegen die Ausbeutung. Die in der Mitte des 19. Jahrhunderts erhobenen Forderungen nach gerechter Verteilung des erwirtschafteten Mehrwerts, nach sozialer Sicherheit und besseren Arbeitsbedingungen sind noch heute

– mit gewandeltem Inhalt – Gegenstand der gesellschaftlichen Verteilungskämpfe.

In den letzten Jahrzehnten ist in der Bundesrepublik Deutschland auch die Forderung nach sozialer Gleichheit zunehmend unter dem Begriff »Chancengleichheit« thematisiert worden – von der Forderung nach Chancengleichheit im Bildungswesen über die Chancengleichheit vor Gericht bis hin zu den kriminologischen Theorien, die abweichendes Verhalten weitgehend als das Ergebnis negativer Chancenzuweisung beschreiben und erklären.

Eine besondere Betrachtung verdient die Auseinandersetzung um die Gleichberechtigung der Frauen:
Um ihr Recht auf politische Teilhabe ging es beim Kampf um das Wahlrecht für Frauen und geht es heute bei der Diskussion um Quotenregelungen in den öffentlichen Funktionen und der politischen Repräsentation.

Die soziale Gleichstellung der Frauen im Arbeitsleben ist noch längst nicht verwirklicht, Schritte auf diesem Wege sind die erst im Jahr 1980 in das BGB eingefügten §§ 611a und 612 Abs. 3, die eine Diskriminierung der Frauen verbieten.

Eine emanzipatorische Veränderung des Rollenverständnisses in Ehe und Familie zeigt sich in der Entwicklung der familienrechtlichen Vorschriften über die Rechte und Pflichten der Ehepartner, ihre vermögensrechtliche Beziehung und das Unterhaltsrecht.

3. Gleich und ungleich sind die Dinge nicht an sich, sondern jeweils nur in bezug auf einen Vergleichsmaßstab. Mit der Weiterentwicklung der ökonomischen, gesell-

schaftlichen und politischen Verhältnisse verändern sich auch die jeweiligen Ungleichheiten und damit der konkrete Inhalt des aufklärerischen, emanzipatorischen Gleichheitsgebots. Kriterien, die bisher eine Differenzierung rechtfertigten, werden als diskriminierend in Frage gestellt; Unterscheidungen werden gefordert, die bisher irrelevant schienen.

Diese Erkenntnis findet in der Rechtsprechung des Bundesverfassungsgerichts ihren Niederschlag im Willkürverbot. Es präzisiert den Satz, daß Gleiches gleich und Ungleiches ungleich zu behandeln sei, dahingehend, daß eine unterschiedliche Behandlung unzulässig ist, wenn sie nicht vom Regelungszweck des Gesetzes her gerechtfertigt und im übrigen mit der Wertordnung des Grundgesetzes vereinbar ist.

Der Gleichheitssatz des Art. 3 Grundgesetz eröffnet die Möglichkeit, jeweils neuen Formen von Ungleichheiten, Privilegien, Diskriminierungen mit Antworten zu begegnen, die ihre Überzeugungskraft aus der Wertordnung des Grundgesetzes und seiner Offenheit für Weiterentwicklungen beziehen.

4. Die Frage, was es nun 40 Jahre nach dem Inkrafttreten des Grundgesetzes mit der Gleichheit vor dem Gesetz auf sich habe, kann in zwei Richtungen gestellt werden:
Wir können den Blick in die Vergangenheit richten und fragen, wie die Rechtsprechung in den vergangenen Jahrzehnten mit den Konflikten umgegangen ist, die etwas mit Gleichberechtigung zu tun haben.
Wir können auch den Blick in die Zukunft richten. Wenn wir das Grundgesetz als Auftrag begreifen, so stellt sich

immer wieder neu die Frage: Gibt es in unserer Zeit, unter den derzeitigen materiellen Verhältnissen strukturelle Ungerechtigkeiten? Gibt es Privilegien, gibt es Diskriminierungen?

Das Recht, die Rechtsprechung muß sensibel sein für neue Emanzipationsbedürfnisse und wachsam sein gegenüber den Gefahren für das Erreichte. Die Inhaber politischer, ökonomischer, gesellschaftlicher Machtpositionen werden emanzipatorische Entwicklungen als Bedrohung ansehen und versuchen, sie abzuwehren. Daraus ergeben sich dauernd neue Gefährdungen und Einschränkungen der Gleichheit.

5. An Herausforderungen und Aufgaben für die Rechtsprechung mangelt es nicht:

Jedem Juristen, jeder Juristin in der Justiz, der Anwaltschaft, im Wirtschaftsleben, der Verwaltung und der Wissenschaft werden Beispiele geläufig sein, die die vorangegangenen abstrakten Feststellungen mit Leben füllen. Hier sollen als Anstoß für die weitere Beschäftigung mit der Frage nach der Gleichheit vor dem Gesetz nur einige wenige exemplarische Problemfelder skizziert werden:

Die Frage nach der politischen Teilhabe stellt sich heute anders als vor 40 Jahren.

Das allgemeine Wahlrecht war nach Abschaffung des Dreiklassenwahlrechts und Einführung des Wahlrechts für Frauen kein Thema mehr. Heute ist es wieder eines geworden: Können und wollen wir Millionen ausländischer Mitbürger auf Dauer von jeglicher Mitwirkung an der auch sie betreffenden Willensbildung ausschließen?

Ist die Staatszugehörigkeit – noch – ein Kriterium, das es rechtfertigt, ihnen sogar das Kommunalwahlrecht zu versagen?
Als unsere Republik, unsere Demokratie noch jung war, wurden zwei politische Parteien – zunächst die SRP, dann die KPD – von der politischen Mitwirkung ausgeschlossen. Die Frage der Gleichheit stellte sich hier nicht, weil Art. 21 Abs. 2 GG die Verfassungswidrigkeit der Ziele ausdrücklich als Differenzierungskriterium vorsieht.
Mittlerweile ist es mit dem Segen des Bundesverfassungsgerichts möglich, für Teile der Bevölkerung – ohne das in Art. 21 Abs. 2 vorgesehene, dem Bundesverfassungsgericht vorbehaltene Verfahren – die Möglichkeiten politischer Mitwirkung zumindest erheblich einzuschränken:
Die Bundestagsfraktion der »Grünen« durfte von der Mitwirkung an der parlamentarischen Kontrolle der Geheimdienste ausgeschlossen werden. Die Angst der Mehrheit des Parlaments vor grundlegender Kritik wurde in die Befürchtung umformuliert, die Abgeordneten der Grünen würden ihre Pflicht zur Verschwiegenheit verletzen. Die Mitwirkungsrechte von Minderheiten im Parlament stehen seither unter dem Vorbehalt, daß die Parlamentsmehrheit ihnen nicht mißtraut.
Mißtrauen als Diskriminierungsgrund begegnet uns auch im Bereich des sogenannten Radikalen-Erlasses. Nach Art. 33 Abs. 2 GG ist für die Zulassung zu öffentlichen Ämtern die Eignung ein zulässiges Abgrenzungskriterium, dessen Beachtung den Gleichheitssatz nicht verletzt. Zu den Eigenschaften, die einen Bewerber

ungeeignet erscheinen lassen, gehört nach derzeit herrschender Rechtsprechung auch der Umstand, daß ihm – zum Beispiel weil er sich von einer mißliebigen politischen Richtung, der er zugerechnet wird, nicht distanziert – mißtraut wird. Hierfür hat man den in der Verfassung nicht vorgesehenen Begriff des »Verfassungsfeindes« geschaffen. Die Auswirkungen des Radikalen-Erlasses reichen mittlerweile bis weit in die Privatwirtschaft hinein; es ist durchaus berechtigt, von »Berufsverboten« zu sprechen.

Grundlegende Entscheidungen, die das Wohl der Allgemeinheit berühren, verlagern sich zunehmend aus dem parlamentarischen Bereich, in dem eine demokratische Willensbildung und Kontrolle stattfinden sollte, in den Bereich der allenfalls von Behörden unzureichend kontrollierten Privatwirtschaft. Bestehende und geplante Industrieanlagen gefährden die Umwelt und die Lebensgrundlagen der Menschen. Deren Interessen werden von der Rechtsordnung oft nur unzureichend abgebildet und geschützt. Wenn den Bedrohungen häufig nur ein Eigentümer eines »Sperrgrundstücks« mit einer individualrechtlichen Abwehrklage entgegentreten kann, so sind bei den ökonomischen Machtverhältnissen zum einen die realen Chancen der Parteien beängstigend ungleich; zum anderen zeigt sich, wie inadäquat sich die Rechtsordnung zu den Problemen verhält, wenn die große Zahl der von einer Entscheidung Betroffenen faktisch von nahezu jeder Mitwirkung ausgeschlossen ist.

Soll der im Gleichheitssatz enthaltenen Forderung nach politischer Teilhabe in unserer Zeit Geltung verschafft werden, so wird erneut über das Ausmaß der Sozialbindung des Eigentums nach Art. 14 Abs. 2 GG nachgedacht werden müssen und auch über die in Art. 15 GG vorgesehene Möglichkeit, Grund und Boden, Naturschätze und Produktionsmittel in Gemeineigentum zu überführen und ihre Nutzung damit einer effektiveren demokratischen Kontrolle zugänglich zu machen.

Die Forderung nach sozialer Gleichheit wird in einem prosperierenden Staat wie der Bundesrepublik vielleicht nicht so laut zu hören sein wie in anderen Weltgegenden; aber das bedeutet nicht, daß wir uns damit beruhigen könnten.
Unterprivilegierte gibt es reichlich und zunehmend in unserer Gesellschaft: Arme, Obdachlose, Flüchtlinge aus der Dritten Welt. Sie haben keine effektive Interessenvertretung und sind oft auch nicht in der Lage, ihre Interessen rechtsförmig geltend zu machen, zumal die Rechtsordnung für viele ihrer Bedürfnisse keine geeigneten Anspruchsgrundlagen bereithält. Hier sind Sensibilität, Phantasie und Kreativität der Juristen besonders gefragt. Welches auch immer die Wege sein mögen, die zu suchen und zu beschreiben sind: Jedenfalls sind Armut und Elend nicht mit einer Rechtsordnung vereinbar, die auf Menschenwürde, freie Entfaltung der Persönlichkeit und Gleichheit verpflichtet ist.
Das Risiko der Kriminalisierung ist ungleich verteilt. Kriminalität wird – unter anderem – dadurch geschaffen oder auch vermieden, daß bestimmte Verhaltensweisen unter Strafe gestellt werden, andere nicht. Der Oberschicht stehen weit mehr Formen der Artikulation von Bedürfnissen, der Durchsetzung von Interessen zu Ge-

bote als den unteren Bevölkerungsschichten. Die Formen, in denen letztere ihren Willen und ihre Interessen durchzusetzen versuchen, sind zu einem weit größeren Teil mit Strafe bedroht als sozialschädliche Verhaltensweisen der Reichen und Gebildeten. Es kommt hinzu, daß die Sanktionen für abweichendes Verhalten durch selektive Verfolgung und Ahndung schichtenspezifisch ungleich verteilt sind.

Auch in manchen zivil- und arbeitsrechtlichen Bereichen sind die Chancen einer effektiven Wahrung und Durchsetzung von Interessen ungleich verteilt.

Rein ökonomische Interessen – wie die des Unternehmers, des Vermieters – können nach der Rechtsordnung adäquat durchgesetzt werden in Form von Forderungen und anderen Ansprüchen auf Leistung und Unterlassung. Komplexe und differenzierte soziale Interessen – wie die des Arbeitnehmers, des Mieters – werden durch die vom Gesetz vorgesehenen Rechte oft nicht adäquat abgebildet. Bei der Transformation in Geldforderungen geht viel von ihrem eigentlichen Gehalt verloren, von einem ökonomischen oder sozialen Lebensraum bleibt oft nicht mehr übrig als eine Geldabfindung.

Trotz einer umfangreichen Gesetzgebung und Rechtsprechung zum Verbraucherschutz bleiben auch die Chancen der Rechtsdurchsetzung vor Gericht ungleich verteilt, wenn nicht die Gerichte – was vielfach geschieht – ausgleichend eingreifen. Angesichts der im Zivilprozeß geltenden Dispositions- und Parteimaxime hängen die Chancen der Rechtsdurchsetzung unter anderem von der – vor allem zwischen Viel- und Einmal-Prozessierern – ungleich verteilten Handlungskompetenz der Prozeßparteien ab. Im sozialen Rechtsstaat ist es daher im Rahmen eines »sozialen Zivilprozesses« geboten, durch kompensatorische Wahrnehmung der Hinweis- und Aufklärungspflichten die von der Zivilprozeßordnung vorausgesetzte Waffengleichheit der als gleich durchsetzungsfähig gedachten Parteien herzustellen.

Die Gleichberechtigung der Frau in Ehe und Familie ist noch längst nicht verwirklicht und stets aufs neue gefährdet:

Trotz des Versorgungsausgleichs und eines umfassenden Katalogs von Unterhaltsansprüchen ist es noch immer die Frau, die bei der Auflösung einer Ehe den größeren Teil der Lasten trägt, wenn sie Kinder geboren und im Hinblick darauf ihre Berufstätigkeit eingeschränkt oder aufgegeben hat. Jeder Unterhaltsanspruch findet seine Grenze an der Leistungsfähigkeit des Unterhaltspflichtigen. Für eine angemessene Altersversorgung, die der des Mannes entspricht, reichen die verfügbaren Mittel in aller Regel nicht – ganz abgesehen davon, daß die Rechtsprechung den Vorsorgeunterhalt für die Frau in jedem Fall geringer bemißt als die dem Mann für seine Altersversorgung zugestandenen Aufwendungen.

Abhilfe könnte die Rechtsprechung nur in wenigen Fällen ausreichender Leistungsfähigkeit schaffen; wahre Gleichheit der Lebenschancen hingegen wäre nur über eine eigenständige Altersversorgung der Frau zu erreichen. Sie müßte von der Allgemeinheit in gleicher Weise gewährleistet werden, wie auch anderweitig Opfer für die Allgemeinheit – zum Beispiel der Wehrdienst – honoriert werden.

Einen ersten Schritt in dieser Richtung stellen das Erziehungsgeld und die in der gesetzlichen Rentenversicherung eingeführten Erziehungszeiten – je ein Jahr für ein Kind – dar. Konsequenterweise ist zu fordern, daß diese Regelung auf die gesamte Zeit ausgedehnt werden muß, in der eine Frau durch die Betreuung von Kindern an einer Berufstätigkeit gehindert ist.

Einen Sieg der Männer bei der Rückeroberung verlorengegangener Herrschaft über die Frauen stellt die Rechtsprechung zur Verwirklichung von Unterhaltsansprüchen dar. Wenn die Frau sich einem anderen Partner zuwendet, so soll der Mann von seiner als grob und unbillig empfundenen Unterhaltspflicht ganz oder wenigstens teilweise befreit werden. Die Details der Abgrenzung können hier vernachlässigt werden. Jedenfalls wird die Beziehung zwischen den Partnern asymmetrisch gestaltet: Während die – auf Unterhalt angewiesene – Frau ein bestimmtes Verhalten mit einer Unterhaltseinbuße bezahlen muß, bleibt ein gleichartiges Verhalten des – tendenziell unterhaltspflichtigen – Mannes ohne jegliche Sanktion. Das ist das Gegenteil von Gleichheit vor dem Gesetz.

6. In dieser Darstellung werden gelegentlich Zustände kritisiert, die von der Rechtsprechung toleriert oder geschaffen werden. Wenn die Rechtsprechung einen Mißstand akzeptiert, so besagt das allenfalls etwas über die Rechtswirklichkeit; es ändert aber nichts am Auftrag des Grundgesetzes.

Übrigens: Vielleicht kann die Frage nach der Gleichheit vor dem Gesetz gar nicht ohne Einbeziehung der Justiz, die sie verwirklichen soll, angemessen erörtert werden.

Können in einer hierarchisch gegliederten Justiz der Geist, die Gesinnung gedeihen, die es braucht, um Freiheit und Gleichheit zu entfalten?

5.2 Das verfassungsrechtliche Fundament
Rüdiger Zuck

1. Welchen Stellenwert hat der Gleichheitssatz?
Wir müssen sehen: Wenn wir insbesondere faktische Gleichheit zu Ende denken, gerät die Freiheit in Gefahr. Freiheit und Gleichheit stehen deshalb nicht in prästabilierter Harmonie. Es fehlt nicht an Versuchung, Kollisionen durch Vorrang-Regeln zu beseitigen. Exemplarisch sei auf Nozick und Dworkin verwiesen. Nozick (»Anarchie – Utopie – Staat«) geht von Präponderanz eines allgemeinen Freiheitsrechts als Grundmodell für das Verhältnis von Bürger und Staat aus. Dworkin verwirft das. Im Anschluß an Rawls' Theorie der Gerechtigkeit fordert er »equal respect and concern« (gleiche Achtung und Zuwendung) des Staates gegenüber seinen Bürgern. Nur so würden »Bürgerrechte ernst genommen«. Demgegenüber könne es kein allgemeines, unbenanntes Freiheitsrecht geben, sondern nur konkrete, bereichsumschreibende Freiheiten wie zum Beispiel die Meinungsfreiheiten.
Es spricht viel dafür, daß wir vom Zeitalter der Freiheit in das Zeitalter der Gleichheit gelangen.

2. Welche Möglichkeiten bietet das Grundgesetz?
Jede Verfassung enthält eine politische und eine rechtli-

che Grundentscheidung. Politische Grundentscheidungen wandeln sich in der Zeit; sie können und sollen auch verwandelt werden. Insoweit ist eine Verfassung immer lebendig. Die rechtliche Grundentscheidung ist nicht auf den gleichen einfachen Nenner zu bringen. Wir müssen – methodisch – von einer Dreiteilung ausgehen: Die »Zielsetzungen« sind der politischen Grundentscheidung zuzurechnen; sie dürfen nicht in die rechtlichen Vorgaben interpoliert werden. Im Rechtskorpus entscheiden wir dagegen zwischen »Regeln« und »Prinzipien«. Regeln sind nach dem »Ja-Nein-Schema« aufgebaut. Sie erlauben infolgedessen klare und eindeutige Antworten. Prinzipien werden von mehreren, meist antagonistischen Maßstäben beherrscht. Wer ein Prinzip anwendet, muß deshalb werten, vorziehen und zurücksetzen. Eine offene Frage ist es, ob dabei Freiräume verbleiben, die nur eine Willens-, aber keine gebundene Entscheidung mehr erlauben, oder ob es auch bei der Anwendung von Prinzipien auf schwierige Fälle (»hard cases«) eine eindeutige Entscheidung gibt. Wenn nur Regeln eindeutige Antworten geben, dann ist das Grundgesetz sehr enthaltsam. Im Rahmen von Prinzipien finden wir nur Möglichkeiten. Das führt zu zwei Schlußfolgerungen, die auch bei der Diskussion des Gleichheitssatzes von ausschlaggebender Bedeutung sind: Wir müssen, wenn wir uns auf das Grundgesetz berufen, untersuchen, ob wir uns auf eine Regel oder auf ein Prinzip berufen. Wir werden herausfinden, daß wir es meist mit einem Prinzip zu tun haben, daß das Grundgesetz also eine Lösung nicht mehr erzwingt, sondern in den durch das Prinzip gezogenen Grenzen nur ermöglicht. Das kann man als rechtliche Schwäche, aber auch als zeitgenössische Chance deuten. Auf der Verkennung dieser Unterscheidung beruhen die meisten Irrtümer im Umgang mit dem Grundgesetz, inbesondere auch der Versuch, den offenen Diskurs vorzeitig durch Rechtsanwendung zu ersetzen.

3. Welche Funktionen hat der allgemeine Gleichheitssatz?

Wir unterscheiden zwischen formaler und materieller Gleichheit. Der formale Gleichheitssatz ist Rechtsanwendungsgleichheit. Sie gilt für Verwaltung und Rechtsprechung. Materielle Gleichheit verwirklicht sich in der Gleichheitsbindung des Gesetzgebers. Erst dessen Bindung durch das Grundgesetz hat die Beschäftigung mit dem materiellen Gleichheitssatz fruchtbar und notwendig gemacht.

Materielle Gleichheit wird seit langem als Willkürverbot verstanden. Es ist verboten, willkürlich Gleiches ungleich und Ungleiches gleich zu behandeln. Es obliegt dabei dem Betroffenen, die gesetzgeberische Willkür zu belegen. Die Renaissance des Gleichheitssatzes hat seit 1980 zu einer Umkehr der Gewichte geführt. Der Gleichheitssatz ist danach verletzt, »wenn eine Gruppe von Normadressaten im Vergleich zu anderen Normadressaten anders behandelt wird, obwohl keine Unterschiede von solcher Art und solchem Gewicht bestehen, daß sie die ungleiche Behandlung rechtfertigen könnten«.

Nach der Bestimmung der zu vergleichenden Gruppen (und ihrer unterschiedlichen Behandlung) sind die Unterschiede nach »Art und Gewicht« zu beurteilen. Es obliegt nunmehr dem Gesetzgeber, auf dieser Basis seine Normen zu rechtfertigen. Damit hält das Prinzip der Verhältnismäßigkeit auch Einzug in den Gleichheitssatz. Man sollte sich die Anwendung des Gleichheitssatzes dennoch weder als einfach noch als eine schematische Differenzrechnung vorstellen. Vorrangig bleibt nämlich immer noch die Klärung des Vergleichsmaßstabes, von dem aus überhaupt erst Gruppen gebildet, Unterschiede festgestellt und diese bewertet werden können. Da in vielen Fällen der Vergleichsmaßstab von allgemeinen Zielsetzungen abhängt, gerät der Gleichheitssatz leicht in die Nähe politischer Entscheidungen und allgemeiner Gerechtigkeitspostulate. Es wird aber auch deutlich, daß die Anwendung des allgemeinen Gleichheitssatzes in großem Umfang die Anwendung eines Prinzips und nicht einer Regel darstellt.

5.3 Ergebnisbericht
Armin Nack

Zum verfassungsrechtlichen Bestand des Gleichheitssatzes: »*Alle Menschen sind vor dem Gesetz gleich.*« (Art. 3 Abs. 1 GG)
Bei der Diskussion im Arbeitskreis kristallisierten sich drei Schwerpunkte heraus:
1. Die politische Dimension des Gleichheitssatzes,
2. Forderungen an den Gesetzgeber und das Bundesverfassungsgericht (BVerfG),
3. Forderungen an Richter, Rechtsanwälte und Staatsanwälte.

1. Die politische Dimension des Gleichheitssatzes

Waffengleichheit
Wie steht es mit der Waffengleichheit, wenn der Bürger gegen den Staat klagt? Etwa die Bäuerin, die in Bayern gegen die Errichtung eines Kernkraftwerkes klagt, oder der Waldbesitzer, der in Baden-Württemberg Schadenersatz wegen des Waldsterbens verlangt. Hier steht der einzelne hochqualifizierten Verwaltungsjuristen mit großen fachlichen und finanziellen Ressourcen gegenüber. Ein denkbarer Lösungsansatz wäre die Ausweitung der Verbandsklage.

Politische Teilhabe und Legitimation
Nachdenkenswert erscheint, wie man partizipatorische Elemente ausbauen kann, etwa durch Abstimmungen und Volksentscheide. Die Geltung des Mehrheitsprinzips ist unbestritten. Dabei sollte aber nicht verkannt werden, daß finanzkräftige Gruppen es schaffen, ihre Interessen – die Minderheiteninteressen und gegen die Interessen der Mehrheit gerichtet sind – durchzusetzen, und dabei die Mehrheit so weit überreden können, daß sie selbst glaubt, eben dies liege in ihrem eigenen Interesse.

Rechtliche Lösungen »tun« es nicht immer
Juristen neigen dazu, Lösungen auch für ein nichtrechtliches Problem nur auf rechtlichem Gebiet zu suchen. Dabei ist es häufig effizienter, sich im jeweiligen Problemfeld selbst um Lösungen zu bemühen. Wenn es etwa um die Frage des »richtigen« Standorts einer weiteren Mülldeponie geht, wäre es lohnender, darüber nach-

zudenken, wie man den Anfall von Müll reduzieren kann.

2. Forderungen an den Gesetzgeber und das BVerfG
Der Arbeitskreis ist der Meinung, daß sich Gesetzgeber und BVerfG (angesprochen ist vor allem der Zweite Senat) unter dem Gesichtspunkt des Gleichheitssatzes folgender Probleme annehmen sollten:

Ausländerwahlrecht
Der entscheidende Terminus »Volk«, den das Grundgesetz an mehreren Stellen erwähnt – zum Beispiel Art. 38 Abs. 1 GG, wonach »die Abgeordneten des Deutschen Bundestags... Vertreter des ganzen Volkes« sind –, bedeutet nach Auffassung der Mehrheit des Arbeitskreises nicht, daß damit immer ausschließlich deutsche Staatsangehörige gemeint sind. Bei Kommunalwahlen etwa können unter »Volk« auch ausländische Mitbürger verstanden werden. Die Frage des Ausländerwahlrechts hat aber auch einen gewissen Symbolcharakter; letzlich geht es um mehr: die Frage der sozialen Gleichheit.

Extremisten-Erlaß
Art. 3 Abs. 3 GG bestimmt, daß niemand wegen seiner politischen Anschauungen benachteiligt werden darf. Dagegen verstößt der Extremisten-Erlaß; hier ist das Grundgesetz noch nicht erfüllt. Nach Meinung des Arbeitskreises kann der Erlaß nicht damit gerechtfertigt werden, daß insoweit Art. 33 Abs. 2 GG als lex specialis herangezogen wird. Vom Beamten darf eine Treuepflicht verlangt werden; Anforderungen wie die, daß er sich im Staat »wohl fühlen« soll, sind aber überzogen.

Keine 2-Klassen-Abgeordneten
Gegen den Gleichheitssatz verstößt die Begründung einer unterschiedlichen Rechtsstellung von Abgeordneten, wie sie das BVerfG bei der Kontrolle der Geheimdienste hinsichtlich der Abgeordneten der GRÜNEN vorgenommen hat.

Rechtliches Gehör für die Nachrüstungs-Gegner
Der Arbeitskreis kritisiert die Behandlung der Klagen gegen die Nachrüstung durch das Bundesverfassungsgericht – vor allem, daß das Gericht es abgelehnt hat, sich überhaupt mit dem Vortrag, die Nachrüstung bedrohe das Leben, zu befassen.

Weitere Bereiche
Wichtige andere Bereiche seien nur als Stichworte erwähnt: die Ämterpatronage und vor allem das Steuerrecht, bei dem der Gleichheitssatz essentiell ist.

3. Forderungen an Richter, Rechtsanwälte und Staatsanwälte
Der Arbeitskreis hat sich schließlich mit der Frage befaßt, was Justizjuristen und Rechtsanwälte selbst im je eigenen Tätigkeitsbereich dazu betragen können, den Gleichheitssatz zu verwirklichen.

Faktische Chancengleichheit
Im Bereich des Verfahrensrechts sollte der Richter bemüht sein, durch eine kompensatorische Verhandlungsführung auf eine wirkliche Chancengleichheit der Parteien hinzuwirken.
Erwähnt seien nur das Rechtsgepräch mit den Parteien

und eine großzügigere Handhabung der Zulässigkeitsvoraussetzungen der Verbandsklage bei den Verwaltungsgerichten.
Mehr Chancengleichheit läßt sich auch im materiellen Recht herstellen, etwa bei der Begründung von Aufklärungspflichten für fachlich überlegene Parteien (Vorbild: Arzthaftung) und bei Beweiserleicherungen, vor allem im Umwelthaftungsrecht.

Strafsachen
Die Verfolgung von Strafsachen konzentriert sich zu stark auf die Delinquenz der Unterschicht. Dringend geboten wäre eine gleich starke Verfolgungsintensität bei Wirtschaftsstrafsachen und Steuerhinterziehungen (der jährliche Schaden bei Diebstahls- und Raubdelikten beträgt 4 Mrd. DM; bei Wirtschaftsstrafsachen nach vorsichtigen Schätzungen mehr als 50 Mrd. DM), bei Umweltdelikten, aber auch bei Falschaussagen vor Untersuchungsausschüssen. Eine Ungleichbehandlung ist auch bei Verfahrensabsprachen und bei der Einstellungspraxis – die vor allem finanzkräftigen Beschuldigten zugute kommen – zu kritisieren.

Struktur-Änderungen in der Justiz
Hierarchische Strukturen – insbesondere der Einfluß der Erledigungsstatistik auf die Beförderung – und Karrieredenken führen nicht selten dazu, daß vor Gericht Konflikte nur noch formell gelöst werden, so daß das Vertrauen der Bürger in die Justiz abnimmt.

Wir brauchen ein anderes Richterbild
Der Richter sollte mehr als bisher gesellschaftlich inter-

essiert und engagiert sein. Hierarchischen Strukturen können Richter selbst entgegenwirken, indem sie das herkömmliche Karrieredenken aufgeben und der Justizverwaltung gegenüber selbstbewußter auftreten. Der Arbeitskreis wünscht sich deshalb mehr »unerschrokkene« Richter.

V Die Menschenrechte und das Grundgesetz

Theologische Überlegungen

Wolfgang Huber

Es ist keine bloße Willkür, wenn ich das in Gang kommende Jubiläumsgedenken an vierzig Jahre bundesdeutscher Geschichte mit dem Grundgesetz durch einen Hinweis auf die Menschenrechte aufzusprengen, zu relativieren und dadurch zugleich zu bereichern versuche. Denn es verdient unsere Aufmerksamkeit, daß diese einstweilen beste Verfassung, die für ein deutsches Staatsgebilde in Kraft trat, sich selbst in den weiteren Horizont des Menschenrechtsgedankens stellt.
Am Tag der Unterzeichnung des Bonner Grundgesetzes waren gerade 163 Tage vergangen, seit die Vollversammlung der Vereinten Nationen die Allgemeine Erklärung der Menschenrechte verabschiedet hatte. Man wird also an diese Erklärung denken dürfen, wenn das Grundgesetz in Artikel 1 Absatz 2 erklärt: »Das deutsche Volk bekennt sich ... zu unverletzlichen und unveräußerlichen Menschenrechten als Grundlage jeder menschlichen Gemeinschaft, des Friedens und der Gerechtigkeit in der Welt.« Begründet wird dieses Bekennt-

nis in der Unantastbarkeit der Würde des Menschen, von der im Absatz 1 desselben Artikels die Rede ist. Ausgelegt wird dieses Bekenntnis auffälligerweise gerade nicht nur im Blick auf die Freiheit der Einzelperson. Vielmehr nimmt das Grundgesetz von Anfang an die Menschenrechte in ihrem Gemeinschaftsbezug wie in ihrer Bedeutung für Frieden und Gerechtigkeit wahr; es bekennt sich zu den Menschenrechten, wie zitiert, als Grundlage jeder menschlichen Gemeinschaft, des Friedens und der Gerechtigkeit in der Welt.

Den Theologen muß schon die Sprache zum Nachdenken veranlassen, in der sich unsere Verfassung auf die Menschenrechte beruft. Was in der Präambel des Grundgesetzes mit der »Verantwortung vor Gott und den Menschen« gemeint sein kann, wird hier, in der Anerkennung der Menschenrechte, in einer Weise veranschaulicht, die sich der religiösen Sprache bedient, ohne doch Bürgerinnen und Bürger von Staats wegen auf ein bestimmtes religiöses Bekenntnis zu verpflichten. Vielmehr zeigt der Menschenrechtsartikel des Grundgesetzes besonders deutlich, in welchem Sinn eine freiheitliche Verfassungsordnung auf Voraussetzungen ruht, die sie nicht selbst hervorzubringen vermag.[1] Denn einen Grund für die Unantastbarkeit der menschlichen Würde vermag der Verfassungsgeber gerade nicht zu benennen. Nur in der Wortwahl – »unantastbar«, also: heilig – deutet er an, daß alle Menschen an einer Würde Anteil haben, die sie weder selbst hervorbringen noch zur Disposition stellen können. Wenn vom »Bekenntnis« zu den Menschenrechten die Rede ist, so klingt darin an, daß dem Staat im Gedanken der Menschenrechte etwas Unbedingtes gegenübertritt, das seiner Verfügungsmacht entzogen bleibt. Und indem diese Menschenrechte als unverletzlich und unveräußerlich bezeichnet werden, meldet sich die Bereitschaft zur Umkehr an: zur Umkehr aus deutschen Verhältnissen, in denen Menschenrechte nicht nur verletzt, sondern durchaus und vollständig veräußert wurden.

Etwas verhaltener zwar, aber ebenfalls unverkennbar ist die Provokation zu theologischem Nachdenken, die uns in der Allgemeinen Erklärung der Menschenrechte vom 10. Dezember 1948 entgegentritt. Deren erster Artikel kennzeichnet die anthropologischen Voraussetzungen der Menschenrechte so: »Alle Menschen sind frei und gleich an Würde und Rechten geboren. Sie sind mit Vernunft und Gewissen begabt und sollen einander im Geiste der Brüderlichkeit begegnen.« Die christliche Aufklärung Amerikas, die die gleiche Würde aller Menschen aus der Gottebenbildlichkeit des Menschen ableitete, und die säkulare Aufklärung Frankreichs, die sich dafür auf die Vernunftnatur des Menschen berief, werden in dieser Begründung miteinander verknüpft. Mit dem Aufruf zur Brüderlichkeit aber wird ein Begriff gewählt, in dem die Französische Revolution und das Christentum sich treffen. Mit unverkennbarer Melancholie vermerkte ein orthodox-marxistischer Philosoph, diese Begründung der Menschenrechte könne »ihre christliche Herkunft nicht verleugnen«[2]. Sie werden mir nachsehen, daß ich dieser Beobachtung eine eher positive Wendung gebe und von einer Herausforderung der Theologie durch die Menschenrechte spreche. Dieser theologischen Herausforderung will ich in den folgenden Überlegungen nachgehen. In einem ausführlicheren ersten Abschnitt will ich die Schwierigkeiten des Protestantismus mit den Menschenrechten zum Anlaß nehmen, um nach theologischen Antwortmöglichkeiten zu suchen. In einem kürzeren zweiten Abschnitt will ich die Frage nach der Menschenrechtsverträglichkeit unserer staatlichen Entwicklungen stellen.

I.

»In einer benachbarten Stadt« – so meldete der Schwäbische Mercur am 29. Mai 1849 aus Karlsruhe – »wird von der Kanzel nicht über das Evangelium, sondern über die deutschen Grundrechte gepredigt; auch der Katechismus der Schulkinder soll dort vorerst wegen Erklärung dieser Rechte zurückgelegt sein.«[3] Eine derart positive Reaktion auf die in der Paulskirche verkündeten »Grundrechte des deutschen Volkes« vom 28. März 1849 blieb freilich ein Einzelfall.

Typischer und vor allem weit wirkungsvoller war die Kritik, mit welcher der protestantische Jurist Friedrich Julius Stahl im selben Jahr 1849 die Paulskirchenverfassung im ganzen, besonders aber deren Grundrechtsteil versah.[4] Er fand in den »Grundrechten des deutschen Volkes« die »feierliche Lossagung« des Staates vom christlichen Glauben zugunsten einer allgemeinen Vernunftreligion. Doch auch Freiheit und Gleichheit, so war er überzeugt, mußten sich notwendig ins Gegenteil verkehren, wenn sie aus dem Zusammenhang der gottgesetzten Ordnung gelöst werden. Dieser Fehler, von der

Französischen Revolution zum ersten Mal vollzogen, hatte sich in der Paulskirchenverfassung wiederholt. Wie die Französische Revolution, so hatte auch sie aus möglichen Gütern einfach nur Übel gemacht. Denn: »Alle Güter werden zu Übeln, wenn der Mensch sie außerhalb Gottes Ordnung eigenmächtig sich aneignet. Die Erkenntnis des Guten und Bösen ist ein Gut; aber daß der Mensch Gutes und Böses unterscheiden lernte durch die eigene Sünde, das ist das Übel. Die politische Freiheit, welche der Revolution als eine lieblich anzusehende Frucht vorschwebte, ist ein Gut; aber daß sie nicht angestrebt wurde innerhalb der Ordnung, die auf Gottes Gebot und Gottes Fügung ruht, sondern durch eine ganz neue Ordnung, die auf den Willen des Menschen sich gründen sollte, das war das Übel, und dadurch verkehrten sich alle Güter, die man suchte, in Übel.«[5]

Solche Sätze sind für die Distanz weiter Teile des Protestantismus zu den Menschenrechten bis ins 20. Jahrhundert hinein überaus charakteristisch. So unbezweifelbar der Gedanke der Menschenrechte sich unter christlichem Einfluß entwickelt hat, so unbezweifelbar ist zugleich, daß er gegen erheblichen kirchlichen Widerstand durchgesetzt werden mußte. Nicht nur die katholische Kirche, sondern auch die evangelischen Kirchen auf dem europäischen Kontinent standen ihm mit erheblichen Vorbehalten gegenüber und setzten seiner Verwirklichung großen Widerstand entgegen. Begründet wurden solche Reserven vor allem in dem Umstand, daß der Menschenrechtsgedanke im modernen Sinn auf dem europäischen Kontinent durch die Französische Revolution Eingang gefunden hatte. Mit dem Terror, in den sie mündete, waren zugleich die Gedanken desavouiert, die sie progagiert hatte. Sprecher von Kirche und Theologie sahen seitdem in den Menschenrechten nur noch den Ausdruck einer heillosen Selbstmächtigkeit des Menschen, der im Namen überzogener Freiheitsansprüche zum Feind aller überlieferten Ordnung werde. Diese Antithese wurde aufrechterhalten, obwohl wichtige Elemente des Menschenrechtsgedankens in die deutschen Grundrechtskataloge des 19. Jahrhunderts Eingang fanden. Es ist dieser antirevolutionäre Affekt, der dem Mehrheitsprostestantismus auch noch den Zugang zur demokratischen Staatsform von Weimar verstellte. Er führte dazu, daß im Namen der *überlieferten* Ordnung der bestehenden *demokratischen* Ordnung die innere Zustimmung verweigert wurde.

Erst die Schändung menschlicher Würde im Zeitalter der Weltkriege löste einen Prozeß des Umdenkens aus. Nun trat ins Bewußtsein, daß eine ideologische Kontroverse über das Menschenbild der Menschenrechte die notwendige Funktion dieses Gedankens hatte ins Vergessen geraten lassen. Von seinem Ursprung her bildet der Gedanke der Menschenrechte eine Instanz, auf die sich Einzelpersonen wie Gruppen angesichts des Mißbrauchs von Macht berufen können. Eine solche Instanz ist um so nötiger, je mehr sich die Mittel politischer Macht und die Versuchungen zu ihrem Mißbrauch steigern. Nach den Erfahrungen unseres Jahrhunderts ist es schwer geworden, an der Notwendigkeit und Unausweichlichkeit des Menschenrechtsgedankens zu zweifeln. So sehr über ihre Begründung und inhaltliche Füllung auch gestritten wird: Daß die Ausübung politischer Macht an die Gewährleistung elementarer Menschenrechte gebunden werden muß, gehört zu den Grundsätzen der politischen Ethik, des Völkerrechts wie auch des Verfassungsrechts, denen auszuweichen kaum möglich erscheint. Parallel zu solchen Entwicklungen hat sich auch die Stellung der Kirchen zu diesem Thema gewandelt. So wie sich die entscheidende Wendung in den Äußerungen des katholischen Lehramts zu den Menschenrechten in den Jahren des Zweiten Weltkriegs anbahnt und nach dessen Ende offenkundig wird, so vollzieht sich auch in den evangelischen Kirchen, angeregt durch die ökumenische Gemeinschaft, nach 1945 ein tiefgreifender Wandel in der Auffassung der Menschenrechte. Sie werden nun als Maßstab für die Legitimität des politischen Gemeinwesens und als Orientierungsrahmen für die Wahrnehmung von politischer Verantwortung anerkannt. Nach meiner Auffassung sollte dieser Wandel zunächst einmal positive Würdigung finden, bevor man allzu schnell von Menschenrechtspathos redet oder, wie Martin Heckel das unlängst getan hat, diese kirchliche Rezeption mit dem Vorwurf tadelt, sie verwechsle die Universalität der Menschenrechte »mit der Totalität des sozialethisch Wünschbaren«[6].

Richtig ist freilich: Die theologischen Begründungen der Menschenrechte zeichnen sich bis zum heutigen Tag durch ein eigentümliches Schwanken aus. Die einen trauen sich zu, die Menschenrechte direkt, ohne weitere Vermittlung, aus dem Recht Gottes auf den Menschen abzuleiten.[7] Andere, wie Martin Heckel, fallen wider Willen in die neuprotestantische Zwei-Reiche-Lehre zurück und erklären, der Ort dieser Thematik sei die

Schöpfungs- und Erhaltungsordnung, nicht die Erlösungsordnung, das Gesetz, nicht das Evangelium, das Reich der Welt, nicht das Reich Gottes.[8]
Zweifellos ist es richtig, daß Theologie die weltliche Freiheit und die Freiheit des Glaubens voneinander *unterscheiden* muß. Doch diese Unterscheidung kommt nur dann ans Ziel, wenn die Bedeutung der Freiheit des Glaubens für die politische Freiheit erkennbar und verständlich wird. Deshalb führt die simple *Trennung* zwischen der Freiheit des Glaubens und den Menschenrechten ebenso an der entscheidenden Aufgabe vorbei wie die simple Trennung von Glauben und Politik überhaupt. Denn der Sinn von Unterscheidungen besteht darin, die *Beziehung* zwischen den Elementen zu verstehen, die man unterschieden hat.
Für eine weitere Klärung dieser Frage will ich zu einigen Schritten theologischen Nachdenkens einladen. Zu den Eigentümlichkeiten evangelischer Theologie gehört es, daß sie in theologischen Streitfragen nach Orientierungshilfen in der biblischen Überlieferung Ausschau hält. Worin besteht deren Hilfe für unsere Frage? Unhistorisch und deshalb absurd wäre es, nach dem Begriff der Menschenrechte in biblischen Texten zu suchen; dabei könnte allenfalls eine Äquivokation herauskommen. Sinnvoller ist es zu fragen, was wir aus den biblischen Überlieferungen über die Aufgabe rechtlicher Regelungen überhaupt lernen können.
Fragt man so, kommt man an einer einfachen Beobachtung nicht vorbei. Sie läßt sich so zusammenfassen: In den ältesten Überlieferungen von Rechtscorpora in der hebräischen Bibel – vor allem dem Bundesbuch[9] und

dem Deuteronomium[10] – liegt das Hauptaugenmerk auf der Situation der Schwachen, derer also, die unter einem Mangel an Sicherheit leiden und der Gefahr ausgesetzt sind, der äußeren, ja der äußersten Hilflosigkeit ausgeliefert zu werden. Es waren vor allem drei Gruppen, die unter den sozialen Bedingungen der israelitischen Gesellschaft in ihrer sozialen Lage besonders gefährdet waren: die Waisen, die Witwen und die Ausländer. Deshalb galt ihr Schutz als die besondere Aufgabe des Rechts.

Es gibt einen rechtlichen Regelungskomplex, der diese Grundorientierung besonders schön veranschaulicht, nämlich den Komplex der Sabbatregeln.[11] Der Sabbat selbst, der wöchentliche Ruhetag, bildet eine Unterbrechung der regelmäßigen Arbeitspflicht zugunsten der abhängig Beschäftigten. Das Sabbatjahr, das Ruhejahr für das Ackerland in jedem siebenten Jahr, ist eine Regelung zugunsten des Ackerbodens, der in der Gefahr steht, vom Menschen erschöpft und ausgebeutet zu werden. Das Halljahr, das Jahr der Befreiung von Schuldabhängigkeit nach sieben mal sieben Jahren, in jedem neunundvierzigsten Jahr, ist eine Regelung zugunsten derer, die in wirtschaftliche Abhängigkeit geraten sind.

Das Interesse, das sich in solchen Regelungen ausdrückt, findet in der prophetischen Kritik an sozialer Ungerechtigkeit Aufnahme. Deren entscheidendes Kriterium liegt in der Situation der Armen, derer, die ihrer Freiheit und ihrer Rechte beraubt wurden.

Weshalb nimmt das Alte Testament in solch erstaunlicher Einhelligkeit diese Stellung zum Recht ein? Der Grund dafür liegt in der Erfahrung des Volkes Israel mit seinem Gott. Das Volk Israel blickt auf eine geschichtli-

che Erfahrung zurück, in der seine Vorläufer sich in der Situation tiefer Abhängigkeit befanden: in Ägypten, in einer Situation von Sklaverei und Rechtlosigkeit. Das geschichtliche Grundbekenntnis Israels sagt: Gott selbst führte das Volk in die Freiheit und gab seinen Gliedern einen neuen Status als befreite, als freie Menschen. Diese Erfahrung bildet den Ausgangspunkt der Verantwortung für diejenigen, die von Abhängigkeit oder Rechtlosigkeit bedroht sind.
Von Jesus von Nazareth berichtet das Neue Testament, daß er diesen »Blick von unten«[12] übernahm. Es beschreibt seinen Weg durch Galiläa als einen Weg der Solidarität mit der Menge der Rechtlosen, mit dem *ochlos*. Es schildert seine Predigt als Gnadenzusage an die Armen, als Verheißung für die, denen die Gerechtigkeit vorenthalten wird und die auf ihr Recht warten. Es stellt damit die Bemühung um das Recht in den Zusammenhang mit der Hoffnung auf umfassende Freiheit – diejenige »Freiheit der Kinder Gottes«, die nach der kühnen Annahme des Apostels Paulus nicht nur die Menschen, sondern sogar die außermenschliche Kreatur umfaßt.[13]
Wenn das Neue Testament von einer durch Gott verliehenen Gleichheit aller Menschen spricht, sagt es weit mehr aus als nur eine formale und kühle Gleichheit zwischen Individuen, die einander distanziert gegenüberstehen. Es spricht von einer Gleichheit, die ihre Wirklichkeit in der Solidarität findet: in der Solidarität vor allem auch der Privilegierten mit denen, die recht- und hilflos sind, die vernachlässigt oder übersehen werden. Mit zwei Hinweisen will ich das damit nur angedeutete Verständnis des Rechts präzisieren.

Es ist auf dem geschilderten Hintergrund zum einen konsequent, sich theologisch an einem eschatologisch bestimmten Begriff des Rechts zu orientieren. Das bedeutet: Alle geschichtlichen Rechtsordnungen tragen einen relativen und vorläufigen Charakter; sie bedürfen der Verbesserung und sind für solche Verbesserung offen. Ihre Zielorientierung empfängt diese Verbesserung aus der Hoffnung auf die umfassende Freiheit der Kinder Gottes. So verstandenes Recht dient keineswegs nur dem Schutz schon erreichter Freiheiten, sondern ist ein Regelungsinstrument auf dem Weg zur Freiheit. Niemals jedoch – das ist die andere Seite eines eschatologisch bestimmten Begriffs des Rechts – darf das von Menschen gemachte geschichtliche Recht mit der Gerechtigkeit des Reiches Gottes verwechselt oder in eins gesetzt werden. Nur wer seine Vorläufigkeit anerkennt, achtet seine Grenzen und damit auch seine Würde.

Ein solcher Zugang zum Verständnis des Rechts wird sich zum andern nicht auf eine Entgegensetzung von Recht und Liebe einlassen.[14] Er wird vielmehr das Recht, ohne die Grenzen seiner Leistungsfähigkeit zu leugnen, im Horizont der Liebe verstehen, also im Horizont der Solidarität mit dem jeweils andern Menschen. Das hat gute Gründe in der Struktur des Rechts selbst. Denn Rechte, selbst wenn wir sie von Geburt an haben, erlangen doch nur Bedeutung, wenn sie von anderen anerkannt, respektiert und gefördert werden. Jede und jeder weiß, wie sinnlos es ist, sich auf Rechte zu berufen, wenn niemand darauf hört. Mein Recht lebt von der Anerkennung des andern – und umgekehrt. Diese Anerkennung des andern hat in der jüdisch-christlichen Tradition ein bestimmtes Gefälle, das ich zu beschreiben versuchte. Diesem Gefälle werden wir nur gerecht, wenn wir das Recht mit einer »vorrangigen Option für die Armen«[15] betrachten.

Aus diesen Überlegungen will ich zwei Konsequenzen ziehen. Die eine richtet sich auf die Frage nach der Universalität der Menschenrechte, die andere auf die Frage nach ihrem Kernbestand. Ich beginne mit einer Bemerkung zur Universalität der Menschenrechte. Den christlichen Hintergrund des Menschenrechtsgedankens hat man zum Anlaß genommen, seine Universalität zu bestreiten. Besonders schroff hat Georg Picht erklärt, die Lehre von den Menschenrechten beruhe auf dem Dogma von der Gottebenbildlichkeit des Menschen; die ihnen zugrunde liegende Metaphysik sei sogar in ihrer europäischen Heimat zerbrochen und jedenfalls nicht in andere Kulturen exportierbar; die Utopie einer globalen Menschenrechtsordnung könne deshalb nur als leerer Wahn bezeichnet werden.[16]

Eine solche historische Skepsis ist jedoch, wie Robert Spaemann mit guten Gründen eingewandt hat, »nichts für Erniedrigte und Beleidigte, sie ist ein Luxus für Etablierte«. Und er hat hinzugefügt: »Die Denunzierung der Universalität der Menschenrechte als Eurozentrismus ist ... selbst im schlechten Sinne eurozentrisch. Wer immer auf der Erde gefoltert wird oder verhungert, versteht die Botschaft schnell, der Mensch sei ein Ebenbild Gottes, dem man das nicht antun dürfe, und das Postulat einer Verfassung, die das ausschließt, ist ihm unmittelbarer evident als einem europäischen Historisten, der das ›Habeas corpus‹ auf Europäer beschränkt sehen möchte.«[17] In der Tat liegt in der These vom Eurozentrismus der Menschenrechte ein folgenschweres Mißverständnis. Denn wenn der Gedanke einer unantastbaren Menschenwürde sich aus dem Bekenntnis ergibt, daß Gott den Menschen nach seinem Bild geschaffen habe, so beruht dieses Bekenntnis ja nicht auf einer partikularen und exklusiven Sonderlehre von Juden und Christen. Sondern darin spricht sich die Überzeugung aus, daß um der Wirklichkeit Gottes willen keines Menschen Würde angetastet werden soll – eine Überzeugung, die aus der Erfahrung massiven Unrechts in unserem Jahrhundert ihre Eindeutigkeit empfängt. Demgegenüber wäre es schlicht unfair, wenn Europäer und Amerikaner zwar die naturwissenschaftlich-technische Zivilisation mitsamt der Vergegenständlichung der Welt und der zweckrationalen Organisation des Lebens in alle Welt exportierten, die Maßstäbe zur Eindämmung der dadurch entfesselten Macht aber für sich behalten wollten. »In einer radikal zweckrational organisierten Welt hängt alles daran, daß der Charakter des Menschen als unbedingt zu achtender Selbstzweck ausdrücklich kodifiziert ist.«[18]

Auch wenn juristisches Denken sagt, daß noch nicht geborene Menschen nicht Träger von Rechten sein können, so ist unter der hier eingenommenen Perspektive doch plausibel, daß die Universalität der Menschenrechte auch die Angehörigen künftiger Generationen umfassen muß. Denn nichts verleiht uns heute Lebenden das Recht, von der Würde künftiger Generationen geringer zu denken als von unserer eigenen und ihnen einen geringeren Freiheitsspielraum einzuräumen, als wir ihn selbst in Anspruch nehmen. Die Universalität der Menschenrechte ist derjenige Maßstab, vor dem unsere Ausbeutung der außermenschlichen Natur wie unsere Schuldenpolitik gegenüber den ärmsten Ländern, aber auch die Lagerung radioaktiver Abfälle und der weitere Ausbau der atomaren Rüstung als unverantwortbar erscheinen.

Wer die Universalität der Menschenrechte behauptet, der sollte diese Einsicht nicht schon im nächsten Schritt wertlos machen, indem er vor »sozialethischen Überforderungen« warnt. Er sollte sich vielmehr der kritischen Funktion der Menschenrechte aussetzen. Die Universalität der Menschenrechte nötigt zu kritischen Einreden gegen heute herrschende Politik wie zur geduldigen Suche nach neuen politischen Wegen. Abwegig ist es jedoch in vielen Fällen, unter Berufung auf die Universalität der Menschenrechte von gerichtlichen Verfahren diejenigen Lösungen zentraler politischer Herausforderungen zu erwarten, die sich politisch noch nicht haben durchsetzen lassen.

Die zweite Konsequenz aus meinen theologischen Überlegungen richtet sich auf die Frage nach dem Kernbestand der Menschenrechte. Er liegt im Streit, wie man sich am leichtesten durch einen Blick auf die Menschenrechtskonventionen der Vereinten Nationen aus dem Jahr 1966 verdeutlichen kann. Die eine Konvention umfaßt die staatsbürgerlichen und politischen, die andere die wirtschaftlichen, sozialen und kulturellen Rechte. Beiden vorangestellt ist ein Artikel über das Selbstbestimmungsrecht der Völker, das spätere UN-Resolutionen im Sinn eines Rechts auf Frieden und Entwicklung auszulegen versuchten. Aus diesen Feststellungen wird vielfach die Folgerung abgeleitet, daß in der heutigen Staatenwelt drei antagonistische Menschenrechtskonzeptionen gegeneinanderstehen: ein individualistisches Konzept, das von den westlich-kapitalistischen Staaten vertreten wird, ein kollektivistisches Konzept, das von den staatssozialistischen Ländern propagiert wird, und schließlich die These vom Vorrang staatlicher Selbstbestimmung vor der Gewährleistung von Rechten für die Staatsbürger, die charakteristisch für die Länder der Dritten Welt ist.

In einer solchen Folgerung aber löst sich der Gedanke der Universalität der Menschenrechte in nichts auf – es sei denn, man ist mit dem Sendungsbewußtsein ausgestattet, einfach eine dieser drei Konzeptionen mit den universalen Menschenrechten selbst gleichzusetzen. Demgegenüber sehe ich die Aufgabe theologischer Interpretation darin, den gemeinsamen Kerngedanken hinter den antagonistischen Konzeptionen der Menschenrechte herauszuarbeiten. Martin Heckel hat freilich gegen ein solches Vorgehen eingewandt, es handle sich dabei um das »Zauberritual einer harmonisierenden juristischen Konvergenz-Interpretation«. Doch dieser Einwand hängt nur damit zusammen, daß Heckel zwischen den Menschenrechten und ihren ideologischen Vereinnahmungen nicht unterscheiden will. Besonders deutlich zeigt sich das an der Hartnäckigkeit, mit der er soziale Menschenrechte als sozialistische Menschenrechte bezeichnet.[19]

Versucht man sich von einer solchen Ideologisierung freizuhalten, so läßt sich der Kernbestand des Menschenrechtsgedankens in dem Ineinander von Freiheit, Gleichheit und Teilhabe finden. Das läßt sich ausführlich schildern; hier soll ein knapper Hinweis genügen.[20] Schon die Menschenrechtskataloge des 18. Jahrhunderts sind durch diese drei Sachmomente gekennzeichnet. Die gleiche Freiheit aller Menschen bildet ihren Ausgangspunkt, die politische Partizipation ihr Ziel. In den völkerrechtlichen Menschenrechtskatalogen unseres Jahrhunderts kehrt diese Trias in veränderter Gestalt wieder; die Allgemeine Erklärung der Menschenrechte läßt das ebenso deutlich erkennen wie die Menschenrechtskonventionen von 1966 oder die regionalen Menschenrechtspakte wie die Europäische Menschenrechtskonvention von 1950. Daß die Rechtssubjektivität der menschlichen Person durch die drei Momente der Freiheit, der Gleichheit und der Teilhabe bestimmt ist, ist im übrigen ein Gedanke, zu dem sich im jüdisch-christlichen Menschenbild deutliche Entsprechungen finden. Hier also stoßen wir auf den Kern der Affinität zwischen dem christlichen Bild vom Menschen und einer rechts- und sozialstaatlich verfaßten Demokratie.

Wer freilich alle drei Momente miteinander verbinden will, wird nicht individuelle Freiheitsrechte und soziale Menschenrechte polemisch gegeneinander ausspielen. Sicher wird er zu berücksichtigen haben, daß Abwehrrechte gegenüber dem Staat und soziale Teilhaberechte in unterschiedlichen Verfahren gewährleistet werden müssen; doch er wird die sozialen Menschenrechte ebenso ernst nehmen wie den Sozialstaat. Damit bin ich schon bei meinen abschließenden Überlegungen, mit denen ich mich dem Staat des Grundgesetzes zuwende.

II.

»Wir kämpfen nicht gegen die Fehler des Systems, sondern gegen seine Vollkommenheit.«[21] Diese provokative und mißverständliche Äußerung eines Berliner Hausbesetzers vermag an eine der ursprünglichen Stärken der rechts- und sozialstaatlichen Demokratie zu erinnern. Die an den Menschenrechten orientierte Demokratie ist eine fehlerfreundliche Staatsform. Zu den Zügen des christlichen Menschenbilds, denen sie wahlverwandt ist, zählt auch die Einsicht in die Fehlbarkeit des Menschen. Die Pointe dieser Einsicht liegt gerade nicht in dem Gedanken, daß ein starker Staat die Fehler seiner Bürgerinnen und Bürger in Grenzen halten soll; von dieser Aufgabe war man auch schon in vordemokratischen Zeiten überzeugt. Die Pointe liegt vielmehr darin, daß Vorsorge getroffen wird, um die Fehlbarkeit der *Regierenden* in die Schranken zu weisen. Fehlerfreundlichkeit meint, daß die Fehler der Regierenden nicht tödlich sein müssen, sondern in ihren Folgen begrenzt werden können. Deshalb sind die Grundrechte unabstimmbar; deshalb soll der Wechsel von Regierung und Opposition, damit aber auch die Revision getroffener Entscheidungen möglich sein. Deshalb ist die Justiz von der Exekutive unabhängig und der Rechtsweg für alle Bürgerinnen und Bürger sichergestellt. Die Unterwerfung der Staatsgewalt unter das Recht und die Revidierbarkeit von Entscheidungen bilden Schlüsselelemente einer fehlerfreundlichen Staatsordnung. Menschenrechtsverträglich bleibt ein Staat nur, solange nicht nur im Verfassungsrecht, sondern auch in der Verfassungswirklichkeit diese Fehlerfreundlichkeit erhalten bleibt. Unter diesem Gesichtspunkt bildet die Frage nach dem Verhältnis von Technik und Demokratie ein Schlüsselproblem der Gegenwart wie der Zukunft. Technische Großprojekte, deren Folgen nicht rückholbar sind, werfen eine besondere Prüfungspflicht auf. Im Streit um Kernkraftwerke und Wiederaufbereitungsanlagen oder Flughafenprojekte hat erst der Einspruch von Bürgerinitiativen diese Prüfungspflicht ins öffentliche wie ins politische Bewußtsein gehoben. Diese Erfahrung hat bei vielen Menschen Zweifel daran geweckt, ob die gegenwärtige staatliche Praxis in der Bundesrepublik wie in anderen Industriestaaten jene Fehlerfreundlichkeit bewahrt hat, die ein Gütesiegel der Demokratie darstellt. Es waren demonstrative Akte des zivilen Ungehorsams nötig, um die Regierenden an die Pflicht zu fehlerfreundlichem Handeln zu erinnern. Eben deshalb muß es jeden Liebhaber der demokratischen Verfassung traurig stimmen, daß Akte des zivilen Ungehorsams von deutschen Gerichten nach wie vor als Ausdruck »verwerflicher Gewalt« verurteilt werden können.

Menschenrechte haben nicht nur den Sinn, die Rechtssubjekte vor verhängnisvollen Folgen politischer Machtausübung zu bewahren. Sie enthalten zugleich positive Zielvorgaben politischen Handelns. So wie dem Recht insgesamt neben seiner protektiven auch eine produktive Funktion eignet, so enthalten auch die Menschenrechte neben ihrem Abwehrcharakter einen Gestaltungsauftrag. Das wird am Ineinander von individuellen und sozialen Menschenrechten besonders deutlich. Es ist darin begründet, daß die Menschenrechte sich nicht nur auf die Abwehr staatlicher Eingriffe in bereits vorhandene Freiheiten beschränken können. Sie beziehen sich zugleich auf wichtige Voraussetzungen, deren Fehlen auch den Gebrauch der Freiheit unmöglich macht. Zu Recht sagt die Allgemeine Erklärung der Menschenrechte von 1948, die Menschenrechte seien auf die Freiheit von Furcht und die Freiheit von Not zugleich gerichtet.

Nur wenn wir die Einheit von individuellen und sozialen Menschenrechten anerkennen, läßt sich auch mit Artikel 1 des Grundgesetzes sagen, die Menschenrechte bildeten die Grundlage jeder menschlichen Gemeinschaft, des Friedens und der Gerechtigkeit in der Welt. Wir werden dem Artikel 1 des Grundgesetzes also nur gerecht, wenn wir die Bindung unserer Verfassungsordnung an die Menschenrechte nicht als sicheren Besitz, sondern als Projekt verstehen; die Orientierung an den Menschenrechten nötigt uns zu einer Weiterentwicklung unseres Verfassungsverständnisses. Sie nötigt uns vor allem dazu, das Sozialstaatsgebot des Grundgesetzes ernst zu nehmen und den Weg vom bürgerlichen zum sozialen Rechtsstaat weiterzugehen.

Die Frage, in welcher Form ein sozialer Rechtsstaat mit marktwirtschaftlicher Wirtschaftsverfassung elementare soziale Menschenrechte wie das Recht auf Arbeit zur Geltung bringen kann, stellt uns vor schwer erträgliche Aporien. Dennoch will mir die Auskunft nicht einleuchten, daß die Organisationsform wirtschaftlicher Macht darüber entscheidet, ob das Recht auf Arbeit zu den Menschenrechten gehört oder nicht. Denn sie entscheidet doch allenfalls darüber, ob dieses Menschenrecht in unseren staatlichen Verhältnissen *geltend* gemacht werden kann oder nicht. Die Wirtschaftsverfassung der Bundesrepublik Deutschland verfügt jedoch nicht darüber, ob es ein Recht auf Arbeit *gibt* oder nicht. Vielleicht darf ein Theologe hinzufügen: Was Jesus sogar vom Sabbat sagte[22], sollte von der Wirtschaft erst recht gelten. Nicht etwa ist der Mensch um der Wirtschaft willen, sondern die Wirtschaft um des Menschen willen gemacht.

Daran muß erst recht im Blick auf den bevorstehenden westeuropäischen Binnenmarkt erinnert werden. Zu ihm werden nicht nur 320 Millionen Verbraucher, sondern auch 17 Millionen Arbeitslose gehören – gerade so viele Frauen und Männer, wie die Deutsche Demokratische Republik Einwohner hat. Dabei gilt für Westeuropa insgesamt, was auch für die Bundesrepublik zutrifft: Frauen sind von Erwerbslosigkeit wie von ungleichen Rechten aus der Arbeit überproportional betroffen. Solche Feststellungen nötigen zu der Frage: Kann man eigentlich den Weg westeuropäischer wirtschaftlicher Machtkonzentration beschreiten, solange dieses Westeuropa sich politisch in wichtigen Bereichen noch in einem vorkonstitutionellen Zustand befindet? Kann man diese wirtschaftliche Machtkonzentration verantworten, ohne sich zuvor über die Rechtsstellung der Bürgerinnen und Bürger dieser westeuropäischen Gemeinschaft zu verständigen – und zwar nicht nur über ihre politischen, sondern auch über ihre sozialen Rechte? Ich will damit deutlich machen: Die Frage nach der Bedeutung sozialer Menschenrechte und nach den Aufgaben des Sozialstaats gewinnt durch die geplanten westeuropäischen Entwicklungen zusätzlich an Dramatik. Neben der Vereinbarkeit von Technikentwicklung und Demokratie sehe ich deshalb in der Frage nach der Geltung sozialer Menschenrechte und den Aufgaben des Sozialstaats ein zweites Schlüsselthema unserer Gegenwart.

Die Zusammengehörigkeit von individuellen und sozialen Menschenrechten behaupte ich gerade deshalb, weil beide Gruppen von Rechten an die einzelne menschliche Person als Trägerin dieser Rechte gebunden sind. Auch soziale Rechte sind Menschenrechte in diesem strikten Sinn. Sorgfältig hiervon unterscheiden will ich die Behauptung, es bedürfe einer »dritten Generation« der Menschenrechte.[23] Ich kann mich der Auffassung nicht anschließen, daß auch Kollektivrechte der politischen Gemeinschaft als Menschenrechte gekennzeichnet werden sollen. Wenn grundlegende Staatszielbestimmungen wie Frieden, Entwicklung oder Bewahrung der natürlichen Mitwelt als Menschenrechte bezeichnet werden, so soll dadurch diesen Zielen zweifellos eine zusätzliche Dignität und Autorität vermittelt werden. Doch die Wirkung einer solchen Strategie könnte kontraproduktiv sein; sie könnte gerade zu einer Schwächung des Menschenrechtsgedankens führen. Wer den Menschenrechtsgedanken in seiner Stärke bewahren und ihn auch weiterhin mit einigermaßen klaren Konturen versehen will, sollte nach meiner Überzeugung die Rede von einer dritten Generation der Menschenrechte *nicht* mitvollziehen. Denn die Menschenrechte sind an die Person gebunden; sie handeln davon, daß die Würde jedes menschlichen Wesens geachtet und daß seine Freiheit, seine Gleichheit und sein Recht auf aktive Teilhabe am gemeinsamen Leben gefördert wird.

Das Grundgesetz bekennt sich, wie es in erstaunlich religiöser Sprache sagt, zu diesen Menschenrechten. Damit verbietet uns der Text der Verfassung alle selbstgefälligen Jubiläumsfeierlichkeiten. Statt dessen verpflichtet er uns dazu, am besseren Schutz und der weiterreichenden Verwirklichung der Menschenrechte mitzuarbeiten. Das ist eine Aufgabe, die ich nicht besser kommentieren kann als mit einer alten rabbinischen Weisheit. Sie heißt: »Wenn nicht jetzt, wann dann?«[24]

Anmerkungen:

1 Vgl. E.-W. Böckenförde, Die Entstehung des Staates als Vorgang der Säkularisation, in: Ders., Staat – Gesellschaft – Freiheit. Studien zur Staatstheorie und zum Verfassungsrecht, Frankfurt 1976, S. 42–64 (60): »Der freiheitliche säkularisierte Staat lebt von Voraussetzungen, die er selbst nicht garantieren kann.«
2 H. H. Holz, Vernünftigkeit und Geschichtlichkeit. Über theoretischen Status und Geltung der Menschenrechte, in: Dialektik 13: Die Rechte der Menschen, Köln 1987, S. 23–57 (45).
3 Zitiert bei G. Hütter, Die Beurteilung der Menschenrechte bei Richard Rothe und Friedrich Julius Stahl, Frankfurt/Bern 1976, S. 14.
4 F. J. Stahl, Die deutsche Reichsverfassung nach den Beschlüssen der deutschen Nationalversammlung und nach dem Entwurf der drei königlichen Regierungen, Berlin 1849.
5 F. J. Stahl, Was ist die Revolution? Berlin 1852, S. 10 f.

6 M. Heckel, Die Menschenrechte im Spiegel reformatorischer Theologie, Heidelberg 1987 (Abhandlungen der Heidelberger Akademie der Wissenschaften, Phil.-hist. Klasse, 1987/4), S. 70.

7 Vgl. J. M. Lochman/J. Moltmann, Gottes Recht und Menschenrechte. Studien und Empfehlungen des Reformierten Weltbunds, 2. Aufl. Neukirchen 1977.

8 M. Heckel, a.a.O., S. 75 ff. trotz der Feststellung ebenda S. 12, mit einer solchen »Bereichsscheidung strikt getrennter Bereiche und Kriterien« sei die reformatorische Theologie »tief mißverstanden«.

9 2. Mose 20,22–23,33.

10 Also dem 5. Buch Mose.

11 Vgl. insbesondere 3. Mose 25.

12 Vgl. D. Bonhoeffer, Der Blick von unten, in: Ders., Gesammelte Schriften II, München 1965, S. 441.

13 Vgl. Römer 8,18–25.

14 Vgl. dazu ausführlicher: W. Huber, Recht im Horizont der Liebe. Ein theologischer Versuch, in: W. Brandt u. a. (Hg.), Ein Richter, ein Bürger, ein Christ. Festschrift für Helmut Simon, Baden-Baden 1987, S. 1045–1058.

15 Diese Grundformel der lateinamerikanischen Befreiungstheologie nimmt grundlegende biblische Einsichten auf; vgl. zu ihr beispielsweise G. Gutierrez, Die historische Macht der Armen, München/Mainz 1984. Bemerkenswerterweise hat diese Grundformel Eingang in den Hirtenbrief der katholischen Bischöfe in den USA über wirtschaftliche Gerechtigkeit gefunden; vgl. dazu W. Huber, Wirtschaftliche Gerechtigkeit für alle, in: Zeitschrift für Evangelische Ethik 31, 1987, S. 365–371.

16 G. Picht, Zum geistesgeschichtlichen Hintergrund der Lehre von den Menschenrechten, in: Ders., Hier und Jetzt. Philosophieren nach Auschwitz und Hiroshima, Stuttgart 1980, Bd. I, S. 116–132. Man beachte jedoch das 1980 geschriebene Nachwort (ebenda S. 133–135) zu diesem 1975 verfaßten Aufsatz.

17 R. Spaemann, Universalismus oder Eurozentrismus, in: Merkur 474, 1988, S. 706–712 (709).

18 Ebenda S. 711.
19 Dabei ist der denunziatorische Klang des Wortes »sozialistisch« bei Heckel unverkennbar; vgl. Heckel, a.a.O., S. 72 f. u. ö.
20 Zur ausführlichen Darstellung vgl. W. Huber/H. E. Tödt, Menschenrechte. Perspektiven einer menschlichen Welt, 3. Aufl. München 1988, bes. S. 80 ff., S. 162 ff.
21 Zitiert bei M. Gronemeyer, Das erstaunliche Phänomen des dreisten Lernens, in: T. Häussermann/H. Krautter (Hg.), Gustav-Heinemann-Initiative. Bürgerrechte 1984, Stuttgart 1984, S. 32–36 (32).
22 Markus 2,27.
23 Vgl. L. Kühnhardt, Die Universalität der Menschenrechte. Studie zur ideengeschichtlichen Bestimmung eines politischen Schlüsselbegriffs, München 1987, S. 311 ff.
24 »Wenn ich nicht für mich bin, wer ist für mich? Wenn ich nur für mich sorge, was bin ich? Wenn nicht jetzt, wann dann?« (Hillel nach Mischna Abot I/14).

VI Lebendiges Grundgesetz: Erwartungen – Forderungen

Schlußforum

Teilnehmer:
Prof. Dr. Roman Herzog, Präsident des Bundesverfassungsgerichts, Karlsruhe; Prof. Dr. Wolfgang Huber, Universität Heidelberg; Prof. Dr. Jutta Limbach, Freie Universität Berlin; Dr. Franz Joseph Pelz, Richter am OLG Hamm, Vorsitzender des Deutschen Richterbundes; Dr. jur. Dr. theol. h. c. Helmut Simon, Bundesverfassungsrichter a. D.; Prof. Dr. Rüdiger Zuck, Rechtsanwalt, Stuttgart. Moderation: Prof. Dr. Rudolf Gerhardt, Universität Mainz.

Gerhardt: Ein Aufsatz von Adolf Arndt aus dem Jahr 1960[1] schließt mit dem Satz: »Das Bonner Grundgesetz harrt noch seiner Erfüllung.« Dieser Satz steht gewissermaßen unsichtbar schon über der ganzen Tagung. Er sollte auch jetzt das Motto unserer Gesprächsrunde sein.

Limbach: Es versteht sich von selbst, daß die einzige Frau auf dem Podium ihre Aufmerksamkeit vornehmlich dem Gleichberechtigungsgrundsatz zuwendet. Diskrepanzen, Verfälschungen, Gefährdungen: Das waren die drei Kategorien, mit denen Herr Simon das Grundgesetz durchgemustert hat. Über die Diskrepanzen zwischen dem Gleichberechtigungsgrundsatz und der Verfassungswirklichkeit unterrichten in diesem Punkt hinlänglich die Daten über die soziale und wirtschaftliche Situation der Frauen in der Familie, im Arbeitsleben und später im Alter.

Gibt es auch Verfälschungen zu beklagen? Erinnern wir uns zunächst einmal, daß der Gleichberechtigungsgrundsatz der Gleichstellung der Frau zum Durchbruch verhelfen sollte. Bemerkenswerterweise fordern aber auch und gerade Männer über diesen Grundrechtsartikel ihre Gleichstellung ein. Eine Kollegin, die sich einmal die Mühe gemacht hat, die amtliche Sammlung der Entscheidungen des Bundesverfassungsgerichts durchzugehen, ist zu dem Ergebnis gekommen, daß etwa gleich viele Männer wie Frauen sich vor dem Bundesverfassungsgericht auf Art. 3 GG berufen.[2] Die Erfolgsquote der Männer ist nicht wesentlich geringer als die der Frauen. Die Rechtssoziologie konstatiert in der Tat ganz allgemein eine geringere Bereitschaft der Frauen, auf ihr Recht zu pochen und Rechtsinstanzen zu mobilisieren.

Ich hüte mich, diesen Sachverhalt von vornherein negativ zu bewerten und ihn, wie es Kollegen tun, als negatives Rechtsbewußtsein zu bezeichnen; denn es könnte ja durchaus sein, daß Frauen feinfühliger und empfänglicher für die alte rechtssoziologische Einsicht sind, daß das Recht und insbesondere das gerichtliche Verfahren viel zu grobe Instrumente sind, um dauerhafte soziale Beziehungen konstruktiv zu gestalten. Erste rechtssoziologische Studien zeigen aber auch, daß Frauen insofern ein geringer entwickeltes Rechtsanspruchsbewußtsein haben, soweit sie weniger berufstätig und weniger an öffentlichen Sozialaktivitäten beteiligt sind. Unter den jüngeren dagegen ist solch ein geschlechtsspezifischer Unterschied in der Rechtsverteidigungsbereitschaft nicht mehr in dem Maße auszumachen.[3] Das läßt uns hoffen, daß die heranwachsenden und besser ausgebildeten Frauengenerationen mit der Frauenbewegung im Rücken, die ja, nach der Meinung einer unserer großen Tageszeitungen, »keine Mauer mehr aufhalten wird«, die faktische Gleichstellung erkämpfen, sich also zum Hüter des Gleichberechtigungsgrundsatzes machen werden.

Doch ich denke, in einer der wichtigsten und uns gegenwärtig besonders beschäftigenden Rechtsfragen sind wir noch einmal auf die Prozeßfreudigkeit und Wehrbereitschaft der Männer angewiesen, und zwar in der Frage der Quote. Das nordrhein-westfälische Frauenförderungsgesetz ist nämlich auch insofern ein Glücksfall, als es uns endlich eine Konstellation beschert, die geeignet ist, die Quotenfrage vor das Bundesverfassungsgericht zu bringen; denn ich denke mir, es stehen schon einige Männer in den Startlöchern, um den Weg nach Karlsruhe anzutreten und darzutun, daß sie durch dieses Gesetz benachteiligt werden. Notfalls – sollten die Aktivitäten von mir doch überschätzt werden – sollte der deutsche Frauenrat über seinen Schatten springen und einem Mann bei der Führung eines Musterprozesses die Rechtsvertretung durch Heide Pfarr anbieten. Wenige sind so bereit, die Gegenmeinung zu hören und zu gewichten, wie sie. Im Gegenzug könnte dann der Juristinnenbund einmal davon absehen, eine Frau mit einem Gutachten zu beauftragen, sondern den Kollegen Gerd Roellecke oder etwa Peter Hanau darum bitten, die Frauenseite zu vertreten. Und um dem uns Juristen so besonders am Herzen liegenden Objektivitätsideal vollends zum Durchbruch zu verhelfen, sollten die Bundesverfassungsrichter die Quotenfrage unter der Fiktion, unter der Vorstellung eines Wunders der Natur beantworten, nämlich daß es ab dem 1. 1. 2000 nicht mehr die Frauen, sondern die Männer sein werden, die durch die Gabe der Gebärfähigkeit gesegnet sind.

HERZOG: An unserem Prozeßaufkommen aus dem Gleichberechtigungsgrundsatz fällt tatsächlich auf, daß die Verfassungsbeschwerden, die von Männern unter Berufung auf den Gleichheitsgrundsatz kommen, vorsichtig geschätzt wirklich fünfzig Prozent ausmachen. Doch mit den Mitteln der Rechtsordnung erreicht man in der Frage Gleichberechtigung von Mann und Frau vielleicht zehn Prozent der Probleme. Das Bundesverfassungsgericht kann ja keinen dazu verurteilen, daß er zu Hause seiner Frau die Windeln bügeln oder sonst etwas machen muß. Bei den besagten zehn Prozent klagen dann überproportional die Männer in den Punkten, wo sie einmal ausnahmsweise etwas schlechter stehen als die Frauen. Das ist ein Faktum. Bei der Frage, ob es zulässig ist, daß die Frauen sich mit 60 Jahren verrenten lassen können, während die Männer dies erst mit 65 können, haben wir daraus im Grunde ja wohl auch unsere Konsequenzen gezogen. Da stimmt im Kontext irgend etwas wirklich nicht.

SIMON: Natürlich ist es richtig und fällt auf, daß Männer ihre Gleichberechtigung in einer relativ großen Zahl an Verfahren durchzusetzen versucht haben. Die Erfahrung war: Wo Frauen einmal bevorzugt waren und Männer gleichziehen wollten, führte das dazu, wenn sie gewannen, daß die Begünstigung (etwa Hausarbeitstag) für beide abgeschafft wurde. Das wäre auch bei der Altersgrenze so gewesen. Hätte der Beschwerdeführer durchgesetzt, daß auch Männer schon mit 60 in Rente gehen können, wäre das für Männer und Frauen abgeschafft worden. So sieht die Rechtswirklichkeit aus.

ZUCK: Die Verfassung wird in kleinen Schritten fortgebildet. Ich will zwei Punkte herausgreifen und vortragen, die den Artikel 5 betreffen, und zwar mit dem Versuch, dem demokratie-theoretischen Teil des Artikels 5 zu etwas mehr Leben zu verhelfen, also dem Ansatz, daß Meinungsfreiheit schlechthin unverzichtbar ist, um unsere demokratische Staatsordnung am Leben zu erhalten. In einem unserer Arbeitskreise wurde die Frage der Beeinträchtigung der Medienfreiheiten durch Druck von außen und innen erörtert. Ein Punkt bedarf dringend der Ergänzung: der Ausverkauf der Meinungsfreiheit durch die Beteiligten selbst. Meinungen werden heute als Ware gehandelt, sind Bestandteil unserer Leistungsgesellschaft. So mußte der Bericht über die Landung von Herrn Rust auf dem Roten Platz in Moskau von unseren Rundfunkanstalten der NBC abgekauft werden, um darüber berichten zu können. Wir haben eine Schlagzeile: »17 Jahre gehören die Binder-Zwillinge nunmehr der ›Bunten‹« (Berichterstattung über die Trennung von siamesischen Zwillingen, die an die »Bunte« verkauft worden ist). Man denke an die Diskussion über die Übertragungsrechte von Fußballspielen oder an das Bergwerksunglück in Borken auf einem privaten Gelände. Was wäre wohl geschehen, wenn der Bergwerkseigentümer gesagt hätte: »Es gibt keine Berichterstattung, die habe ich an einen privaten Rundfunksender veräußert.« Ich meine, dieser von mir so genannte Meinungshandel bedürfe verfassungsrechtlicher Aufmerksamkeit, um überhaupt noch sicherzustellen, daß Meinungen ihre Funktion im demokratischen Austauschprozeß erhalten. Der Versuch, das über den Grundversorgungsgedanken bei den öffentlich-rechtlichen Anstalten sicherzustellen, ist im Augenblick noch so rudimentär, daß er dringend fortentwickelt werden muß, wenn er Sinn behalten soll.

Ein zweites Thema betrifft den Zusammenhang von Art. 5 GG mit der Berufsfreiheit. Es ist mir aufgefallen, daß Herr Denninger in seinem kommunikationstheoretischen Ansatz Art. 12 GG völlig ausgeklammert hat. Man muß sehen, daß es einige Berufe gibt, die für unsere demokratische Grundordnung und den Rechtsstaatsgedanken eine unverzichtbare Funktion haben. Das ist zum einen der Richter. Wenn man Art. 5 mehr als bisher für die Auslegung des Art. 12 fruchtbar machte, käme man vielleicht zu einem neuen Befangenheitsrecht. Das, was Bundesverfassungsrichter im Augenblick für ihr öffentliches Wirken für sich in Anspruch nehmen, um ein besonderes Befangenheitsrecht zu schaffen, könnte vielleicht auch für andere Richter gelten. Ich denke, daß das politische Wirken des aktiven, des unerschrockenen

Richters in Zukunft besser verstanden und bewertet werden könnte, wenn man an die richterliche Tätigkeit auch mit Art. 5 heranginge.

Das hat noch einen anderen Aspekt in einem anderen Beruf, nämlich dem des Anwalts, des unabhängigen und berufenen Beraters eines jeden Bürgers. Dazu muß man aber wissen, wer der richtige Anwalt für den einzelnen Fall ist. Das Bundesverfassungsgericht hat hier die Tür ein wenig aufgemacht, indem es Werbung des Anwalts nicht mehr schlechthin verbietet, aber dieser Schritt ist außerordentlich vorsichtig geschehen und auch wiederum nur unter Berufung auf Art. 12. Ich denke, der Anwalt hat eine unverzichtbare Stellung, um Rechtsstaatlichkeit zu gewährleisten. Man müßte ihm viel mehr als bisher einen Hinweis auf seine Tätigkeit erlauben. Bisher lautet die Vorgabe, daß solche Hinweise objektiv kontrolliert sein müßten. Ich denke, wir sollten auch Räume von Selbstdarstellung zulassen, in denen wir durch die allgemeine Rechtsordnung kontrollieren. Gelegenheit dazu hätte das Bundesverfassungsgericht in dem seit eineinhalb Jahren entscheidungsreif daliegenden Dextro-Energen-Fall. Da hatte ein Anwalt an den Präsidenten eines Amtsgerichts eine Packung Dextro-Energen geschickt und dazugeschrieben, da gäbe es einen Richter, der seit acht Monaten nichts mehr tue; dies schicke er als einen kleinen Beitrag zum Fortgang der Rechtspflege. Der Präsident hat die Sache nicht an den Richter, sondern an die Anwaltskammer weitergegeben; die hat ebenso pflichtgemäß wie freudig sofort die Keule des Standesrechts gezogen und den Anwalt, der diesen Fall auch noch an die Bild-Zeitung gegeben hatte, wegen Verstoßes gegen das Sachlichkeitsgebot und gegen das Werbeverbot belangt. In diesem Fall könnte man ohne weiteres vorsichtig fortentwickeln, was das Bundesverfassungsgericht zu Art. 12 begonnen hat, wenn man die Wirkkraft des Art. 5 besser erkennen würde.

SIMON: Herr Zuck hat etwas angesprochen, was mir seit langem zu schaffen macht, nämlich daß es an der Zeit ist, endlich einmal die Bedeutung des Art. 5 GG für die Befangenheitsproblematik zu entdecken. Befangenheiten sind vor allem dann gegeben, wenn Feindschaften oder Freundschaften zwischen dem Richter und einer Partei bestehen. Aber wir haben uns angewöhnt, auch Äußerungen von Richtern als Grund für Befangenheit zu betrachten. In Kenntnis aller Instanzen der Justiz habe ich mich gefragt: Ist eigentlich der schweigsame Richter der Unabhängigere und Unbefangenere oder derjenige, der die Karten auf den Tisch legt und es dem Staatsbürger und Rechtsuchenden ermöglicht, sich damit auseinanderzusetzen? Es wäre in der Tat an der Zeit, die Vergünstigungen für Verfassungsrichter über Bord zu werfen und alle Richter gleichzustellen. Was ich mit Nachdruck als richterliche Tugend verlange, ist, daß Richter zuhören können und bereit sind, ihre Meinung zu ändern, wenn sie gute Argumente bekommen, aber nicht, daß sie schweigen.

HERZOG: Was mich an unserer gesamten Rechtsordnung – das hängt jetzt nicht nur mit dem Grundgesetz zusammen – stört (und daran beteiligt sich auch das Bundesverfassungsgericht wie alle anderen Gerichte), das ist die unglaubliche Ausdifferenzierung der Vorschriften: für jeden Fall eine eigene Vorschrift, für jedes Problem und für jedes Unterproblemchen eine eigene Vorschrift, zumindest eine eigene Bundesverfassungsgerichts- oder Bundesgerichtshofs- oder sonstige Entscheidung mit der Folge, daß kein Mensch mehr überblickt, was er tun muß, um bestimmte Rechtsfolgen herbeizuführen oder zu meiden.

Zu meinem Dezernat gehört das Steuerrecht. Es ist überflüssig, sich als Steuerpflichtiger die Vorschriften anzuschauen; man weiß nämlich trotzdem nicht, was zu tun ist, um bestimmte Effekte herbeizuführen oder zu vermeiden. Auch der Steuerberater oder der Fachanwalt für Steuerrecht können da kaum weiterhelfen. Die Konsequenz ist: Entweder greift man zu den üblichen Tricks, oder man resigniert angesichts dieser Unklarheit und sucht alles zu vermeiden, was negative Folgen haben könnte. Beim Umgang mit einer Vorschrift, die möglicherweise in Ihre Dispositionsfreiheit eingreift, müssen Sie fünf Möglichkeiten und fünf Handlungsweisen unterlassen, um ja sicher zu sein, daß Ihnen in diesem Fall die Finanzbehörde – in einem andern Fall die Baubehörde, in wieder einem anderen die Gewerbeaufsicht, das können Sie fast beliebig austauschen – nicht auf den Pelz rückt. Schaut man sich diese Bestimmungen beziehungsweise die Ausdifferenzierung unserer Rechtsprechung an, so zeigt sich, daß hinter diesen Sonderregelungen meistens ein vernünftiger Gedanke steht. Das heißt: Uns bedrängen die Rechtsvorschriften in der Addition an sich ganz vernünftiger Bestimmungen. Wenn wir in Karlsruhe solche Vorschriften vorgetragen bekommen, können wir auch immer nur die einzelne Vorschrift betrachten: Ist die jetzt vernünftig, ist die für sich gesehen verhältnismäßig, kann sie sich auf eine Ermächtigung in irgendeinem Grundrechtsartikel für eine Grundrechtseinschränkung berufen? Aber an die Additionswirkung, daß es 27 Vorschriften gibt, die in dieses Grundrecht eingreifen, kommen wir normalerweise nicht heran. Das geht nur durch ein »Aufreißen«, und das nicht durch das Bundesverfassungsgericht; mir wird überhaupt viel zuviel Hoffnung in das Bundesverfassungsgericht allein gesetzt. Vielmehr ist hier der Gesetzgeber gefragt.

Ich habe früher als Kultusminister gesagt: Ich möchte einmal einen Erlaß machen, wonach alle Erlasse außer Kraft treten, deren Aktenzeichen ohne Rest durch drei teilbar ist. Da wäre natürlich manches Notwendige und Vernünftige mit außer Kraft getreten, aber das hätte man ja wieder in Kraft setzen können. Ich halte den Satz nur deswegen nicht aufrecht, weil ich heute glaube, daß er anders formuliert werden müßte, nämlich so: Es treten alle Vorschriften außer Kraft, deren Aktenzeichen *nicht* ohne Rest durch drei teilbar ist. Nicht ein Drittel, sondern zwei Drittel der Vorschriften müßten weg. Dann würde es um die Freiheit im Alltag besser aussehen.

Daß das nicht für jeden Bereich gelten kann, daß man es im Augenblick nicht im Gebiet Umweltschutz oder im Bereich des bürgerlichen Rechts, wo einfach zwei Interessen gegeneinanderstehen, ohne weiteres machen kann, das sehe ich auch. Aber das, was in unserem Verwaltungsrecht im weitesten Sinn passiert, das ist eine üble Addition vernünftiger Vorschriften: ein Beispiel dafür, daß Vernunft Unsinn und Wohltat Plage werden kann. Ich weiß nur: Mit unseren Mitteln in Karlsruhe können wir diesem Problem nicht beikommen.

HUBER: Eine kurze Anmerkung zur Aussage von Herrn Herzog, hierzulande gebe es für jedes Problem eine eigene Vorschrift. Im Schlußteil meines Vortrags habe ich mich auf Bereiche bezogen, in denen ich umgekehrt die These vertreten wollte, daß genau diejenigen Bereiche unsere besondere Aufmerksamkeit verdienen, in denen es noch nicht gelungen ist, menschenrechtlich relevante Fragestellungen in unserer Rechtsordnung adäquat zu verankern. Ich habe drei Problembereiche genannt, die ich unter diesem Gesichtspunkt noch einmal in Erinnerung rufen will.
1. Die Frage der Verbesserung und Erweiterung des Entscheidungsverfahrens, insbesondere bei großtechnischen Entscheidungen mit weitreichenden irreversiblen Auswirkungen:
– die Einführung plebiszitärer Elemente,
– die Stärkung von Bürgerbeteiligung,
– die Einführung alternativer Expertisen (Gegengutachtenverfahren) und anderes mehr.
Derartige Elemente müßten eingeführt werden, wenn meine These richtig ist, daß bei solchen Entscheidungen eine besondere Prüfungspflicht (unter Einschluß des Effekts der Verlangsamung) besteht.
2. Die Bundesrepublik Deutschland hat das Recht auf Arbeit durch den Beitritt zur zweiten Menschenrechtskonvention der Vereinten Nationen und durch andere

Schritte anerkannt, erklärt aber gleichzeitig, daß mit Blick auf die Rechtsordnung, die innerhalb der Bundesrepublik Deutschland herrscht, eine Einführung des Rechts auf Arbeit als Grundrecht nicht möglich sei. Mich als Nichtjuristen interessiert an diesem Beispiel besonders, wie wir uns eigentlich das Verhältnis von Menschenrechten und Grundrechten vorstellen.
3. Was passiert eigentlich, wenn wir mit großem Enthusiasmus auf den europäischen Binnenmarkt zugehen und gleichzeitig im Blick auf politische und auf soziale Rechte wie auf die parlamentarische Kontrolle der wirklich maßgebenden Entscheidungen uns in Westeuropa in einem vorkonstitutionellen Zustand befinden?
Dies sind drei Bereiche, bei denen ich insgesamt sage: Es ist leider keineswegs so, daß wir für diese Probleme schon Vorschriften haben. Wir haben keine, und die Wirklichkeit ist auch danach.

GERHARDT: Stichwort »Binnenmarkt 92«. Ob er zu diesem Zeitpunkt erreicht sein wird, wissen wir nicht; doch selbstverständlich müssen wir Rechtsschutzpositionen ab dann »europäischer« sehen. Wir werden freizügiger, lassen aber derzeit an den Landesgrenzen unsere Grundrechte zurück, solange die europäische Union mit einem Grundrechtskatalog noch in weiter Ferne liegt. Derzeit wacht ja über die europäischen Grundrechte, die es nicht gibt, der Europäische Gerichtshof (EuGH) in Luxemburg, nachdem das Bundesverfassungsgericht ihm seine Prüfungskompetenz einstweilen abgetreten hat.[4]
Nun haben wir einen höchstdifferenzierten Grundrechtsschutz bei uns, aber auch der EuGH hat inzwi-

schen ein Netz von Grundrechten geflochten, das sich sehen lassen kann. Ich möchte an zwei Beispielen festmachen, wo ich dennoch in Zukunft Konfliktmöglichkeiten sehe.

Das eine betrifft den EuGH: Bekanntlich werden bei der Kälbermast nicht nur hierzulande, sondern auch in Holland Hormone eingesetzt. Entsprechende Importe werden in Stichproben auf solche Hormonbeigaben untersucht und gegebenenfalls zurückgewiesen. Nun sagen die Holländer: »Das ist eine den freien Warenaustausch diskriminierende Maßnahme, das könnt ihr zumindest ab 1. 1. 1992 nicht mehr machen!« Ein solcher Fall könnte beim EuGH anhängig werden. Ich wäre eigentlich sehr beruhigt, wenn unsere Prüfungskompetenz unter dem Schutz von Art. 2 GG uns hinreichend vor Hormonfleisch schützen würde.

Das zweite Beispiel betrifft den Gerichtshof für Menschenrechte in Straßburg. Da gab es den Fall eines Malers aus dem Kanton Fribourg. Eines seiner Bilder, von den Strafverfolgungsbehörden als obszön bezeichnet, wurde gemäß den Bestimmungen dieses Kantons eingezogen. Dieser Maler ist bis zum Europäischen Gerichtshof für Menschenrechte marschiert. Bei der mündlichen Verhandlung hatten wir Zuhörer den Eindruck, er würde dort obsiegen. Er hat aber verloren, und zwar hat das Gericht gesagt: Es gibt partikulare Moralvorstellungen, die zu berücksichtigen sind. Das Bild hing nämlich in einer privaten Kunstgalerie, die ein Vater mit seinem sechsjährigen Kind besuchte; und dieses Kind nahm Anstoß über den Vater. So kam der Fall ins Rollen. Das Groteske war nur: Die »Frankfurter Allgemeine Zeitung« hatte dieses Bild gänzlich unbeanstandet in Großaufnahme im Feuilleton gebracht, während der Maler gleichzeitig in Straßburg wegen der »Obszönität« eben dieses Bildes verurteilt worden ist. Ich bin ganz sicher, daß dieses Bild den Augen unserer Verfassungsrichter standgehalten hätte: Sie hätten es vermutlich nicht indiziert. Da habe ich die Hoffnung, daß sich auch in der Kunstfreiheit so eine Art von europäischer Meistbegünstigungsklausel entwickelt. Das wäre meine Anregung aus der Sicht individuellen Rechtsschutzes.

SIMON: Zur Normflut, Herr Herzog, hat Herr Huber schon darauf hingewiesen, daß differenziert werden muß. Wir selber als Verfassungsrichter waren Produzenten auch von zusätzlichen, ergänzenden gesetzlichen Regelungen, weil wir sie verlangt haben im Interesse von Staatsbürgern; Staatsbürger selbst haben sie im Wege der Verfassungsbeschwerde zum Teil geradezu erzwungen. Aber es gibt in der Tat eine Reihe Bereiche, wo Überreglementierungen passieren. Im Augenblick – das ist auch für die Zukunft unserer rechts- und sozialstaatlichen Demokratie relevant – geht man vor allen Dingen im Bereich der inneren Sicherheit meiner Meinung nach zu Überreglementierungen über. In dem Artikelgesetz, das uns bevorsteht, ist eine neue Bestimmung als Ordnungswidrigkeit vorgesehen: Schon wer zu Demonstrationen Gegenstände mitnimmt, die zur Vermummung geeignet sind (das sind laut amtlicher Begründung auch Schals, Rollkragenpullover, Pelzmützen), der begeht eine Ordnungswidrigkeit, selbst wenn er sie nicht zur Vermummung gebraucht! Ich habe beim Hearing des

Bundestages gesagt: Nach der Intention der Autoren würde man wohl am besten im Badeanzug zur Demonstration gehen. Das ist ein Beispiel für eine unerträgliche Überreglementierung. Wenn ich heute mein Referat von gestern zu halten hätte, würde ich den Bereich der inneren Sicherheit und auch des Strafprozesses und der Rücknahme von früheren Liberalisierungen in diesem Bereich deutlicher ansprechen.

Im Zusammenhang mit der Frage der Fortentwicklung der verfassungsmäßigen Ordnung (Schlußteil meines Referats) würde ich jetzt noch nachdrücklicher die Problematik der sozialen Grundrechte ansprechen, eine Problematik, die sich unter Juristen ja nicht besonderer Beliebtheit erfreut. Aber ich bin mit Wolfgang Huber der Meinung, daß auch wir Juristen Anlaß haben, es uns damit schwerer zu machen. Es ist gut, wenn die Theologen uns im Nacken sitzen und uns keine Ruhe lassen.

Die von uns allen begrüßte europäische Entwicklung wirft in der Tat Probleme auf. Es dominieren, denke ich, zu stark wirtschaftliche Interessen und Liberalisierung in diesem Bereich. Herr Gerhardt hat darauf hingewiesen: Im Interesse der Liberalisierung des Warenverkehrs müssen wir in Kauf nehmen, daß hormonverseuchtes Fleisch importiert wird. Ich hatte im Dezernat einen Fall, in dem es um die Sauberkeit der Mineralwässer ging. Wir haben hier in der Bundesrepublik eingefaßte Quellen; in anderen Ländern sind sie nicht eingefaßt, und da sickert so einiges an Verunreinigungen ein. Gleichwohl verlangte Brüssel, daß die Gesundheitsanforderungen bei uns im Interesse des Imports gesenkt würden. Ich habe im Referat schon darauf hingewiesen, unter der

Flagge der Wettbewerbsfähigkeit bestehe die Gefahr, daß der soziale Standard abgesenkt wird. Ich denke, wenn das so weitergeht, dann wird das Bundesverfassungsgericht etwas tun müssen, worüber ich früher gar nicht glücklich war, nämlich den sogenannten »Solange-Beschluß« des Zweiten Senats wieder beleben. Der hat damals gesagt: »Solange es in Europa noch keinen Mindeststandard anerkannter Grundrechte gibt, müssen wir uns vorbehalten, Regeln des europäischen Rechtes an unseren Grundrechten zu messen.« Herr Herzog, wir waren uns – auch im Gespräch mit Richtern der europäischen Gerichte – darüber einig, daß dies heikel ist und daß das Europa-Recht eigentlich Vorrang haben sollte. Aber es könnte sein, daß wir dazu gezwungen werden, erneut Vorbehalte anzumelden. Das könnte sogar heilsam sein. Immerhin hat der »Solange-Beschluß« dazu geführt, daß die europäischen Gerichte ihrerseits versucht haben, einen Mindeststandard von Grund- und Menschenrechten als verbindlich herauszuarbeiten. Solche Entwicklungen sollten vielleicht beschleunigt werden. Denn es kann nicht gut sein, wesentliche Wohltaten unseres Grundgesetzes auf dem Weg nach Europa aus wirtschaftlichen Interessen zu opfern, mögen die auch wichtig und anerkennenswert sein.

PELZ: Das Grundgesetz hat die Voraussetzungen für eine eigenständige, unabhängige, funktionsfähige Rechtspflege – allerdings nur in knappen Umrissen – geschaffen.
Für den Verfassungskonvent auf Herrenchiemsee[5] war selbstverständlich, daß »der Rechtspflege als dritter

Staatsfunktion ein eigener Abschnitt« in der Verfassung zu widmen sei. Es heißt dazu im »darstellenden Teil« des Berichts:
Eine unabhängige, unpolitische und rein sachlich eingestellte Rechtspflege ist ein besonders wichtiges Erfordernis und zugleich eine unentbehrliche Bürgschaft des Rechtsstaates. Auf diesem Gebiet hat das nationalsozialistische Regime ein großes Vertrauenskapital zerstört. Die ... Aufgabe, hier von Grund auf aufzubauen, muß im Grundgesetz fortgesetzt werden. Zum Teil handelt es sich darum, alte, bewährte Grundsätze (Anspruch auf den gesetzlichen Richter, sachliche und persönliche Unabhängigkeit der Richter, nulla poena sine lege) wieder zu Ehren kommen zu lassen, zum Teil darum, neue Formulierungen zu finden, um früher unbekannten, in der nationalsozialistischen Zeit eingerissenen Mißbräuchen für die Zukunft den Boden zu entziehen (Öffentlichkeit der Gerichtsverhandlung, Anspruch auf rechtliches Gehör, Recht auf einen Verteidiger, ne bis in idem)« (keine zweimalige Verurteilung für dasselbe Delikt).
Es wird deutlich, daß die traumatischen Erfahrungen der Naziunrechtszeit eine wichtige Rolle spielen. Im »kommentierenden Teil« wird hervorgehoben, daß die »sachliche Unabhängigkeit der Richter« im Verhältnis zur Weimarer Verfassung ausgebaut werden müsse.
Mit den Regelungen in den Artikeln 92, 97 und 98 des Grundgesetzes ist – wenn auch sehr knapp – ein weiter, ausfüllungsbedürftiger Rahmen für gesetzliche Regelungen des Richterbildes und einer Gerichtsorganisation, die der Bedeutung und Stellung der Dritten Gewalt gerecht wird, vorhanden. Die damit eröffnete Chance

einer grundlegenden Neuregelung ist bislang nur sehr unvollkommen genutzt worden.

Am ehesten ist es wohl gelungen, die Unabhängigkeit der Richter zu festigen. Ihre Stellung war noch nie so stark wie jetzt. Trotzdem ist sie aber noch weit davon entfernt, allen Notwendigkeiten und erst recht allen Wünschen zu entsprechen.

Der Kampf zwischen denen, die den Status des Richters erst dann für vollkommen ansehen, wenn jede Abhängigkeit von Vertretern der Exekutive fehlt, und denjenigen, die den Richter schlicht für einen Beamten »sui generis« halten, privilegiert und im strengen Sinne unabhängig nur im Kernbereich der Rechtsprechung, ist noch längst nicht entschieden. Dazu ein Beispiel:

In einer Entschließung der Lübecker Innenministerkonferenz vom 30. 6. 1955 wurde die Forderung erhoben, um der Einheit des öffentlichen Dienstes willen die Richter »genauso wie die übrigen Beamten« zu behandeln. Es hat sich bis heute viel von dieser meines Erachtens verfassungswidrigen Auffassung erhalten.

Das Deutsche Richtergesetz von 1961 und die Landesrichtergesetze erfüllen den Verfassungsauftrag des Art. 98 GG nur ganz unvollkommen. Die Rechtsstellung der Richter ergibt sich nur bruchstückhaft aus diesen Gesetzen. Wesentliche Bereiche sind in anderen Gesetzen, die für Beamte gelten, geregelt. Das Deutsche Richtergesetz und die Landesrichtergesetze haben ausdrücklich darauf verzichtet, die Rechtsstellung der Richter *umfassend* zu regeln, indem sie Klauseln enthalten, in denen auf die Vorschriften für Beamte verwiesen wird. Und in den für Beamte geltenden Gesetzen finden sich Formulierungen etwa der Art: »Die Bestimmungen dieses Gesetzes gelten auch für Richter« oder »Die Bestimmungen dieses Gesetzes gelten für Richter entsprechend«. Bei diesen Verweisungen handelt es sich nicht nur um Äußerlichkeiten. Die Erfahrung hat gezeigt, daß die entsprechende oder sinngemäße Anwendung der für Beamte geltenden Regelungen zahlreiche Zweifelsfragen aufwirft, die von der Verwaltung regelmäßig zum Nachteil der Richter beantwortet werden. Dies führt zumindest mittelbar auch zur Beeinträchtigung der Unabhängigkeit der Richter.

Ganz wenig haben das Grundgesetz und die Richtergesetze des Bundes und der Länder an der hergebrachten Gerichtsorganisation geändert. In diesem Bereich kann von der Rechtsprechung als einer Art »2a-Gewalt« gesprochen werden. Adolf Arndt hat dies 1959 einmal so charakterisiert: »Der Richter findet sich eingespannt in die Stelle eines Justizbeamten und als Teil einer Justizbehörde, die wiederum nur Stufe im Behördenturm ist.«

Hier hat sich am längsten und am stärksten die Justiztradition erhalten. Es fehlen institutionelle Sicherungen organisatorischer Art. Die Berufung der Richter geschieht in vielen Ländern durch die Exekutive, nicht einmal in jedem Fall durch den der Rechtspflege immerhin nahestehenden Justizminister, sondern bei den Richtern der Fachgerichtsbarkeiten (Arbeits-, Finanz-, Sozial- und Verwaltungsgerichtsbarkeit) zum Teil durch den jeweiligen Fachminister. Dieses System entspricht langer Tradition in Deutschland. Ist es auch gut und im Lichte des Grundgesetzes vertretbar?

Die Dienstaufsicht stellt sich als exekutives Kontrollinstrument dar. Schließlich ist die Justiz in Haushaltsfragen, in der Verwendung der Mittel, die sie braucht, in totaler Abhängigkeit von der Exekutive.

Ich verkenne nicht, daß das Bundesverfassungsgericht entschieden hat, im Grundgesetz gebe es keinen Verfassungsauftrag an den für die Regelung der Gerichtsverfassung zuständigen Gesetzgeber, die überkommene Gerichtsorganisation zu ändern (BVerfGE 55, 338 ff.). Aber hindert das den Gesetzgeber, in diesem Bereich Verbesserungen mit dem Ziel der Stärkung der Dritten Gewalt zu schaffen?

Ich will noch einen Punkt herausgreifen: Das Grundgesetz hat – nach den schrecklichen Erfahrungen mit einer pervertierten Justiz in der Nazi-Zeit – kompromißlos und konsequent einen Rechtsstaat schaffen wollen und damit große Erwartungen geweckt. Das Rechtsstaatsprinzip des Grundgesetzes (BVerfGE 54, 291 ff.) und zudem Art. 19 Abs. 4 GG, soweit es um Akte öffentlicher Gewalt geht, gewähren eine umfassende Rechtsschutzgarantie.

Die Möglichkeit, einen Richter in jedem Fall anrufen zu können, in dem sich jemand in seinen Rechten beeinträchtigt fühlt, halte ich für eine der ganz großen Errungenschaften unseres Rechtsstaates, und dies auch im Blick auf andere Staaten, die sich zu Recht einer langen Tradition der Rechtsstaatlichkeit rühmen. Es war gut, daß der extremen Rechtlosigkeit der Nazi-Zeit eine »extreme« Rechtsstaatlichkeit folgte.

Es hat in der Vergangenheit nicht an Aufforderungen von Politikern, Rechts- und Gesellschaftswissenschaftlern gefehlt, von den gegebenen Möglichkeiten, die Gerichte anzurufen, umfassend Gebrauch zu machen. Dies hat dazu geführt, daß Rechtsstaatlichkeit als Angebot, ja Notwendigkeit mißverstanden worden ist, *jeden* Konflikt mit Hilfe der Gerichte und unter Ausschöpfung des Rechtsweges auszufechten. Vielen Bürgern ist das Bewußtsein abhanden gekommen, daß Konflikte ohne Einbuße an Gerechtigkeit auch außerhalb der Gerichte beigelegt werden können. Ich sehe – anknüpfend an eine Bemerkung von Frau Limbach – mit Schrecken dem Tag entgegen, an dem der erste Mann die Gabe der Gebärfähigkeit bei Gericht einklagt.

Es ist dringend erforderlich, das Bewußtsein für die Grenzen der Inanspruchnahme der Gerichte zu wecken und zu stärken:
– der Grenzen, die durch den Umfang öffentlicher Mittel gesetzt sind (es gibt noch andere Staatsaufgaben),
– der Grenzen, die durch die endliche Zahl der Richter gesetzt sind (nicht jeder Jurist kann Richter werden),
– vor allem aber der Grenzen, die der Dritten Gewalt dadurch gesetzt sind, daß ihre Vertreter im Prinzip nicht besser entscheiden als die der beiden anderen Staatsgewalten, weil Richter nicht klüger als andere Menschen sind.

Nicht zu übersehen ist, daß die starke Inanspruchnahme der Gerichte auch dazu geführt hat, Rechte der am Streit der Parteien nicht unmittelbar Beteiligten, zum Beispiel der Zeugen, teilweise erheblich zu schmälern.

SIMON: Ich stimme zu, daß im Grundgesetz die Dritte Gewalt eine beachtliche Stärkung erfahren hat. Doch gibt es hier durchaus noch Defizite und vielleicht auch

Rückentwicklungen, die über das hinausgehen, was Herr Pelz gesagt hat. Es irritiert mich, wenn heute im Zusammenhang mit Beschleunigungen und Entlastungen Rechtsgarantien zu sehr abgebaut werden.
Das wird auffälliger, wenn man einmal andere Bereiche vergleicht: Die Zahl der Polizisten wird ständig erhöht, während es bei Richtern und Staatsanwälten heißt, die Grenze sei erreicht. Noch deutlicher ist der militärische Bereich. Da kann sich die Zahl der Dienstpflichtigen durch den Rückgang der Geburtenzahlen halbieren, aber es muß unbedingt bei der gleichen Zahl an Soldaten bleiben; da ist man keineswegs bereit, sich Entwicklungen anzupassen und Einschränkungen in Kauf zu nehmen. Ich denke, die Dritte Gewalt sollte gegenüber so abfälligen, plakativen Begriffen wie »Instanzenseligkeit« hartnäckiger darauf bestehen, daß die Rechtsgarantien des Bürgers ungeschmälert bleiben und daß man an anderen Stellen versucht, vernünftige Regelungen zur Entlastung zu finden. Ich denke, etwa der Bereich von Schlichtungen könnte durchaus erweitert werden.

ZUCK: In den Bemerkungen der Herren Huber und Herzog habe ich Widersprüche und Unvollständigkeiten entdeckt. Wenn ich Herrn Huber richtig verstanden habe, beklagt er in manchem weiße Flecken auf der Landkarte des Rechts, Flecken, bei denen die alten Geographen drangeschrieben haben »hic sunt leones«. Er möchte wichtige Fragen rechtlich geregelt haben. Ich möchte davor warnen, dies verfrüht zu tun. Mancher Ruf nach dem Recht erfolgt, und das empfinde ich gerade im Verfassungsrecht sehr häufig, aus Bequemlichkeit, weil einem die Vorschriften des Rechts das Nachdenken über die dahinterstehenden Fragen letztendlich abnehmen und weil das Recht wegen seines Zwangscharakters, der in aller Regel nur Ja-Nein-Antworten erlaubt, zu einer erheblichen Verkürzung führt. Ich meine, gerade in solch grundlegenden Fragen – für mich ist ein typisches Beispiel: Sollen wir ein Umweltgrundrecht haben oder nicht? – müßte zunächst intensiv und unter Verzicht auf das Bundesverfassungsgericht und auch unter Verzicht auf Rechtsregeln um den politischen Konsens und um den Austausch der Argumente gerungen werden. Mir scheint die politische Diskussion wesentlich wichtiger als die schnelle Einführung von Recht. Sie sollten dabei auch sehen, daß das Recht die Wirklichkeit erheblich verkürzt. Ein Rechtsfall, auch das empfindet der beratende Jurist schmerzhaft, ist nur ein kleiner Ausschnitt aus einem Lebensfall. In vielen Fällen tun wir ja den Rechtsuchenden sehr unrecht, indem wir ihre Lebensprobleme auf einen ihnen ganz unbekannten Rechtsproblemkreis zurückführen.

Bei Herrn Herzog habe ich ein bißchen – gestatten Sie mir die spöttische Bemerkung – das Gefühl gehabt, daß er nach dem Splitter in den Augen der Nächsten sucht, aber den Balken im eigenen Haus nicht sieht, denn die üble Addition vernünftiger Vorschriften könnte man um die üble Addition vernünftiger Urteile ergänzen. Ich will das nur andeuten in dem Sektor, der mich sehr beschäftigt: 77 Bände Rechtsprechung zum Prozeßrecht haben dazu geführt, daß der Bürger überhaupt nicht mehr weiß, nach welchen Regeln er eigentlich seine Grundrechte verwirklichen kann. Das tut uns das Bundesverfassungsgericht von Tag zu Tag aufs neue an. Um seine Arbeitsbelastung zu verringern, werden immer neue Institute entwickelt, wie etwa das der Subsidiarität der Verfassungsbeschwerde, das auch wirklich im Arkanum stehende Interessenten nicht mehr richtig nachvollziehen können, zumal es sich von Woche zu Woche ändert.

HERZOG: Herr Huber, in bestimmten Rechtsgebieten gibt es – wie ich sagte – tatsächlich noch viel zuwenig Vorschriften; da sehe ich keinen Dissens zwischen uns. Ob Sie sich vom Recht auf Arbeit nicht praktisch zu viel erwarten, ist eine andere Frage, die ich jetzt nicht untersuchen will. Aber Ihre Beispiele sind natürlich auch wieder unvollständig. Ich weise darauf hin, daß das ganze Zivilrecht, sofern Positionen unterschiedlicher Bürger gegeneinanderstehen, nicht ganz in mein Modell hineinpassen würde. Eine Auskämmung zum Beispiel des geltenden Arbeitsrechts nach meinem Modell würde nur zu einer einseitigen Stärkung des Unternehmers, des Arbeitgebers führen. Das habe ich aber ausdrücklich vorweggesagt, und ich habe auch zugegeben, Herr Zuck, daß das Bundesverfassungsgericht auch zu ausdifferenziert und zu feinspinnerisch judiziert hat. Wir haben jetzt 77 Bände, das heißt (grob gerechnet) 15 000 bis 16 000 Seiten verfassungsrechtliche Auslegung. Daß da nicht alles aufeinander abgestimmt sein kann und daß es dringend notwendig ist, hier einmal wieder klare Konturen zu schaffen, das ist klar. Nur, klare Konturen gehen nach dem Motto: Wo gehobelt wird, da fallen Späne. Man kann nicht klare Vorschriften *und* Einzelfallgerechtigkeit haben. Da muß man sich entscheiden.

Huber: Als heimlichen Leitspruch meines (voranstehenden) Referats hatte ich den Romantitel von Sten Nadolny im Kopf: »Die Entdeckung der Langsamkeit«. Insofern hat Herr Zuck mit seinen Warnungen vor vorschnellen Schritten und Entscheidungen meine volle Sympathie. Auch sein Argument mit dem Umweltrecht hat mich gar nicht getroffen, weil ich aus Gründen, die ich jetzt nicht erläutern will, ganz gegen ein Umweltgrundrecht bin, nämlich aus der Überzeugung, daß der Anthropozentrismus, der darin steckt, an die Wurzel unserer Umweltproblematik gar nicht herangeht. Es ist doch nicht nur so, daß ich als menschliches Subjekt einen Anspruch auf eine gesunde Umwelt habe; vielmehr komme ich überhaupt erst an den Kern, wenn ich auch die Natur niemals nur als Mittel zu menschlichen Zwecken, sondern zugleich als Zweck in sich selbst ansehe, das heißt, eine Würde der Natur anerkenne, die die völlige Verzwecklichung der Natur zugunsten des Menschen in ihre Grenzen weist, und das kann man nicht mit einem Grundrecht.

Mein Punkt war ein anderer, und ich habe es mit Absicht am Recht auf Arbeit zu verdeutlichen versucht und von den Aporien gesprochen, in die man kommt, wenn man fragt, wie denn das von uns anerkannte Menschenrecht verfassungsrechtlich transformiert werden soll. Bloß bitte ich an dieser Stelle die Juristen, die dann immer vor vorschnellen Lösungen warnen, jedenfalls einmal mit dem Nachdenken anzufangen. Ich als harmloser Theologe stelle nur eine Glaubwürdigkeits- und Regelungslücke an diesem Punkt fest und sage: Ich kann mir nicht vorstellen, daß ein Staatswesen auf Dauer dabei ein gutes Gewissen haben kann, wenn es auf der völkerrechtlichen Ebene Menschenrechte seinerseits unterschreibt, die es nicht bereit ist, grundrechtlich in irgendeiner Weise umzuformen. Über die Schwierigkeiten, die Grenzen, die dann eine Umformung hätte – über all das kann man ja reden. Doch die Blockade, auf die ich an dieser Stelle regelmäßig in Debatten stoße, macht mir wirklich zu schaffen. Ein Diskussions- und Klärungsprozeß in dieser Frage erscheint mir als überfällig.

HERZOG: Herr Simon, es ist gut, daß Sie den Begriff »Instanzenseligkeit« mit Fragezeichen versehen haben. Ich verwende das Wort auch nicht gern; aber es gibt natürlich Unausgewogenheiten in unserem Rechtssystem, die schlicht skandalös sind. Ich spitze jetzt einmal zu: Wenn ich wegen einer Wasserrechnung über 500 DM prozessieren will, dann habe ich drei Tatsacheninstanzen: die Widerspruchsbehörde, das Verwaltungsgericht und das Oberverwaltungsgericht. Wenn ich wegen 500 DM Steuerlast prozessiere, habe ich zwei Tatsacheninstanzen: die Einspruchsbehörde und das Finanzgericht. Wenn ich wegen Mordes oder versuchten Mordes angeklagt werde, wo mein ganzes Leben davon abhängen kann, habe ich *eine* Tatsacheninstanz. Solche Dinge regen mich auf, nicht die Feinspinnerei; im einzelnen Fall muß da noch dieses oder jenes ausgeschaltet werden. Ich sage jetzt bewußt nicht, ob wir im einen Fall zu wenige oder im anderen Fall zu viele Tatsacheninstanzen haben. Aber solche Unausgewogenheiten – nur, weil auf der einen Seite das Kästchen Strafprozeßrecht ist und auf der anderen Seite das Kästchen Verwaltungs- und Verfassungsprozeßrecht – regen mich auf.

Schließlich zum »Solange-zwei-Beschluß«: Da bin ich Ihrer Meinung, Herr Simon. Das ist ja auch nicht von ungefähr, wir haben uns ja oft darüber unterhalten. Ich bin voller Zweifel, ob man die Rechtsordnung des Grundgesetzes so auslegen kann, daß unser Staat berechtigt ist, die Grundrechte seiner Bürger wegen einer europäischen Integration, also so richtig stiefmütterlich, völlig preiszugeben. Der Vorsitzende des Zweiten Senats, von dem der »Solange-zwei-Beschluß« stammt, ist hier anwesend: Ob wir in dieser Frage nicht einmal ins Plenum gehen müßten, damit wir einmal wieder eine große Sache im Plenum verhandeln? Allerdings möchte ich darauf hinweisen: Das Thema Europa heißt nur zur einen Hälfte »Liberalisierung« mit allen Problemen, die damit zusammenhängen. Zur anderen Hälfte heißt es »Technokratie«, denn die sondert zentnerweise Vorschriften ab. Das geht dann schon wieder auf meine Mühlen. Also beide Gesichtspunkte sind zu berücksichtigen.

Pelz: Das Schlagwort »Instanzenseligkeit« sehe ich nicht so negativ wie Herr Simon. Ich kann mir sehr gut vorstellen, daß die Zahl der Rechtsmittel, provokativ gesagt, drastisch verkürzt wird – aus zwei Gründen. Erstens: Die letzten Jahrzehnte haben gezeigt, daß die Gerichte wohl immer stark belastet sein werden. Das bedeutet, es bleibt wenig Zeit, mit den Parteien oder mit dem Angeklagten zu sprechen, ihnen das rechtliche Gehör im weitesten Sinne zu bieten. Diese Zeit braucht aber jeder Richter; und auf dieses Rechtsgespräch hat jeder, der mit der Justiz zu tun hat, Anspruch. Wenn es denn nicht sehr viel mehr Richter geben kann, dann wäre es wichtiger, daß jeder Fall in einer Instanz ordentlich und ausführlich behandelt wird. – Und zweitens: Die Zahl der Rechtsmittel im Bereich der kleinen Kriminalität hat ja einen historischen Hintergrund. Daß der Mörder nur eine Tatsacheninstanz hat, der Eierdieb aber deren zwei, hängt schlicht damit zusammen, daß man dem Amtsrichter zugemutet hat, den Eierdieb sozusagen im Fließbandverfahren abzuurteilen, und gesagt hat: Wenn der Angeklagte damit nicht zufrieden ist, dann mag er in die nächste Instanz gehen, dann kann er noch einmal alles Tatsächliche vorbringen. Meine Frage: Ist das das Richterbild im Lichte des Grundgesetzes und unser heutiges?

LIMBACH: Mich fordern die Beiträge unserer gegenwärtig tätigen Richter als Rechtssoziologin heraus. Die Klagen über die Gesetzes- und Normenflut sind ja ganz alt. Wenn man einmal die Zeitreihenanalysen meines Kollegen Rottleuthner[6] ansieht, dann haben wir Zeiten mit viel höherer Gesetzes- und Normflut gehabt, nämlich einen einsamen Höhepunkt von Prozeßflut in den Jahren 1924/25. Es gibt darüber auch einen Ausspruch von Radbruch, der das beklagt. Wenn man das international vergleicht, fällt in der Tat auf, daß Deutschland sehr viel mehr Richter und Rechtsanwälte hat als beispielsweise Japan, während die USA noch sehr viel mehr Richter und Rechtsanwälte haben als wir. Wie werden in Japan Konflikte erledigt? In wesentlich größerem Maße in gesellschaftlichen Gruppen, und die Gefahr ist einfach groß, daß sich da Abhängigkeiten nur fortsetzen. Insofern bin ich mit Herrn Simon der Meinung, daß es im Grunde genommen gut ist, daß Bürger das Gericht anrufen können und daß diese Konflikte nicht in gesellschaftlichen Subgruppen mehr oder minder mit aufgenötigter Verständigung gelöst werden.

Eine Gesetzesflut hatten wir 1938, im Grunde genommen die höchste Zahl von Gesetzen in einem Jahr überhaupt. Auf der anderen Seite ist auch die Vorstellung naiv, der Bürger orientiere sich in seinem alltäglichen Verhalten an dem gesetzten Recht. Das ist nicht einmal für das Familienrecht zutreffend, sondern im Grunde genommen orientiert sich der Bürger an Sitten und Gebräuchen. Insofern benötigen unsere Politiker in Sachen Parteispenden kein Aufklärungsblatt; vielmehr hätte da eigentlich das Rechtsbewußtsein Hilfestellung leisten müssen.

Der Vorschlag von Herrn Herzog, die Gesetze – nach welcher Regel auch immer – gewissermaßen auszukämmen, offenbart im Grunde genommen unsere Hilflosigkeit, daß wir nicht in der Lage sind, dieses Problem sachlich zu bewältigen. Ich meine schon, daß die besten Vorschläge einmal die sind, daß man versucht, an dem inneren Gesetzgebungsverfahren anzusetzen, so wie es Herrn Huber vorschwebt, daß man also eine stärkere Beteiligung von Bürgern vorsieht, weil das ja möglicherweise Juristen dazu zwingt, Regelungen, die sie im Kopfe haben, so auszudrücken, daß der betroffene Bürger sie versteht; Rückfragen könnten da zu einem Läuterungsprozeß führen.

Wichtig scheint mir auf der anderen Seite auch, daß man die Möglichkeit von Alternativen zum gerichtlichen Verfahren bedenkt. Wir haben das ja in der Rechtssoziologie (auch gerade hier in der Evangelischen Akademie

Bad Boll) im Zusammenhang mit dem Familienrecht schon vor Jahren diskutiert. Die Lernfähigkeit unserer Juristen ist leider sehr schleppend, und ich hoffe, daß diese Diskussion, die wir schon einmal geführt haben, produktiv wieder aufgenommen wird.

Eine Vielzahl von Gesetzen scheint mir auch dadurch verursacht zu werden, daß unsere Politiker sehr pressesüchtig sind und im Grunde genommen auf jede sich lautstark meldende Bürgerinitiative mit Regelungsangeboten zu reagieren versuchen. Da, meine ich, wäre doch mehr Zurückhaltung und Geduld am Platz. Gerade auch im Bereich des Familienrechts hat man manchmal den Eindruck, daß Reformen im Stil einer Echternacher Springprozession stattfinden: immer zwei Schritte vor und einen zurück. Da verliert natürlich jeder Betroffene langsam die große Linie aus den Augen.

SIMON: Ich habe mich mit dem Stichwort »Instanzenseligkeit« vielleicht etwas unglücklich ausgedrückt. Natürlich bin ich daran interessiert, wenn Verbesserungen des Rechtsschutzes gesucht und erreicht werden, etwa in Richtung auf ein intensiveres Rechtsgespräch. Was ich meinte, ist eine gleichzeitig zu beobachtende Tendenz in Richtung auf Abbau von Rechtsschutzgarantien und auf eine Rückdrehung der Rolle der Dritten Gewalt. Manchen ist deren Rolle zu stark geworden. Da heißt es dann, Richter mischten sich in Umweltschutzsachen und alles mögliche ein. Dann kommt es – zum Beispiel im Umweltrecht oder im Ausländerrecht durch Verlagerung der Zuständigkeit von der ersten verwaltungsgerichtlichen Instanz auf die zweite – auch im Interesse von Be-

schleunigungen doch zum Abbau von Rechtsschutzgarantien. Auch im Strafprozeß sind solche Tendenzen zu beobachten. Mir geht es darum, daß wir sensibler bleiben und nicht zu rasch in diesen Trend einsteigen.
Ich denke, wenn die Justiz durch zu viele Vorschriften überlastet wird und ihr dadurch zu viel zugemutet wird, sollten die Richter kurzerhand nur eine Mark Strafe verhängen in Sachen, wo die Justiz in unerträglichem Maße mit Verfahrenslawinen überrollt wird. Das wäre dann ein vernünftiger Notwehrakt.
Die Rolle des Bundesverfassungsgerichts ist auf dieser ganzen Tagung immer wieder und durchgängig positiv erwähnt worden. Fraglos hat dieses Gericht große Verdienste. Gleichwohl ist ja nicht nur positiv, was das Bundesverfassungsgericht entschieden hat:
Ich denke, Herr Herzog, wir sollten zugeben, was Herr Zuck kritisiert hat: Wir sind dabei, das Verfahrensrecht zu kompliziert zu machen. Das kann der Rechtsuchende kaum noch übersehen. Selbst als Berichterstatter weiß man ja allmählich nicht mehr, wie in den Verfahrensfragen der Senat entscheiden würde. Herr Zuck, das ist sicher keine Beruhigung für Sie, aber vielleicht lindert es ein bißchen Ihren berechtigten Schmerz.
Grundrechtsschutz wurde an einigen Punkten unter Umständen doch zu stark vom Bundesverfassungsgericht zurückgenommen. Das klassische Beispiel Kriegsdienstverweigerung habe ich bereits angedeutet; aber daneben gibt es noch weitere.
Ein drittes Problem, das mir zu schaffen macht, hängt mit der Entwicklung zu einer exzessiven Interpretation der Verfassung zusammen: In allgemein gehaltene Ver-

fassungspostulate (zum Beispiel das Wiedervereinigungsgebot) wird viel hineininterpretiert an konrekten Pflichten. Diese exzessive Interpretation hat zur Konsequenz, daß das Netz der verfassungsrechtlichen Postulate zu Lasten der anderen Staatsorgane immer enger wird, vor allem zu Lasten des Parlaments, dessen Entscheidungsbefugnisse geringer werden. Als besonders ergiebig erweist sich dabei das Rechtsstaatsgebot, welches sich gewissermaßen zu Lasten des Demokratieprinzips ausdehnt: Das Parlament, das auf dem Demokratieprinzip beruht, kann keine Verfassungsbeschwerde einlegen mit der Begründung, das Gericht verletze durch extensive Interpretation das Demokratieprinzip.

Ich denke allerdings, diese dritte Gefahr ist in den letzten Jahren eher rückläufig gewesen: Das Gericht hat allmählich begriffen, daß es Zurückhaltung üben muß. Sorge macht mir im Augenblick vor allem der erste Punkt, die komplizierte und undurchsichtige Entwicklung des Verfahrensrechts.

Stimmen aus dem Plenum

STÄDTER: Ich stimme Herrn Pelz zu: Wesentliche Normen fehlen im Richterrecht tatsächlich noch. Während meiner BGH-Zeit hatte ich den Auftrag, eine rechtsvergleichende Studie zum Revisionsrecht zu erstellen. Da fiel mir auf, daß bei den nordischen Staaten die Erste Instanz bestens ausgestattet war: mit den fähigsten Richtern, die sich auch Zeit lassen konnten, das Verfahren in Erster Instanz zu behandeln. Anders ist es wohl bei uns.

Ich erinnere mich, daß ich als Miet-Richter alle acht Tage 42 Sachen an einem Vormittag behandelt habe. Wenn da eine biedere Hausfrau Luft geholt hatte, um mir ihren Standpunkt darzulegen, mußte ich ihr sagen: »Liebe Frau, wir haben inzwischen schon drei weitere Fälle verhandelt; wenden Sie sich bitte an Ihren Anwalt, der wird Sie informieren.« Das ist kein Zustand. Wir müssen die Erste Instanz stärken, sie ausstatten mit Richtern, die befähigt sind. Die Creme der Justiz darf nicht erst beim Verfassungsgericht beginnen.

RUMPF: Ich möchte kurz auf ein außenpolitisches Thema kommen, damit das nicht völlig verdrängt und unter den Teppich gekehrt wird. Herr Herzog, Herr Simon, stellen Sie sich bitte in der Bundesrepublik einen Zustand vor, in dem jeder jedem die geladene Pistole an den Kopf hält und dies ein Dauerzustand ist, mit dem wir leben müßten; oder zwei Gruppen, die sich dauernd mit geladenen Pistolen bedrohen. Im zwischenstaatlichen Bereich ist das inzwischen selbstverständlich geworden, da wird das nicht nur akzeptiert, sondern da wird auch noch ausdrücklich erklärt: Wir können darauf nicht verzichten! Da sind es keine geladenen Pistolen, da sind es abschußbereite Atomraketen. Das Ergebnis dieser Tagung ist vor allen Dingen für mich, daß das Bundesverfassungsgericht – und hier geht es doch auch entscheidend um die Menschenrechte – praktisch hilflos ist (aber vielleicht kann das nicht anders sein, ich lasse mich da gerne belehren), irgend etwas gegen diesen Zustand zu tun oder diesen Zustand auch nur in der Öffentlichkeit deutlich zu machen. Es ist doch heute so, daß in dem Maße, wie die Sowjetunion anscheinend friedensfähiger wird, die NATO ihre Friedensfähigkeit zunehmend verliert. Was ist denn dieses starre, absolute Festhalten an der atomaren Abschreckung – völlig unabhängig davon, wie bereit die Sowjetunion ist, ihrerseits abzurüsten – anderes als eine zunehmende Friedensunfähigkeit? Die Vereinigten Staaten und die Bundesrepublik wollen doch gar keinen echten, auf Versöhnung mit der Sowjetunion beruhenden Frieden, sondern den Zustand der permanenten (gegenseitigen) Bedrohung aufrechterhalten. Sie sagen zum Beispiel: Nein, wir dürfen auf keinen Fall eine dritte Null-Lösung zulassen – selbst wenn hierbei die Sowjetunion die mehr als dreifache Menge an Raketen wie die NATO verschrotten müßte.

KIRCHBERG: Ich darf die Diskussion noch einmal zurückführen auf das Bundesverfassungsgericht, das ja ganz offensichtlich zu einem Kristallisationspunkt der Diskussion über 40 Jahre Grundgesetz geworden ist, und mir, durchaus im Anschluß an die Äußerungen meines Kollegen Zuck, in aller Kürze noch einmal erlauben, Kritik an der Ausdifferenzierung des Rechts durch das Bundesverfassungsgericht selbst zu üben und damit auch an der dadurch verursachten Kompliziertheit der Lebens- und Rechtsverhältnisse, von der Sie sprachen, Herr Herzog. Ich bin mir darüber im klaren, daß die fünf Punkte, die ich in aller Kürze gleich vortragen werde, natürlich die Frage der Unabhängigkeit auch des Bundesverfassungsgerichts betreffen und daß man so etwas eigentlich gar nicht fordern darf. Aber auf der anderen Seite wurden ja nun schon seit vielen Jahren immer wieder diesel-

ben Mißstände, vor allem im Verfahren der Verfassungsbeschwerde, beklagt. Doch habe ich das Gefühl, daß sich das Bundesverfassungsgericht diesbezüglich eine immer dickere Haut zulegt und gegen Kritik an seiner eigenen Rechtsprechung faktisch immun geworden ist. Deshalb die folgenden Punkte:
1. Das Bundesverfassungsgericht hat ein Aktenzeichen für Plenumsentscheidungen. Dieses Aktenzeichen ist meines Wissens seit sieben oder acht Jahren nicht mehr in Anspruch genommen worden. Ich halte das, offen gestanden, für eine ganz große Fehlentwicklung, sehe darin die Gefahr des Auseinanderdriftens der beiden Senate. Wenn ich es personalisieren darf: Wer das Referat von Herrn Klein[7] mit dem von Herrn Simon[8] vergleicht, hat eben nicht nur den Eindruck, zwei Mitglieder zweier Senate zu hören, sondern eigentlich zwei Richter von zwei verschiedenen Planeten. Ich meine – mit der Bitte um Nachsicht für diese Personalisierung –, daß dahinter natürlich auch ein Programm und eine sehr unterschiedliche Rechtsprechungssensibilität steht, die gerade in Grundrechtssachen durch eine häufigere Anrufung des Plenums ausgeglichen werden müßte.
2. Herr Herzog sprach davon, daß wir mittlerweile in 77 Bänden 15 000 bis 16 000 Seiten verfassungsrechtliche Auslegung haben. Wer jedoch die Entscheidungen durchmustert (ich tue es jedes Jahr für die Berichterstattung darüber im Anwaltsblatt), wird immer wieder verblüfft feststellen, daß sich die eigentlichen Verfassungsrechtsfragen – auch jetzt verkürze ich unzulässig – bei einer durchschnittlich 20- bis 60seitigen Entscheidung oft auf zwei bis drei Seiten beschränken.

(Zwischenruf HERZOG: Das ist bereits mit einkalkuliert in meiner Rechnung!)

Ich kann das nicht so schnell nachrechnen. Darf ich gleichwohl auch das als Kritikpunkt weitergeben, daß die Entscheidungen oft unnötig aufgebläht sind und die eigentlichen Verfassungsrechtsfragen dabei zu kurz kommen.

3. Das Bundesverfassungsgericht hat die Gesetzesverfassungsbeschwerde de facto abgeschafft, obwohl sie theoretisch noch möglich ist. Es schafft dadurch eine große Rechtsunsicherheit und bürdet sich außerdem eine Vielzahl von Einzelfallentscheidungen auf, bei denen es dann doch irgendwann wieder der Verführung des einfachen Rechts erliegt und in das einfache Recht hineinregiert. Ich bin der Meinung, daß das Bundesverfassungsgericht dabei auch nicht bedacht hat, daß jede Bundes-Rechtsverordnung von irgendeinem Amtsrichter für verfassungswidrig erklärt werden kann, wenn insbesondere Verfassungsbeschwerden gegen Rechtsverordnungen wegen des Grundsatzes der Subsidiarität der Verfassungsbeschwerde nicht mehr zulässig sein sollen.

4. Das Prozeßrecht ist nicht nur furchtbar kompliziert geworden, sondern es wird vom Bundesverfassungsgericht selbst nicht ernst genommen. Das ist der entscheidende Vorwurf, den ich ihm mache. Es ist absolut unmöglich, zu prognostizieren, wie ein Verfahren vor sich geht, weil wir – zwar im Gesetz nicht, aber de facto – eine freie Annahmepraxis haben, die sich häufig über die selbstgesetzten Voraussetzungen hinwegsetzt.

5. Das Nicht-Annahmeverfahren ist in weiten Feldern –

man entschuldige das harte Wort – ein Skandal. Es gibt einerseits Dinge, die werden mit zwei Sätzen abgetan, während in anderen Fällen – nicht zuletzt aufgrund der sich ja nicht ändernden Zusammensetzungen der als Prüfungsausschüsse tätigen Kammern – über Seiten der Eindruck einer grundlegenden verfassungsgerichtlichen Entscheidung ausgebreitet wird. Hier wäre zumindest eine stärkere Durchmischung der »Nicht-Annahmekammern« notwendig – anstelle einer entsprechenden Versteinerung der »apokryphen Rechtsprechung« in diesem Bereich.

VON BRÜNNECK: Zum Tagungsmotto »40 Jahre Grundgesetz« wage ich die These, daß die Bilanz, auch unter Würdigung der kritischen Anmerkungen von Herrn Simon, überwiegend positiv ist, jedenfalls viel positiver als die entsprechenden Bilanzen aus Anlaß des 25jährigen Jubiläums des Grundgesetzes im Jahre 1974, an das sich die meisten von uns erinnern werden.
Ich sehe nur in einem Punkt eine wirklich große Gefahr für die zukünftige Entwicklung. Diese Gefahr ist bezeichnet durch Herrn Hubers Wort von den vorkonstitutionellen Verhältnissen in Europa. Ich meine, daß davon langfristig eine grundlegende Gefährdung der bisherigen Verfassungsordnung ausgeht, nicht nur im Bereich der Grundrechte, sondern auch – das muß man sich deutlich machen – im Bereich von drei der vier wichtigen Staatszielbestimmungen des Art. 20 GG. Im Bereich des Rechtsstaatsprinzips mag es noch angehen – jedenfalls, wenn man das Rechtsstaatsprinzip als rein formales Prinzip der Vorhersehbarkeit der staatlichen Entschei-

dungen betrachtet. Doch es besteht – erstens – eine große Gefahr für den Föderalismus. Die den Ländern verbliebenen Kompetenzen werden durch die Verwaltungsanordnungen, die aus Brüssel ergehen, ausgehöhlt. Die Länder wehren sich da zwar – mit wenig Erfolg, wie ich meine; aber immerhin, sie tun es.
Zweitens geht von diesen Entscheidungen eine Gefahr für das Sozialstaatsprinzip aus: für den Stand, den die Ausgestaltung des Sozialstaats bei uns erfahren hat. Ich erinnere an das Verbraucherrecht und daran, daß Herr Bangemann laut FAZ gesagt hat, man könne das Verbraucherrecht nicht mehr auf dem bisherigen Niveau halten. Auch im Bereich des Umweltrechts und vor allem im Arbeitsrecht sehe ich beträchtliche Gefahren für das Sozialstaatsprinzip.
Am größten scheinen mir – drittens – die Gefahren für das Demokratieprinzip. Die europäischen Entscheidungen gehen von einer undurchschaubaren, unkalkulierbaren Bürokratie aus, einem politischen Apparat, der nach Gesetzen handelt, die für den einzelnen Bürger nicht kontrollierbar sind. Hier sind die demokratischen Grundsätze von Mehrheitsprinzip, von Repräsentation und von politischer Verantwortlichkeit praktisch nicht mehr erkennbar. Alle diese Grundsätze, die zur Konkretisierung des Demokratieprinzips vom Bundesverfassungsgericht immer wieder anerkannt wurden, werden jetzt zugunsten der Herrschaft eines völlig undurchschaubaren Apparates relativiert. Hier bahnt sich eine Entwicklung an, die wir mit mehr Aufmerksamkeit als bisher verfolgen müssen, wenn wir an den Postulaten des Grundgesetzes festhalten wollen.

RUMPF: Ich sehe mich hier als Nicht-Jurist, als Repräsentant all der Nicht-Juristen (meiner Schüler, meiner Kollegen, meiner Mitbürger in meiner Stadt, der Leser unserer Zeitung usw.), und möchte eine Bitte an die Juristen richten, an die Richter oder wer sich sonst angesprochen fühlt: Ich habe den Eindruck, daß die breite Bevölkerung nicht informiert ist und daß sich eine obrigkeitsstaatliche Auffassung von »Demokratie« in fataler Weise ausbreitet. Ich bin erstaunt über die Offenheit, die sich hier zeigt, und über die Bereitschaft zu Korrekturen und zu Weiterentwicklungen, zur Überbrückung der Kluft zwischen Norm und Wirklichkeit, die in der Öffentlichkeit so überhaupt nicht bekannt ist. Ich wäre dankbar, wenn es irgendeine Möglichkeit gäbe, an die Öffentlichkeit zu treten und – pädagogisch qualifiziert – der Öffentlichkeit nach Art des Referats von H. Simon einmal klarzumachen, daß eine Demokratie kein Obrigkeitsstaat ist. Ich weiß nicht, in welcher Form; aber das müßte doch möglich sein!

RUDOLPH: Die von R. Zuck und H. Simon angesprochenen Befangenheitsproblematik war natürlich auch Gegenstand unserer Diskussion. Dies ist ja ein sehr heikles Gebiet. Ich würde nicht ohne weiteres die Forderung unterschreiben, man solle Art. 5 GG direkt für die Befangenheitsfrage aktualisieren. Die Amtsausübung als solche ist ja kein Fall der Wahrnehmung von Rechten des Art. 5. Allerdings hat R. Zuck zu Recht dafür plädiert, die Toleranz, die die Bundesverfassungsrichter bei öffentlichen Äußerungen seit jeher für sich in Anspruch nehmen, auch für die anderen Richter gelten zu lassen.

Denn jedenfalls seit der Gesetzesänderung von 1985 (seit welcher erfolgreich abgelehnte Verfassungsrichter ebenso wie andere Richter ersetzt werden, so daß die Gefahr der Beschlußunfähigkeit des Spruchkörpers gebannt ist) besteht kein Grund mehr, die Ablehnung von Verfassungsrichtern und »normalen« Richtern nach unterschiedlichen Maßstäben zu beurteilen.

Aber wichtiger ist mir ein anderer Punkt, den es in bezug auf die Frage der Befangenheit bei der richterlichen Amtsausübung zu klären gilt. Ich sehe einerseits den Bürger, der sein Recht sucht und dem man die Möglichkeit, einen Richter wegen Befangenheit abzulehnen, nicht nehmen darf (auch nicht, wenn geltend gemacht wird, daß der Richter wegen bestimmter öffentlicher Äußerungen in bezug auf die Rechtssache dieses Bürgers als befangen erscheine). Und ich sehe die andere Schiene: § 39 DRiG, wonach der Richter sich so zu verhalten hat, daß das Vertrauen in seine Unabhängigkeit nicht gefährdet wird. Diese Verhaltensnorm wird vielfach in einer Weise überinterpretiert, als dürfe der Richter nichts äußern, was ihn in irgendeinem denkbaren Verfahren, das bei ihm weder anhängig ist noch konkret anhängig werden wird, als befangen erscheinen lassen könnte. Darin sehe ich eine absolute Grenzüberschreitung und den Punkt, wo man sich nun wirklich auf Art. 5 GG besinnen muß. Wieso sollte, wenn ein Richter eine Meinung äußert, die nicht gesetzwidrig, sondern zulässig ist, das bei Bürgern einer Republik, die das Grundrecht der Meinungsfreiheit in ihre Verfassung geschrieben hat, das Vertrauen in die Unabhängigkeit dieses Richters gefährden? Nehmen wir als Beispiel unsere 35 Lübecker Richter und Staatsanwälte, die sich in einer Zeitungsanzeige gegen die Raketenstationierung aussprachen und die zu mehr Zurückhaltung ermahnt wurden, obwohl keiner von ihnen mit Verfahren befaßt war, die Bezug auf die Raketenstationierung hatten. Das gegen die Ermahnung gerichtete Verfahren lief durch die Instanzen – dem Bundesverfassungsgericht aber war die Frage, wieweit die Meinungsfreiheit hier reiche, nicht einmal eine Entscheidung des Plenums wert. Da haben wir in meinen Augen einen klaren Fall des Rückschritts bei der Grundrechtsinterpretation innerhalb der vier Jahrzehnte Grundgesetz. Denn wenn man frühere Entscheidungen des Bundesverfassungsgerichts – selbst die Vultejusenentscheidung von 1983 (DRiZ 1983, 492) – rekapituliert, dann war dort der durch das Bundesverfassungsgericht geschaffene Freiraum sehr viel größer. Wenn da aus dem Podium ein Hoffnungsschimmer für die Zukunft signalisiert würde, wäre das sehr erfreulich!

PAPSTHART: Frau Limbach, Ihre Aussage, der Bürger orientiere sich derzeit in seinen Verhaltensweisen weniger an Rechtsnormen als vielmehr an Übereinkünften von Sitten und Gebräuchen, ist als Tatbestandsfeststellung zweifellos richtig. Andererseits ist in früheren rechtspolitischen Diskussionen nicht selten die Rede gewesen von der sittenbildenden Kraft der Rechtsnormen. Vielleicht sollte man diesem Aspekt doch auch wieder etwas mehr Geltung zukommen lassen. Ich meine das nicht im Sinne einer Konfessionalisierung des Rechts (Katholisierung der Rechtsprechung und dergleichen), plädiere vielmehr für eine Besinnung auf den zentralen

und obersten Rechtsbegriff unserer Verfassung: die Menschenwürde, aus der die Menschenrechte fließen.
Der Vortrag von W. Huber hat deutlich gemacht, wie die Verwurzelung zu sehen ist. Der Referent hat allerdings gemeint, in der Verfassung sei der Grund der Menschenwürde und damit mittelbar auch der Menschenrechte nicht angesprochen. Ich bin der Meinung, daß der Kontext der Verfassung auch die Heranziehung der Präambel rechtfertigt, in der die Besinnung auf den göttlichen Ursprung des Menschen enthalten ist. Damit ist die Herkunft der Menschenwürde aus der Geschöpflichkeit des Menschen für die Rechtsordnung verbindlich anerkannt. Daraus folgt – und das ist der wesentliche Unterschied zu Konsequenzen, die aus einem autonomistischen Menschenbild gezogen werden können –, daß es Aufgabe sein muß, sich auf die in der Schöpfungsordnung vorgegebenen Ansätze zu besinnen, wenn es um rechtliche Regelungen oder auch um die Anwendung von bereits bestehenden Rechtsnormen geht, die einen Beurteilungsspielraum zulassen.

HERZOG: In gebotener Kürze zu den gestellten Fragen:
1. Richtig ist, daß es mehr Plenarentscheidungen im Bundesverfassungsgericht geben könnte.
Infolge der Kompetenzverteilung zwischen den beiden Senaten ist jedoch die Wahrscheinlichkeit, daß ein Senat vom anderen abzuweichen gedenkt, relativ gering. Nur zur Klärung abstrakter Fragen würde ich nicht ins Plenum gehen, sondern ausschließlich bei erheblicher Relevanz für das Ergebnis einer Entscheidung.
Im übrigen lassen sich Unterschiede zwischen allen

sechzehn Richtern des Bundesverfassungsgerichts feststellen; doch gerade auch deswegen haben beide Senate ja acht Mitglieder. Wären diese in allen Fragen einer Meinung, dann könnte man auch den verfassungsrechtlichen Einzelrichter einführen. Es ist ja der Sinn der Größe und der Zusammensetzung der Senate, daß hier Leute mit ganz unterschiedlichen Denkansätzen, auch mit ganz unterschiedlichen verfassungsrechtlichen und methodologischen Überzeugungen zusammenwirken und dann zu Mehrheitsentscheidungen kommen sollen. Das ist im übrigen auch einer der Gründe, weshalb ich im Ersten Senat, so weit es geht, darauf beharre, zu großen Mehrheiten zu kommen. Wir legen Wert darauf; schon die 6:2-Entscheidung ist fast die Ausnahme; wir entscheiden meist 8:0 oder 7:1, was natürlich gelegentlich zur Verlängerung von Entscheidungsbegründungen führt.

2. Es gibt unstreitig zu viele Entscheidungen. Wir werden auch zu häufig angerufen; doch dies liegt nicht in unserem Ermessen. Es stimmt, daß in den Entscheidungen zu viel steht, was nicht Begründung ist. Ich kämpfe seit Jahren dafür, all die Stellungnahmen von Ministerien, von Rechtsanwälten und Verbänden gar nicht mehr aufzunehmen, sondern nur als präsentiert zu vermerken. Da gibt es aber unterschiedliche Positionen und im übrigen auch gute Gründe für das Gegenteil. Daß dann zu wenig verfassungsrechtliche Ausführungen kämen, das kann ich nicht bestätigen. Nach meinem Eindruck sind auch die rein verfassungsrechtlichen Ausführungen, zumindest gelegentlich, zu breit. 77 Bände von je 400 Druckseiten ergeben 30 000 Seiten. Wenn die recht-

lichen Ausführungen nur die Hälfte davon ausmachen, kommt man auf annähernd 16 000 Seiten. Das wird im Endeffekt eine Mauer, mit der wir uns selber einzementieren, wenn wir nicht von Zeit zu Zeit zu Befreiungsschlägen ausholen. Herr Simon hat zu seiner Zeit noch eine Entscheidung mitinitiiert, die sich zu § 31 BVerfGG äußert, daß das jedenfalls keine Selbstbindung des Verfassungsgerichts sein könnte. Aber ich sage spaßeshalber immer dazu: Man stelle sich vor, wir würden in freiem Vollzug dieser Vorstellung unser ganzes Medienverfassungsrecht über Bord werfen – die Welt würde untergehen, jedenfalls in den subjektiven Vorstellungen der Herren Intendanten; sonst würde sie fortbestehen.
3. Wir machen zu wenig Gesetzesverfassungsbeschwerden. Das ist richtig und gut. Ein völlig neues Gesetz – von dem niemand weiß, wie die Fachgerichte mit ihm umgehen werden oder wie es sich praktisch auswirken wird – zu kontrollieren, ist eine fürchterliche Angelegenheit. *Dadurch* wird man zum Ersatzgesetzgeber. Meine französischen Kollegen vom Conseil Constitutionnel, bei dem das so ist, kommen im Grunde immer nur nach dem Motto »das wird dann schon richtig laufen« zur Verfassungsmäßigkeit, und das wollen sie nicht. Unsere Linie ist zwar sehr pointiert: Wir wollen die Anwendung des Gesetzes mit auf den Tisch bekommen, und das kommt dann relativ spät zur Entscheidung; aber es ist dann eine Situation, wo wir wirklich sagen können: Wir wissen, wovon wir reden, und zwar nicht nur, wie es in den ersten kommentierenden Artikeln in der NJW steht, sondern wie es in der Praxis wirklich läuft.
4. Daß wir gelegentlich eine freie Annahmepraxis gehabt

haben, ist richtig. Ich gebe zu – um es jetzt ganz scharf zu sagen und damit wieder ungerecht –, daß ich gelegentlich bei Entscheidungen des Bundesverfassungsgerichts zwar sagen kann: Die verfassungsrechtliche Linie über die Zulässigkeit einer Klage oder einer Verfassungsbeschwerde ist mir schon klar; daß ich aber immer wieder Einzelfälle daneben legen kann, wo ich sage: Da wollten sie halt entscheiden. Dieses letztere halte ich nicht für legitim. Auch wenn ich noch so gerne an eine Sache rangehen möchte: Wenn sie unzulässig ist, ist sie unzulässig.

Bei der Frage, ob die Kammern zum Teil zu weit gehen, müßte man über Einzelpunkte diskutieren. Ich selber stehe auf dem Standpunkt: Ein Nicht-Annahme-Beschluß, der länger als eineinhalb Seiten begründet werden muß, ist kein Nicht-Annahme-Beschluß. Es gibt fünf oder sechs Fälle, wo ich fünfseitige Beschlüsse unterschrieben habe. Da ist es dann aber immer um einen Sonderfall gegangen, zum Beispiel wenn wir den Eindruck hatten, daß ein Oberverwaltungsgericht unsere eigene Rechtsprechung völlig falsch verstanden hat. Da haben wir die stimmige Interpretation dann ausdrücklich vermerkt. Solche Ausnahmen ändern aber nichts an meiner Grundeinschätzung. Natürlich kann ich dabei nicht die Verantwortung für jede Kammer und für jeden Senat dieses Gerichts übernehmen.

5. Zur Frage der Befangenheit kann ich mich natürlich wieder einmal nicht äußern. Ich meine jedoch, das Maul sollte bei uns jeder aufmachen können. Wenn er es in Formen tut, bei denen ein vernünftiger Durchschnittsbürger sagt: »Dem traue ich nicht mehr!«, dann halte ich dafür, er hat seine Amtspflicht verletzt. Ich weiß, daß

dies ganz schwierig ist, kann mich aber weder konkreter ausdrücken noch in der Kürze der Zeit Unterschiede andeuten; doch erscheint mir hier besondere Vorsicht angezeigt. Ich habe mich in der berühmten Boxberg-Sache selbst abgelehnt. Ob ich das bei großzügigerer Betrachtungsweise wirklich hätte machen müssen, sei dem Urteil der Historiker überlassen. Meine Sensibilität in Sachen Befangenheit läßt mich jeweils fragen: Würde ich als Bürger diesem Richter noch trauen? Daß die Beurteilung im Einzelfall Schwierigkeiten macht, ist auch klar. Belastend ist im übrigen für unsere verfassungsrichterliche Stellung, daß uns das, was wir wissenschaftlich geschrieben haben, *nicht* angerechnet werden kann. Grundsätzlich ist das schon in Ordnung. Dies sollte aber nicht zum Alibi werden! Ich könnte theoretisch die schönsten politischen Äußerungen machen und sagen: »Das war wissenschaftlich.« – »Warum ist es wissenschaftlich?« – »Sie wissen doch, daß ich Professor bin.« Nach *der* einfachen Methode ginge das. Deswegen ist mir im Prinzip die Regelung der verfassungsrichterlichen Stellung lieber. Schließlich leben wir genau wie die Theologen vom Vertrauen unserer »Kunden«. Das ist das wichtigste, was aufrechterhalten werden muß. So völlig auf der Seite der Freiheit des Richters wäre ich hier also auch wieder nicht.

ZUCK: Das Vertrauen der »Kunden« wird im Bereich der Verfassungsbeschwerde schmählich enttäuscht. Erinnern möchte ich an Diemut Majers Aussage, das Bundesverfassungsgericht sei im Bereich des Individualrechtsschutzes der legitime Erbe der Paulskirche. Das scheint mir aber in Wahrheit alles nur auf dem Papier zu stehen, denn eine Verfassungsbeschwerdeeinrichtung, die dazu führt, daß 97 bis 98 Prozent aller Verfassungsbeschwerden überhaupt unzulässig sind, auf jeden Fall aber so aussichtslos, daß sie nicht behandelt werden können, führt doch zu einer enttäuschten Erwartungshaltung, die das Institut eigentlich nicht mehr rechtfertigt. Ich wundere mich, denn im Grundgesetz steht doch, daß jedermann Verfassungsbeschwerde erheben könne. Das kann er auf dem Papier. Aber es ist im Grunde absolut sinnlos. Ich sage immer, ich sei ein größerer Prophet als einer der biblischen Propheten, denn mir könne man die Akten für die Verfassungsbeschwerde geschlossen auf den Tisch legen; ich legte die Hand darauf, dächte etwas nach und sagte dann zum Beschwerdeführer: »Ihre Sache ist mit Sicherheit aussichtslos!« Damit habe ich eine Erfolgsquote von 98 Prozent; das schafft kein Prophet.

Gerade weil es um Vertrauen geht, sollten wir in diesem Punkt ehrlicher werden. Wie H. Simon meine ich, daß es die Verfassung in vorsichtigen Schritten weiterzuentwikkeln gilt. Eine Möglichkeit zu mehr Ehrlichkeit wäre, den objektiven Charakter der Verfassungsbeschwerde zu betonen; denn wenn die Wirkkraft der Grundrechte schon über die Verfassungsbeschwerde herausprozessiert wird, dann wird der einzelne eigentlich nur als Instrument dafür benutzt. In seinem Einzelfall kommt er ja ohnehin nicht weiter. Ein weiterer Schritt dazu könnte sein, das derzeit verdeckte Annahmeverfahren zu einem offenen zu machen.

Mit Herrn Huber weiß mich mich erneut nicht einig darin, daß er die Juristen – nicht ganz so polemisch, wie ich es jetzt sage – als zu faul zum Nachdenken bezeichnet, wenn es um das Recht auf Arbeit geht. Dies möchte ich so eigentlich nicht akzeptieren. Solange die Grundrechte unmittelbar anzuwendendes und geltendes Recht sind, müssen wir uns schwertun, das Recht auf Arbeit ins Grundgesetz hineinzuschreiben, wohl wissend, daß es so nicht realisiert werden kann. Wir kommen dann in den deklamatorischen Teil. Da haben wir schon Kummer genug mit der Präambel.

SIMON: Daß so viele Verfassungsbeschwerden abgelehnt werden, beruht weitgehend darauf, daß die rechtsuchenden Staatsbürger mit falschen Erwartungen an das Bundesverfassungsgericht herantreten und eine Korrektur einfachrechtlicher Entscheidungen suchen. Aber ich gebe zu, daß die Nicht-Annahmepraxis bereits in die Nähe des Annahme-Verfahrens kommt. Ich habe mich selber für dieses ausgesprochen. Wenn man eine wirkliche Reform anstrebt, sollte man offen dazu übergehen und ein echtes Annahmeverfahren in dem Sinne einführen, daß das Gericht darüber entscheidet, welche Verfahren es annimmt und welche nicht. Das ist ehrlicher. Aber ich habe auch im Scherz hinzugefügt: Solange ich selber der Annehmende bin, würde ich mir vertrauen, daß ich von dieser Möglichkeit guten Gebrauch machen würde; aber ob ich den anderen ebenfalls vertrauen würde, das weiß ich nicht. Damit ist im Scherz der Grund genannt, weshalb vor diesem Schritt gezögert wird. Ich denke aber, eines Tages wird er zu tun sein, zumal bis dahin dann auch eine Fülle verfassungsrechtlicher Fragen geklärt sein wird.
In der Frage von Befangenheit und Dienstpflichtverlet-

zung sehe ich mich eher auf der Linie von Herrn Rudolph. Vielleicht hat Herr Herzog sich auch nur mißverständlich ausgedrückt, als er meinte, daß Äußerungen, die zur Befangenheit führen, zugleich ein Verstoß gegen Dienstpflichten sind. Das würde ich nicht in einen Topf werfen. Natürlich hat der Staatsbürger das Recht, einen Richter (dem er ja ausgeliefert ist – er kann sich ja seinen Richter nicht wählen) als befangen abzulehnen. Das ist selbstverständlich sorgfältig zu prüfen. Ich frage mich allerdings, ob der Richter, der sich freimütig äußert, tatsächlich weniger vertrauenswürdig ist als der, der schweigt. Schon insoweit bleibt – im Sinne von Art. 5 GG – noch einiges zu klären. Jedenfalls möchte ich deutlich unterscheiden: Eine begründete Befangenheit bedeutet noch nicht eine Dienstpflichtverletzung; mindestens insoweit ist das Grundrecht der Meinungsfreiheit mehr als bisher heranzuziehen.

Ich stimme Herrn Herzog voll zu in seiner Reserve gegenüber den Verfassungsbeschwerden unmittelbar gegen gesetzliche Vorschriften. Aus den Erfahrungen der Praxis neige ich im Ergebnis zu strengen Anforderungen. Ich habe mich selber schon dafür ausgesprochen, die abstrakte Normenkontrolle ganz abzuschaffen, denn sie bringt das Gericht in dieselbe Situation, in der sich der Gesetzgeber befindet: Vor Gericht laufen noch einmal alle Vorgänge ab, wie sie im Gesetzgebungsverfahren abgelaufen sind. Richterliche Entscheidungen sollten aber an der Rechtsanwendung anknüpfen und nicht an der Normsetzung. Sie sollten von der Prüfung ausgehen, wie sich eine Norm in der Praxis für die Staatsbürger auswirkt.

Wie ich in der Frage »Nachrüstungsproblematik, atomare Rüstung« selber stehe, ist bekannt. Ich denke aber, das Bundesverfassungsgericht wäre überfordert, wenn es die Prüfung vornehmen sollte, ob es – gemessen am Grundrecht (des Art. 2 GG) auf Leben und körperliche Unversehrtheit – die atomare Abschreckung als verfassungswidrig verwerfen muß. Es würde jetzt zu weit führen, das im einzelnen rechtlich auszuführen. Das wäre im Ergebnis eine Entwicklung, die wir anderwärts beklagen, daß nämlich das Gericht zum Ersatzgesetzgeber würde. Eine andere Frage ist davon zu unterscheiden, ob nicht – das ist allerdings ein sehr langer und historisch sehr komplizierter Prozeß – die Massenvernichtungsmittel geächtet werden müssen mit der Konsequenz, daß die Anwendung von Massenvernichtungsmitteln in den Bereich des Unabstimmbaren fällt. Man kann sagen, eine solche Forderung ist absurd und lebensfremd. Ich habe sie immer in Parallele zur Abschaffung der Sklaverei gesehen: Als die Sklaverei auf ihrem Höhepunkt war, hat selbstverständlich jeder Sklavenhalter gesagt: »Das ist unser gutes Recht, und wehe, Ihr rührt daran!« Es schien undenkbar, die Sklaverei jemals abzuschaffen; und doch ist das geschehen, allerdings in einem sehr mühsamen Prozeß. Dieser Prozeß ist bei den Massenvernichtungsmitteln noch viel komplizierter und noch viel mühsamer; aber unsere Anstrengung sollte in die Richtung einer Ächtung der Massenvernichtungsmittel zielen.

HERZOG: Es gibt sachliche Gründe dafür, warum so viele Verfassungsbeschwerden nicht erfolgreich sind. Zunächst haben wir es zu etwa zehn Prozent mit wirren Kunden zu tun; das Wort »Querulanten« gebrauche ich ungern. Den weitaus größten Block bilden jene Verfassungsbeschwerden (jede zweite), die schlicht rügen, daß einfaches Recht falsch angewendet worden ist. Doch dafür ist das Bundesverfassungsgericht die falsche Adresse. Schließlich gibt es die besonders Erlesenen (darunter in signifikanter Zahl Angehörige freier Berufe), die ihr Recht überhaupt nur noch vom höchsten Richter nehmen und souverän an allen anderen Richtern vorbeigehen. Es gibt deutsche Ärzte und Professoren, die überhaupt nur noch mit uns verkehren.

Immerhin leben wir in einem Staat, in dem sowohl die Behörden als auch die Gerichte auf Einhaltung der Grundrechte achten. Es ist deswegen nicht sehr wahrscheinlich, daß wirklich berechtigte Dinge in großer Anzahl zu uns kommen.

Nach meiner Einschätzung kommt auf jede erfolgreiche Verfassungsbeschwerde noch eine, die zurückgenommen wird, weil wir die Dinge vorher schon planiert haben. Natürlich sind die Gerichte an ihre Entscheidungen gebunden. Aber wenn es um eine finanzgerichtliche Entscheidung geht, die angefochten wird, weil ein Steuerbescheid, der nach meiner Überzeugung falsch ist, aufrechterhalten wurde und ich das Gefühl habe, das geht ohne langes Verfahren, dann rufe ich den Finanzamtsvorsteher an und frage ihn, ob er wirklich glaubt, daß es hier eine Entscheidung braucht. Die Zahl der Verfassungsbeschwerdeführer, denen auf diese Weise geholfen wird, dürfte mindestens so hoch sein wie die der erfolgreichen Verfassungsbeschwerden.

Limbach: Zum Stichwort »sittenbildende Kraft des Rechts«: Die edukative Funktion von Recht scheint mir etwas sehr Fragwürdiges zu sein. Gewiß besteht ein Wechselverhältnis zwischen Recht und Moral; doch scheint mir das Recht mehr auf die Moral angewiesen zu sein als umgekehrt. Ich sehe da zwei Gefahren: zum einen, daß das Recht sehr leicht als Mittel des Moralisierens gebraucht werden könnte, als Mittel, Weltanschauung zu transportieren; zum andern: Das Recht verliert, sofern es sich nicht auf die Köpfe auswirkt, damit sehr leicht sein Ansehen.

Anmerkungen:

1 Adolf Arndt: Das nicht erfüllte Grundgesetz, in: Gesammelte juristische Schriften.
2 Vera Slupik, Weibliche Moral versus männliche Gerechtigkeitsmathematik. Zum geschlechtsspezifischen Rechtsbewußtsein, in: B. O. Bryde u. a. (Hrsg.), Rechtsbewußtsein und Rechtsproduktion, Baden-Baden 1988, S. 221–238.
3 Erhard Blankenburg, Haben Frauen ein anderes Rechtsbewußtsein als Männer?, in: U. Gerhardt / J. Limbach, Rechtsalltag von Frauen, Frankfurt 1988, S. 143–156.
4 Beschluß des BVerfG vom 22. Oktober 1986, NJW 86, S. 577 ff.
5 10.–23. August 1948
6 Hubert Rottleuthner, Einführung in die Rechtssoziologie, Darmstadt 1987, S. 42 ff., 111 ff.
7 siehe Seite 54 ff.
8 siehe Seite 64 ff.

Abkürzungsverzeichnis

AG	Amtsgericht
AöR	Archiv des öffentlichen Rechts
Art.	Artikel
BAG	Bundesarbeitsgericht
BetrVG	Betriebsverfassungsgesetz (vom 15. 1. 1972)
BGB	Bürgerliches Gesetzbuch
BGH	Bundesgerichtshof
BGHSt	Entscheidungen des BGH in Strafsachen
BGHZ	Entscheidungen des BGH in Zivilsachen
BRAK	Bundesrechtsanwaltskammer
BSHG	Bundessozialhilfegesetz
BT	Bundestagsdrucksache
BtMG	Betäubungsmittelgesetz
BVerfG	Bundesverfassungsgericht
BVerfGE	Entscheidung(en) des BVerfG (amtliche Sammlung)
BVerfGG	Gesetz über das Bundesverfassungsgericht
BVFG	Bundesvertriebenengesetz von 1953 in der Fassung vom 3. 9. 1971 (= Gesetz über die Angelegenheiten der Vertriebenen und Flüchtlinge)
BvR	+ Ziffern: Aktenzeichen des BVerfG für Verfassungsbeschwerden
DAV	Deutscher Anwaltverein
DRB	Deutscher Richterbund
DRiG	Deutsches Richtergesetz
DRiZ	Deutsche Richterzeitung
FAZ	Frankfurter Allgemeine Zeitung
FR	Frankfurter Rundschau
EG	Europäische Gemeinschaft(en)
EuGH	Europäischer Gerichtshof (in Luxemburg) = Gerichtshof der Europäischen Gemeinschaft(en)

EuGRZ	Europäische Grundrechte (Zeitschrift)
EWG	Europäische Wirtschaftsgemeinschaft
EWGV	EWG-Vertrag (abgeschlossen in Rom am 25. 3. 1957, seit 1. 1. 1958 in Kraft)
GG	Grundgesetz
Hess.UnivG	Hessisches Universitätsgesetz (vom 11. 9. 1974)
i.V.m.	in Verbindung mit
JZ	Juristenzeitung
LG	Landgericht
NBC	National Broadcasting Company: Rundfunkorganisation der USA auf kommerzieller Basis
NJW	Neue Juristische Wochenschrift
NS	Nationalsozialismus
NSDAP	Nationalsozialistische Deutsche Arbeiterpartei
OLG	Oberlandesgericht
OVG	Oberverwaltungsgericht
RStPO	Reichsstrafprozeßordnung
Rz.	Randzeichen
SA/SS	Sturmabteilung/Schutzstaffel: halbmilitärische Verbände der NSDAP
SchwbG	Schwerbehindertengesetz (vom 24. 4. 1974), durch welches das Schwerbeschädigtengesetz (vom 16. 6. 1953) abgelöst wurde
SRP	Sozialistische Reichspartei
StGB	Strafgesetzbuch
StPÄG	Strafprozeßänderungsgesetz
StPO	Strafprozeßordnung
StV	Strafverteidiger (Zeitschrift)
TVG	Tarifvertragsgesetz
VGH	Verwaltungsgerichtshof
wistra	Wirtschaft · Steuer · Strafrecht (Zeitschrift einschließlich wistra-Kartei: Rechtsprechung zum Wirtschafts- und Steuerstrafrecht)
WRV	Weimarer Reichsverfassung

Die Autoren

Dr. jur. Axel BOETTICHER, Familienrichter am Amtsgericht Bremen; wissenschaftlicher Mitarbeiter am Bundesverfassungsgericht. Ehrenamtliche Tätigkeit und Veröffentlichungen auf dem Gebiet der Straffälligen- und Drogenhilfe.

Prof. Dr. jur. Alexander VON BRÜNNECK, geb. 1941. Professor für Öffentliches Recht an der Universität Hannover. Veröffentlichungen (u. a.): Politische Justiz gegen Kommunisten (1978); Eigentumsgarantie des Grundgesetzes (1984); Mitherausgeber der Zeitschrift »Kritische Justiz«.

Prof. Dr. jur. Erhard DENNINGER, geb. 1932. Professor für Öffentliches Recht und Rechtsphilosophie an der Universität Frankfurt a. M. Hauptarbeitsgebiete: Staatsrecht, Grundrechts- und Demokratietheorie, Polizeirecht, Wissenschaftsrecht, Daten- und Umweltschutzrecht, Arzneimittelrecht.

Prof. Dr. jur. Thomas DIETERICH, geb. 1934. 1963–1972 Richter in der Arbeitsgerichtsbarkeit des Landes Baden-Württemberg, danach bis 1987 Richter am Bundesarbeitsgericht in Kassel; seit 1987 Richter des Bundesverfassungsgerichts. Honorarprofessor der Universität Göttingen.

Dr. jur. Rainer ECKERTZ, geb. 1944. Richter am Sozialgericht, wissenschaftlicher Mitarbeiter am Bundesverfassungsgericht; korrespondierendes Mitglied der Forschungsstätte der Evang. Studiengemeinschaft (FESt) Heidelberg. Veröffentlichungen zum Verfassungsrecht, zur Rechtsphilosophie und zum Sozialrecht.

Marion ECKERTZ-HÖFER, geb. 1948. Richterin am Landgericht Mannheim. 1983–1988 wissenschaftliche Mitarbeiterin am Bundesverfassungsgericht. Seit Herbst 1988 Ministerialrätin/Abteilungsleiterin im Frauenministerium des Landes Schleswig-Holstein.

Prof. Dr. jur. Rudolf GERHARDT, geb. 1937. Zulassung als Rechtsanwalt, Promotion. 1965–1972 Wirtschaftsredakteur der »Frankfurter Allgemeinen Zeitung«, dann rechtspolitischer Korrespondent für Hörfunk und Fernsehen und die FAZ »aus der Residenz des Rechts«. Seit 1986 Professor für Journalistik an der Universität Mainz. Begründer und Mitherausgeber der »Zeitschrift für Recht und Gesellschaft« (1971–1974). Veröffentlichungen: Von Fall zu Fall; Von Mensch zu Mensch; Von Zeit zu Zeit; Wenn man's Recht betrachtet.

Prof. Dr. jur. Roman HERZOG, geb. 1934. 1964 Habilitation; 1966–1969 Professor an der Freien Universität Berlin; 1969–1972 Professor für Staatslehre und Politik an der Hochschule für Verwaltungswissenschaften in Speyer; 1973–1978 Staatssekretär und Bevollmächtigter des Landes Rheinland-Pfalz in Bonn; 1978–1980 Minister für Kultus und Sport in Baden-Württemberg; 1980–1983 MdL und Innenminister in Baden-Württemberg; 1983–1987 Vizepräsident, seit 1987 Präsident des Bundesverfassungsgerichts; seit 1986 Honorarprofessor der Universität Tübingen.

Prof. Dr. theol. Wolfgang HUBER, geb. 1942. 1972 Habilitation (Heidelberg); 1968 wissenschaftlicher Mitarbeiter, 1973–1980 stellvertretender Leiter der FESt (Heidelberg); 1980 Professor für Sozialethik an der Universität Marburg; seit 1984 Professor für Systematische Theologie (Sozialethik) an der Universität Heidelberg. 1973 Mitglied der Kammer für Öffentliche Verantwortung der EKD; 1979 Präsidiumsmitglied des Deutschen Evang. Kirchentags (1983–1985 Präsident). Veröffentlichungen (u. a.): Kirche und Öffentlichkeit (1973); Menschenrechte (1973, mit H. E. Tödt); Kirche (1979); Folgen christlicher Freiheit (1983); Auf Gottes Erde leben (1985); Protestantismus und Protest (1987).

Prof. Dr. jur. Hans H. KLEIN, geb. 1936. Juristische Staatsprüfungen, Promotion 1961, Habilitation 1967; seit 1969 Professor für Öffentliches Recht an der Universität Göttingen; 1972–1983 MdB; 1982–1983 Parlamentarischer Staatssekretär beim Bundesminister der Justiz; seit 1983 Richter des Bundesverfassungsgerichts.

Prof. Dr. Jutta LIMBACH, Professorin für Zivil- und Wirtschaftsrecht sowie Rechtssoziologie an der Freien Universität Berlin. Arbeitsschwerpunkte: Soziologische Jurisprudenz, Rechtstatsachenforschung, Familienrecht.

Armin NACK, geb. 1948. Richter am Landgericht Stuttgart.

Berndt NETZER, geb. 1949. Richter am Landgericht Ulm.

Dr. jur. Franz Joseph PELZ, geb. 1937. Richter am Oberlandesgericht Hamm; Vorsitzender des Deutschen Richterbundes seit 1987.

Prof. Dr. Heide M. PFARR, geb. 1944. Promotion 1971; 1974–1978 Lehrtätigkeit an der Fachhochschule für Wirtschaft Berlin; seit 1978 Professorin für Arbeitsrecht an der Universität Hamburg. Veröffentlichungen (u. a.): Gleichbehandlungsgesetz. Zum Verbot der unmittelbaren und mittelbaren Diskriminierung von Frauen im Erwerbsleben (1985, mit Klaus Bertelsmann); Quoten und Grundgesetz. Notwendigkeit und Verfassungsmäßigkeit von Frauenförderung (1988).

Martin PFEIFFER, geb. 1938. Theologiestudium; 1962–1977 Vikar und Gemeindepfarrer; seit 1977 Studienleiter im Referat Politik und Recht der Evang. Akademie Bad Boll; 1979–1988 nebenamtlich Umweltbeauftragter der Evang. Landeskirche in Württemberg.

Dr. jur. Kurt RUDOLPH, geb. 1927. Studium der Rechtswissenschaft sowie der Volks- und Betriebswirtschaft; 1961 Richter am Amtsgericht Reutlingen; 1975–1988 Vorsitzender Richter am Oberlandesgericht Stuttgart; seit 1988 Präsident des Landgerichts Tübingen. Seit 1978 Vorsitzender des Vereins der Richter und Staatsanwälte in Baden-Württemberg und Mitglied des Vorstands des Deutschen Richter-Bunds.

Dr. jur. Dr. theol. h. c. Helmut SIMON, geb. 1922. 1953 Richter am Landgericht Düsseldorf; 1958–1959 Wissenschaftlicher Hilfsarbeiter am Bundesgerichtshof; 1960–1965 Richter am Oberlandesgericht Düsseldorf; 1965–1970 Richter am Bundesgerichtshof; 1970–1987 Richter am Bundesverfassungsgericht. Seit 1971 Präsidiumsmitglied des Deutschen Evang. Kirchentags (derzeit Präsident). Veröffentlichungen über Rechtstheologie, Naturrecht, Rechtsstaat, gewerblichen Rechtsschutz, Atomfragen, Notstandsrecht.

Christoph STRECKER, geb. 1937. Familienrichter am Amtsgericht Stuttgart. Mitinitiator des »Richter-Ratschlags«, Mitbegründer und -herausgeber der Zeitschrift »Betrifft JUSTIZ«; Gründungsmitglied der Neuen Richtervereinigung.

Dr. jur. Eberhard WAHLE, geb. 1938. Rechtsanwalt in Stuttgart (Sozietät). Mitglied des Strafrechtsausschusses der Bundesrechtsanwaltskammer.

Hans WROBEL, geb. 1946. Jurastudium; 1977–1987 Referent im Bundesministerium der Justiz; seit 1987 Senatsrat beim Senator für Justiz und Verfassung der Freien Hansestadt Bremen.

Prof. Dr. jur. Rüdiger ZUCK, geb. 1933. Rechtsanwalt in Stuttgart; Lehraufträge an der Universität Tübingen und an der Fachhochschule Heilbronn. Vizepräsident der Rechtsanwaltskammer Stuttgart. Vorsitzender des Verfassungsrechtsausschusses der Bundesrechtsanwaltskammer. Veröffentlichungen (u. a.): Das Recht der Verfassungsbeschwerde (^{2}1988); Kommentar zu den Grundsätzen des anwaltlichen Standesrechts (^{2}1988, mit Hummel und Eich).

Brigitte ZYPRIES, Regierungsoberrätin in der Hessischen Staatskanzlei; wissenschaftliche Mitarbeiterin am Bundesverfassungsgericht (1. Senat). Veröffentlichungen u. a. zu § 177 StGB (Vergewaltigung).